浙江智库
ZHEJIANG THINK TANK

浙发规院文库
ZDPI PUBLICATIONS

综合交通产业

理论创新与浙江实践

浙江省发展规划研究院　编著

中国发展出版社
CHINA DEVELOPMENT PRESS

图书在版编目（CIP）数据

综合交通产业 ：理论创新与浙江实践 / 浙江省发展规划研究院编著 . -- 北京 ：中国发展出版社，2025. 7.

ISBN 978-7-5177-1458-3

Ⅰ. F512. 755

中国国家版本馆 CIP 数据核字第 2025B1F865 号

书　　名：综合交通产业：理论创新与浙江实践
著作责任者：浙江省发展规划研究院
责 任 编 辑：吴　思
出 版 发 行：中国发展出版社
联 系 地 址：北京经济技术开发区荣华中路 22 号亦城财富中心 1 号楼 8 层（100176）
标 准 书 号：ISBN 978-7-5177-1458-3
经　销　者：各地新华书店
印　刷　者：北京富资园科技发展有限公司
开　　本：710mm × 1000mm　1/16
印　　张：22.25
字　　数：280 千字
版　　次：2025 年 7 月第 1 版
印　　次：2025 年 7 月第 1 次印刷
定　　价：88.00 元

联 系 电 话：（010）68990625　68360970
购 书 热 线：（010）68990682　68990686
网 络 订 购：http：//zgfzcbs.tmall.com
网 购 电 话：（010）88333349　68990639
本 社 网 址：http：//www.develpress.com
电 子 邮 件：15210957065@163.com

《综合交通产业：理论创新与浙江实践》
编 委 会

序 言

党的二十大报告提出加快建设交通强国，为我国未来交通行业发展提供了根本遵循。交通作为中国现代化的开路先锋，既是举足轻重的大行业，也是前景广阔的大产业。习近平主席在第二届联合国全球可持续交通大会开幕式上指出，交通是经济的脉络和文明的纽带[①]。《交通强国建设纲要》《国家综合立体交通网规划纲要》等文件也作出“交通装备先进适用、完备可控”“推进交通与相关产业融合发展”等部署要求。新中国成立以来，我国交通运输总体上经历了从“瓶颈制约”到“初步缓解”，再到“基本适应”经济社会发展需求的奋斗历程[②]。随着科技的发展和文明的进步，信息化、数字化、绿色化、融合化发展成为趋势，交通对经济社会的作用和影响将更加深远。“十三五”以来，浙江省综合交通投资规模大、发展速度快，五年规划万亿级投资蕴藏着巨大的产业发展机遇。按照“奋战‘十三五’、短板变长板，创立新优势、促进新发展”目标和“1210”交通强省行动要求，浙江省综合交通产业既有一定发展基础，更有很大的提升空间。大力发展综合交通产业，对于浙江省抢抓综合交通大建设、大发展机遇，加快培育经济增长新动能、新引擎，打造全国交通行业新标杆、新样本，具有十分重要的现实意义。

2017 年，浙江省委、省政府审时度势，首次将“培育综合交通产业”写入《政府工作报告》，作为高水平构建现代化综合交通体系的重要组成部分。“综合交通产业”作为一项创新探索，学术界没有

---

① 习近平：《与世界相交 与时代相通 在可持续发展道路上阔步前行——在第二届联合国全球可持续交通大会开幕式上的主旨讲话》，新华社，2021 年 10 月 14 日。

② 国务院新闻办：《中国交通运输发展》，新华社，2016 年 12 月 29 日。

明确界定，“是什么、有多少、怎么做”都需要进行系统化的研究部署。为此，在浙江省交通运输厅牵头指导下，浙江省发展规划研究院课题组前期开展大量调研工作，咨询省内外行业专家学者，借鉴发达国家和兄弟省份经验，从顶层设计、发展领域、统计体系、政策保障、机制推进等多个方面，系统研究综合交通产业理论内涵，从国际国内发展案例、浙江省发展成效等方面，梳理形成综合交通产业实践探索，相关研究成果转化形成《浙江省综合交通产业发展规划》《浙江省综合交通产业发展实施意见》《浙江省综合交通产业发展三年行动方案（2023—2025年）》等文件，相关工作被纳入交通运输部交通强国建设试点，列入交通强国建设试点成效突出任务，3项经验获选交通运输部首批交通强国建设试点典型经验。

展望未来，浙江省将持续推动综合交通产业创新发展，推动交通强国建设和交通运输高质量发展，助力现代化产业体系建设和新质生产力培育，为全国综合交通产业培育发展提供浙江经验。

目　录

理论研究篇

实践案例篇

理论研究篇

培育发展综合交通产业，是浙江省委、省政府把握科技与产业革新机遇，围绕全省交通大投入、大建设作出的一项创新部署，对于新时期加快建设交通强国、推动交通运输行业高质量发展具有重大意义。

本篇汇集了浙江省综合交通产业发展的系统理论成果，围绕“为什么、是什么、怎么做”的研究主线，通过全方位剖析浙江省交通行业的发展脉络和转型要求，回答了培育发展综合交通产业的背景意义；通过系统梳理相关行业政策、学术研究、先进经验，首创性地提出综合交通产业的概念内涵和统计体系；通过深入研究综合交通产业、重点产业链领域、数字化分析方法、工作机制与政策保障等，提出一套培育发展综合交通产业的系统化解决方案。

第一章 绪论

培育发展综合交通产业是浙江省围绕“十三五”“十四五”时期交通大投入、大建设作出的重要部署，是浙江省走在全国前列的创新之举，也是交通运输行业现代化发展的重要组成部分。从交通强国建设和交通高质量发展的要求来看，综合交通产业是浙江省积极探索、稳步推进的实践产物，从被提出到历经培育、建设、推进，肩负着推进交通行业转型升级、激发产业经济活力的重要使命。

当前，国家层面越来越重视交通在经济社会发展中的地位和作用，把交通作为现代化产业体系的重要组成和发展新质生产力的先行领域。因此，培育发展综合交通产业仍将是未来一段时期的重点方向。浙江省正处于交通设施高质量发展、社会主义现代化建设的关键时期，在“八八战略”的指引下，培育综合交通产业，要更加注重交通行业的转型升级，注重交通要素与制造业、建筑业、服务业等行业的跨界融合，注重对产业经济的带动提升，发挥好经济社会发展“先行官”和中国式现代化“开路先锋”的重要作用。

一、研究背景

（一）时代背景

1. 培育发展综合交通产业是浙江省勇于改革创新的大胆探索

习近平同志在浙江省工作期间就曾指出，浙江改革开放二十多年走过的道路，就是一条在不断克服困难中前进的改革创新之路，就是一段“发展出题目，改革做文章”的历程[①]。改革开放40多年来，浙江省始终以敢于创新、勇于实践的精神，在改革创新中勇立潮头。1980年，温州市颁发了中国第一张个体工商户营业执照，浙江省及中国的民营经济就此启航；20世纪八九十年代，义乌市围绕“兴商建县”“兴商建市”，推动小商品闯出了大市场、做成了大产业；2003年，习近平同志履新浙江后创新性提出“八八战略”，第一条就是讲全面深化改革；2016年，浙江省推出“最多跑一次”改革，为实现国家治理体系和治理能力现代化提供了浙江样本。浙江省作为中国东部沿海经济大省，依托得天独厚的海洋港口资源优势和扎实的制造业基础，以及原材料和产成品“两头在外、大进大出”的经济结构和强大的消费市场，催生出巨大的交通物流需求潜力。随着我国综合实力和国际地位的显著提升，经济社会发展、城镇化进程推进、群众需求变化等，对于新时期交通运输行业发展提出了更高质量的需求；同时，交通投资边际效益逐步减弱、交通物流成本不断攀升、交通装备技术面临“卡脖子”难题等，也呼吁交通运输行业加快改革。培育发展综合交通产业是新时期浙江省作出的又一次创新探索，2017年，浙江省《政府工作报告》首创性地提出“培育综合交通产业发展新优势”，在全国率先开展综合交通产业培育工作，推动形成浙江第九大万亿产业，为浙江省经济社会发展注入新动能，也为全国交通运输行业改革发展提供了宝贵经验。

2. 培育发展综合交通产业是面向高位交通投资建设的创新举措

基础设施是经济社会发展的基础条件和先行资本，推动基础设施投资建设是促投资稳增长的重要举措。根据学者有关研究，1万亿元公路投资可直接带动0.8万亿~0.9万亿元GDP，间接带动2万

① 习近平：《之江新语》，浙江人民出版社2007年版。

亿~2.5万亿元GDP，同时可分别拉动建筑业、金属冶炼业、非金属矿物制品业上下游约6500亿元、1600亿元和1600亿元。对照交通强国建设目标，我国交通基础设施建设需求依然旺盛，“十三五”时期我国完成交通固定资产投资约16万亿元，“十四五”时期有望超过20万亿元[①]（见图1-1）。从浙江省来看，2011年至2023年，全省综合交通建设投资额实现从1000亿元到3734亿元的跨越，特别是“十三五”期间，全省综合交通累计投资超1.3万亿元，位居全国第一（见图1-2）；“十四五”前三年，全省已完成综合交通投资超1万亿元，占基础设施投资近50%，有力发挥稳经济“压舱石”作用。面向全省万亿级综合交通高位投资建设的大好形势，浙江省抓住交通大建设、大发展机遇，以市场竞争力为考量，按照“一手抓交通建设、一手抓产业发展”“以交通建设带动产业发展、以产业发展反哺交通建设”的思路，大力培育发展综合交通产业，加快培育一批领军企业、建设一批重点园区、实施一批重大项目、打造一批公共平台、培养一批紧缺人才、出台一批精准政策，努力破解“如何把交通投资变

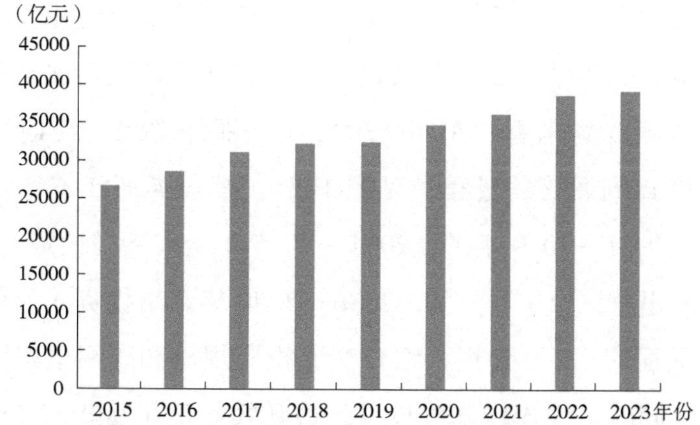

图1-1　全国交通固定资产投资完成额变化趋势

资料来源：根据2015—2023年《交通运输行业发展统计公报》、交通运输部网站历年数据整理。

---

①《交通运输“十三五”成绩单出炉》，中国政府网，2020年10月23日。

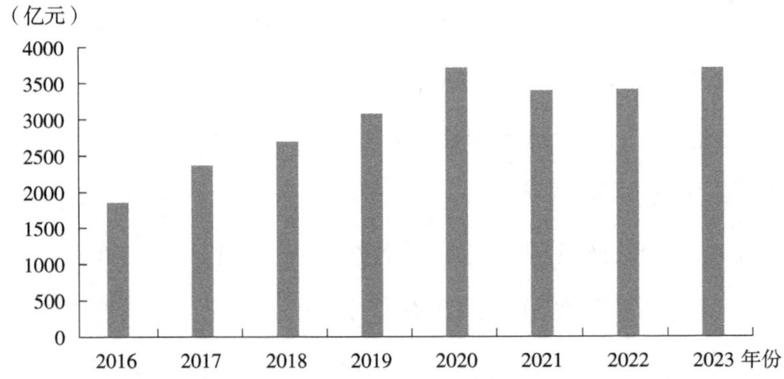

图1-2 浙江省综合交通投资额变化趋势

资料来源：浙江省交通运输厅。

成交通产业”“如何把交通产业留在浙江”两大问题。尽管未来全国交通建设投资规模整体处于放缓趋势，但是对照《国家综合立体交通网规划纲要》，到 2035 年，全国综合交通线网里程仍有 10 万公里左右的增量，交通基础设施“补短板”、技术升级的需求仍然旺盛，综合交通产业发展潜力仍然巨大。

3. 培育发展综合交通产业是推动行业转型提升的有力支撑

我国交通行业正在经历一场深刻的转型，从单纯地加大供给、扩张规模逐步向优化结构、提升质量转变，交通基础设施逐步迈向了存量时代。从浙江省来看，2016—2022 年，浙江省综合交通线网经历了从持续增长到回落的过程（见图 1-3）。根据《浙江省综合立体交通网规划（2021—2050 年）》，2021—2035 年全省新增投资 6 万亿元、新增线网总里程约 2.9 万公里，2036—2050 年新增投资 4 万亿元、新增线网总里程约 0.7 万公里，综合交通投资规模和线网里程增速都在逐步减缓。同时，大规模基建投资的边际效益正在逐渐递减。建设成本上升、资产收益下降、地方财政压力增大等因素，导致以往单纯靠交通基础设施投资来创造就业机会、拉动地方产业、带动国民经济增长的发展模式将变得不可持续，并且大规模基建投资可能加重债务负

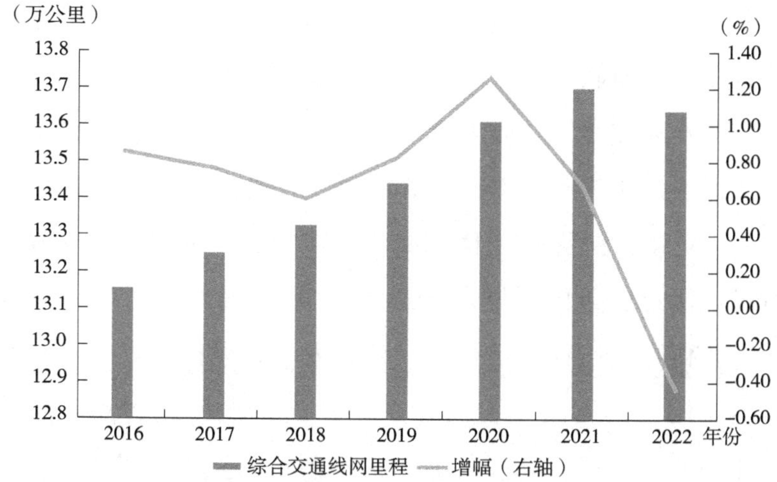

图1-3 浙江省综合交通线网里程（统计口径为公路、内河、铁路）

资料来源：《2024年浙江统计年鉴》。

担，影响中央和地方的财政健康。例如，新建四车道、六车道高速公路的每公里造价已经分别达到2亿元、3亿元，一批高速公路项目的通行费收入无法覆盖运营成本，出现收不抵支的情况；我国某县盲目举债建设水司楼等政绩工程，背负400亿元巨额债务；我国某市的两个高铁站由于预测客流效益不佳，建成10多年未启用……新时代迫切需要寻找交通行业高质量发展的新动能。通过培育发展综合交通产业，围绕交通基础设施建设，推动上下游关联产业发展，打通交通投资、建设、运营、管理等全链条，可以更好实现交通系统的可持续发展和服务于行业发展。

（二）重大意义

1. 培育发展综合交通产业有利于推进交通运输高质量发展、更好支撑中国式现代化建设

党的二十大报告中明确提出了以中国式现代化全面推进中华民族伟大复兴的重要目标，并详细阐述了中国式现代化的概念及其内涵。

在推进中国式现代化建设进程中，交通运输起到至关重要的作用。习近平主席在第二届联合国全球可持续交通大会开幕式上赋予交通“中国现代化的开路先锋”[①]的重要定位，把交通在现代化建设全局中的地位提升到了前所未有的新高度，赋予了交通运输新的时代内涵、战略定位和历史使命。深化现代化高质量综合交通运输体系建设，是推进中国式现代化的重要举措。2023 年 9 月 25 日，习近平主席向全球可持续交通高峰论坛致贺信指出，建设安全、便捷、高效、绿色、经济、包容、韧性的可持续交通体系，是支撑服务经济社会高质量发展、实现“人享其行、物畅其流”美好愿景的重要举措[②]。这一重要论述对现代化交通运输体系和高质量交通运输体系作了全新定义。培育发展综合交通产业，可以促进交通基础设施、交通装备技术、交通运输服务、交通行业治理等全面提升，为高质量构建现代化综合交通体系提供有力支撑，从而在迈向全面建设社会主义现代化国家新征程、向第二个百年奋斗目标进军的过程中，为中国式现代化提供更加有力的支撑保障。

2. 培育发展综合交通产业有利于服务构建现代化产业体系、加快形成新质生产力

近年来我国高度重视培育新质生产力，加快推动现代化产业体系建设，全国战略性新兴产业增加值占 GDP 的比重从 2014 年的 7.6% 升至 2023 年的 13% 以上，“新三样”产品累计出口额达到 1.06 万亿元[③]。2024 年《政府工作报告》更是把“大力推进现代化产业体系建设，加快发展新质生产力”列为年度工作任务之首，以

---

① 习近平：《与世界相交 与时代相通 在可持续发展道路上阔步前行——在第二届联合国全球可持续交通大会开幕式上的主旨讲话》，新华社，2021 年 10 月 14 日。

②《习近平向全球可持续交通高峰论坛致贺信》，《人民日报》2023 年 09 月 26 日。

③ 吴珂：《大力推进现代化产业体系建设 加快发展新质生产力》，《中国经济时报》2024 年 05 月 14 日。

低空经济为代表的交通领域相关产业也多次被各级领导提及。交通既是现代化产业体系的重要组成部分，也为其他各类产业发展提供了不可或缺的物质基础和服务保障。2023 年，我国交通运输业增加值占 GDP 的比重约为 4.6%，浙江省综合交通产业增加值占 GDP 的比重超过 10%①。交通运输部原部长李小鹏在 2024 年全国交通运输工作会议上提出，“要大力推进智慧交通、绿色交通、平安交通建设，提升交通运输的智能化、绿色化、安全化水平，为现代化产业体系提供高效、便捷、安全的运输服务”，并在 2024 年半年工作会上指出，“要通过技术创新和模式创新，提升交通运输行业的整体效能，推动新质生产力的发展，为经济高质量发展提供有力支撑”，系统阐述了交通运输对构建现代化产业体系、培育新质生产力的重要作用和关键路径。因此，培育发展综合交通产业具有重要意义。一方面，交通运输可以为现代化产业体系建设提供支撑保障，包括推动资源高效配置、加速产业链条整合、促进经贸合作交流等，从而有效降低物流成本、提升生产效率，其发展水平直接影响着现代化产业体系的运转效率和发展速度；另一方面，交通本身作为现代化产业体系的重要组成部分，特别是低空经济与通航产业、高端航运服务业、智慧交通和智能网联产业、“交通 +”融合产业等综合交通产业，可以推动传统交通产业实现跃升，提升交通产业发展竞争力。

3. 培育发展综合交通产业有利于构建新发展格局、推进国际国内开放合作

2020 年 4 月，习近平总书记在中央财经委员会第七次会议上首次提出“新发展格局”这一重要概念②，这是面对国际经济环境变化

① 《第五届浙江国际智慧交通产业博览会盛大开幕》，浙江省交通运输厅融媒体中心，2023 年 12 月 04 日。

② 习近平：《国家中长期经济社会发展战略若干重大问题》，《求是》2020 年第 21 期。

和国内经济发展需求作出的一大战略布局。新发展格局强调以国内大循环为主体、国内国际双循环相互促进的新发展模式。这一战略旨在通过扩大内需、优化供给结构、提升产业链水平等方式，增强中国经济发展的内生动力，同时保持对外开放，实现更高水平的开放。交通是促进构建新发展格局的重要抓手。2021 年 10 月，习近平主席在北京以视频方式出席第二届联合国全球可持续交通大会开幕式，在题为《与世界相交 与时代相通 在可持续发展道路上阔步前行》的主旨讲话中指出，交通是经济的脉络和文明的纽带。从古丝绸之路的驼铃帆影，到航海时代的劈波斩浪，再到现代交通网络的四通八达，交通推动经济融通、人文交流，使世界成了紧密相连的“地球村”[①]。从浙江省来看，2023 年社会消费品零售总额 32550 亿元，比上年增长 6.8%，固定资产投资比上年增长 6.1%，基础设施投资增长 3.9%。外贸进出口 4.9 万亿元，比上年增长 4.6%，占全国进出口总值的 11.7%，居全国第 3 位，其中出口占全国份额达到 15%，升至全国第 2 位，进口占全国份额升至 7.4%，首次跻身全国前 5 位[②]。在新的历史时期，发展综合交通产业、构建综合交通体系是推动区域经济一体化、促进国内外开放合作的关键因素。因此，浙江省应依托“一带一路”、《区域全面经济伙伴关系协定》（RCEP）等合作开放机遇，积极推动综合交通产业与国际接轨，加快完善国际运输网络，带动海外贸易和经济合作，实现与海外国家相关产业共享发展机遇，在主动服务和融入新发展格局中不断构筑浙江发展新优势、开辟浙江发展新空间。

---

① 《习近平出席第二届联合国全球可持续交通大会开幕式并发表主旨讲话》，《人民日报》2021 年 10 月 15 日。

② 数据来源：浙江省统计局。

4. 培育发展综合交通产业有利于促进共同富裕、打造县域经济高质量发展样板

从“精准扶贫”到全面实现小康，再到以浙江省为试点创建共同富裕示范区，以习近平同志为核心的党中央，一直把探索实现全体人民共同富裕摆在极其重要的位置。从 1997 年浙江省成为全国第一个消除贫困县的省份，到 2007 年成为全国第一个消除贫困乡镇的省份，再到 2015 年 26 个欠发达县一次性全部“摘帽”，全面消除家庭人均可支配收入 4600 元以下贫困户，浙江省成为全国第一个较高水平完成脱贫攻坚任务的省份。交通是促进实现共同富裕的先行领域。随着经济发展由高速增长阶段转向高质量发展新阶段，交通基础设施已经是影响区域经济增长的重要因素和关键性政策变量，加快交通运输高质量发展是我国实现共同富裕的必然选择。培育发展综合交通产业，可以有效反哺带动交通投资建设，缩小地区差距，带动人民群众致富增收。首先，交通基础设施建设的完善和相关产业的带动提升，可以促进地区公共服务均等化，扩大交通运输普惠服务范围，推动城乡区域协调发展，增强区域间的经济联系和合作，促进技术和信息的交流，从而提高地区经济的创新能力和竞争力。其次，交通设施建设吸引投资与带动上下游产业发展，有助于盘活交通设施周边的资源，推动交通和地方文化、旅游、物流、农业等融合发展。最后，综合交通产业也可以作为地方经济跨越式发展的重要动力。从浙江省的实践可以看到，不少加快发展县把综合交通产业的部分领域或环节作为地方的主导产业来培育，通过企业培育、创新赋能、场景带动等综合措施，实现了地区经济的快速发展。现如今浙江全省山区 26 县 GDP 均实现破百亿元，有 4 个县（区）已破 500 亿元①。

① 《潮声丨山区 26 县工业半年报出炉，背后有哪三大看点》，潮新闻客户端，2024 年 08 月 19 日。

5. 培育发展综合交通产业有利于增强交通装备技术自主可控能力、形成高端完备产业链

制造业是立国之本、兴国之器、强国之基。习近平总书记指出，制造业特别是装备制造业高质量发展是我国经济高质量发展的重中之重，是一个现代化大国必不可少的[①]。面对世界百年未有之大变局，全球经济发展不稳定性不确定性因素增多，西方国家不断加大对我国高技术产业发展的打压遏制力度，大力推动高精尖装备的自主研发制造迫在眉睫。而交通装备制造业作为综合交通产业四大领域之一，是我国高端制造产业的重要组成部分，对于保障国家安全、提升交通技术、促进产业升级具有重要意义。如长征系列运载火箭、神舟系列载人飞船、C919 大型客机等航空航天器，075 型两栖攻击舰、“雪龙 2”号极地科考破冰船、全球首艘第四代自升式风电安装船等重量级船舶，以及高铁、大型桥隧等，都是交通领域典型的国之重器。《交通强国建设纲要》也把“交通装备先进适用、完备可控”作为重要章节，提出“实现 3 万吨级重载列车、时速 250 公里级高速轮轨货运列车等方面的重大突破。加强智能网联汽车（智能汽车、自动驾驶、车路协同）研发，形成自主可控完整的产业链。强化大中型邮轮、大型液化天然气船、极地航行船舶、智能船舶、新能源船舶等自主设计建造能力。完善民用飞机产品谱系，在大型民用飞机、重型直升机、通用航空器等方面取得显著进展”。要加快培育发展综合交通产业，构建自主可控、主导发展的装备技术链和产业链，推动交通装备产业向价值链的高端迈进，实现我国由“制造大国”到“制造强国”的升级跃迁。

---

① 《习近平在东北三省考察并主持召开深入推进东北振兴座谈会时强调 解放思想锐意进取深化改革破解矛盾 以新气象新担当新作为推进东北振兴》，新华社，2018 年 9 月 28 日。

6. 培育发展综合交通产业有利于促进民营经济做大做优做强、全面激发市场经济活力

民营经济是推动中国式现代化的生力军，也是浙江省高质量发展的特色优势。浙江省作为民营经济大省，民营经济非常活跃，经营主体数量众多。2024 年 3 月 27 日，时任浙江省发展改革委主任杜旭亮在国务院新闻办举行的“推动高质量发展”系列主题新闻发布会上介绍，“截至 2023 年底，民营经济创造了浙江 67.2% 的生产总值、71.7% 的税收、80.2% 的进出口、87.5% 的就业、96.9% 的市场经营主体；民营企业 500 强数量连续 25 年居全国首位”。回顾浙江省民营投资基础设施领域的发展历程，从新中国成立后首条民资参股铁路（衢常铁路），到 2016 年首条民资控股高铁（杭台高铁），再到 2024 年 9 月开通的国家混合所有制改革试点和社会资本投资铁路示范项目（杭温高铁），浙江省一直在民营资本参与交通基础设施项目建设中先行先试。2024 年 7 月，党的二十届三中全会通过的《中共中央关于进一步全面深化改革、推进中国式现代化的决定》提出了推进基础设施竞争性领域向经营主体公平开放、完善民营企业参与国家重大项目建设长效机制、完善激发社会资本活力和促进投资落地机制的部署要求，也深刻诠释了民营经济在创新交通基础设施发展体制机制、提升交通基础设施建设运营效率等方面的重要作用。市场主体作为产业发展最重要的组成部分，尤其是民营经济在其中展现出的活力，在资源配置、创新驱动、就业创造等方面起到了不可替代的作用。培育发展综合交通产业，为民营经济发展提供了更大的平台，为其开拓交通基础设施建设领域市场、发展多种类型的综合交通产业增加了更多可能性。由此培育一批具有行业影响力的交通领域的龙头民营企业，将成为全面激发交通运输行业民营经济市场活力的关键一招。

（三）形势需要

1. 培育发展综合交通产业是交通行业绿色化、智慧化转型的需要

习近平主席在第二届联合国全球可持续交通大会开幕式上强调，要加快形成绿色低碳交通运输方式，加强绿色基础设施建设，推广新能源、智能化、数字化、轻量化交通装备，鼓励引导绿色出行，让交通更加环保、出行更加低碳。要大力发展智慧交通和智慧物流，推动大数据、互联网、人工智能、区块链等新技术与交通行业深度融合，使人享其行、物畅其流①。《交通强国建设纲要》和《国家综合立体交通网规划纲要》也将“智慧交通”等作为未来交通发展的重要任务。推动交通绿色化、智慧化发展是应对新一轮科技革命和产业变革的必然趋势，也是交通行业自身可持续发展、高质量发展的内在要求，对于顺应交通基础设施数字化发展、加快实现“双碳”目标等具有重要意义。交通行业经历了自动化、数字化、绿色化等发展阶段，相关智慧交通、低碳交通技术等亮点纷呈，交通先进装备技术和应用场景应运而生，如已经普及的智慧信控、智能调度、港口岸电等技术，以及正在蓬勃发展的自动驾驶、智慧高速、智慧航道、低碳服务区等场景。根据研究机构预测，到 2030 年，全球新能源汽车渗透率将达到 50% 左右②，全球智能交通系统市场规模将达到 521 亿美元。未来，随着 5G、大数据、新能源、人工智能等新一代技术的发展，新要素、新技术、新模式将更加深入地融入传统交通，综合交通产业将不断发展创新。

---

① 习近平：《与世界相交 与时代相通 在可持续发展道路上阔步前行——在第二届联合国全球可持续交通大会开幕式上的主旨讲话》，新华社，2021 年 10 月 14 日。

②《2030 年全球乘用车市场新能源渗透率将达 50%》，麦肯锡咨询，2024 年。

2. 培育发展综合交通产业是交通要素集约化、融合化变革的需要

“十五五”时期，交通运输基础设施建设将面临补齐短板、存量维护的模式转变，综合交通加速步入跨方式、跨领域、跨行业协同的发展阶段，提升综合交通运输的整体效益成为新时代发展的重点内容。《交通强国建设纲要》明确提出，“推动交通……由各种交通方式相对独立发展向更加注重一体化融合发展转变”。新时代下单一方式占据主导地位的格局已不适应现实需要，交通与水利、能源、市政等基础设施协同发展，交通与物流、文旅、产业等联动融合已成为趋势，多元化、集成化、综合化、一体化的交通建设势在必行。同时，在快速城镇化和工业化进程中，国土资源约束、生态环境压力与经济发展需求之间的矛盾不断加深，也需要交通基础设施在规划建设过程中，通过多式联运、立体布局、共用走廊等方式节约集约发展。如2022年山东高速集团发行10亿元高速服务区资产支持专项计划支撑“服务区+”融合发展模式、2023年福建省实施全域“公路+旅游”发展规划、浙江省打造甬舟公铁两用桥、2023年成都轨道集团依托公共交通导向型开发（TOD）网络实现了15分钟社区生活圈的全覆盖……综合交通产业的发展，催生了一大批交通领域的先进理念、先进技术和先进工程，带动了交通装备的高效集成和交通设施的综合开发，实现了交通运输与生产、流通等环节相协调匹配，与上下游企业之间衔接合作，推动了交通运输与现代制造业、现代农业、现代服务业联动发展、交叉融合，不断提升综合交通运输的效率和效益。

3. 培育发展综合交通产业是交通装备高端化、创新化突破的需要

我国作为世界制造业第一大国，制造业增加值占全球的比重约为30%，制造业增加值规模连续14年保持全球第一。2023年，我国装备制造业增加值占规模以上工业增加值的比重为33.6%。从细分行业经营效益来看，2023年通用设备制造业资产同比增长7.3%，专用设备制造业资产同比增长7.1%，汽车制造业资产同比增长8.7%，铁路、船舶、航空航天和其他运输设备制造业资产同比增长7.8%[①]。交通装备制造产业作为综合交通产业的重点发展领域之一，是服务民生和实体经济的重要行业。以轨道交通装备为例，我国轨道交通装备制造业已经形成了完整的产业链，包括电力机车、内燃机车、动车组等10个专业制造系统，成为我国高端装备制造领域自主创新程度最高、国际创新竞争力最强、产业带动效应最明显的行业之一。近年来，我国交通关键装备系统及控制技术等不断提升和突破，以重型化、高科技化等为方向，推动交通装备生产自主可控、水平国际领先，如深中通道、港珠澳大桥、北京大兴国际机场等一批超级工程震撼世界，“复兴号”动车组、C919大型客机等一批国产交通装备标注了“中国制造”的新高度。未来，在交通强国、制造强国建设的大背景下，交通装备技术将持续向重型化、精细化、高端化突破，支撑交通装备制造产业链补链强链、迈向高端。

4.培育发展综合交通产业是交通建筑工业化、标杆化发展的需要

交通建筑工业化是现代建筑技术与交通工程技术融合发展的重点领域，是交通运输基础设施建设高质量发展的重要内容。交通建筑工业化技术聚焦桥隧路拼装技术研发，将“设计—现场施工”模式转变为“设计—工厂制造—现场装配”，工业化建造模式对于节约利用土地、提升建造工效、降低运输费用等具有积极作用。为积极贯彻国家装配式建筑的建设理念，浙江省作为建筑工业化建设的标杆省份，大力推动交通领域工业化建设，推动传统交通行业创新转型。早在2017年，浙江省就开始布局交通建筑工业化产业，目前已布局20个

① 数据来源：国家统计局。

以上建筑工业化基地，基地总占地面积超 2500 亩，基本实现省内全覆盖，已经形成千亿级交通建筑工业化优势产业，率先在国内乃至共建“一带一路”国家打造基础设施建设领域“产业名片”。综合交通产业的蓬勃发展态势为交通建筑工业化提供了坚实的物质基础和技术支撑，通过引入先进的制造技术、信息化管理手段以及智能化施工设备，交通建筑项目能够实现设计标准化、生产工厂化、施工装配化和管理信息化，显著提升建设效率与工程质量。建设高品质交通基础设施，需加快推动智能建造与建筑工业化协同发展，将综合交通产业培育为交通建筑领域向工业化、标杆化迈进的重要驱动力。

5. 培育发展综合交通产业是交通服务定制化、品质化提升的需要

习近平总书记多次作出“人享其行、物畅其流”的重要论述[①]。《“十四五”现代综合交通运输体系发展规划》也提出了“顺应人民美好生活新期待，统筹考虑旅客运输和货物运输的不同发展趋势及阶段性特征，兼顾基本需求和多样化需求，推动运输服务多元化、品质化发展，扩大经济高效安全的运输服务产品供给，逐步实现人享其行、物畅其流”的愿景期许。交通运输部公路科学研究院发布的《中国定制客运发展年度报告（2023）》显示，截至 2023 年，全国共有 1438 户班车客运经营者开展了定制客运业务，约占班车客运经营业户总数的 9.44%；全国定制客运网络平台 225 个，重点开展上门接送、定点接送、一端定点一端上门等定制出行模式。如今，个性化、品质化的运输服务将成为交通运输服务体系转型优化的新趋势。综合交通产业的发展从技术研发、设备制造到系统集成、平台搭建，为交通定制化服务提供了强大的技术支持，不仅满足了基本出行需求，还通过不断创新和拓展服务领域，进一步激发了市场潜力，为交通定制化服务的普及和推广提供了广阔的市场空间。

---

①《习近平向全球可持续交通高峰论坛致贺信》，新华社，2023 年 09 月 25 日。

二、研究对象和内容

（一）研究对象

本书以“综合交通产业”为研究对象。目前国内外对于“综合交通产业”尚未有明确的定义，本书结合党和国家部署要求、学术界理论研究等，立足浙江省实际，明确综合交通产业是指围绕公路、铁路、水运、航空、枢纽等综合交通全体系，涉及交通基础设施、交通载运工具、交通运输服务、交通行业管理等全领域，涵盖技术研究、规划设计、设备制造、建筑施工、运营管理等全过程的经济活动，具体包括交通建筑业、交通装备制造业、交通运输业、交通关联服务业等四大领域。综合交通产业既具有一般产业的共性，也存在一定时代性、战略性、公共性、规模性、带动性、演变性等特征，是国民经济最为基础、最为重要的产业之一。

1. 时代性

综合交通产业发展往往伴随着交通运输行业的演变。一方面，不同经济社会发展阶段，文明程度和科技进程的不同导致交通技术水平的不同。在古代，交通工具主要依靠人力、畜力和自然力（如风力、水流），如舟楫、马车以及步行是主要的交通方式。随着 18 世纪末至 19 世纪的工业革命的开展，蒸汽动力开始应用于交通领域，如蒸汽火车和蒸汽轮船的出现，极大地提高了运输能力和速度，促进了工业化进程。随着内燃机的发明和电力技术的进步，20 世纪初，汽车、内燃机车和电力机车逐渐成为主流的交通工具。进入 21 世纪，随着信息技术的迅猛发展，高速铁路、新能源汽车、无人驾驶技术等新兴技术的应用，正引领着交通的新一轮变革，综合交通产业的发展重点随之变化。另一方面，不同历史发展阶段，对交通的需求也存在差异。如新中国成立初期，百废待兴，为改善交通运输落后的局面，我国加大铁路、公路、港口、机场等基础设施投资建设力度，此时侧重于交通建筑相关产业发展。改革开放以来，特别是进入 21 世纪后，交通与经济社会发展的矛盾制约初步缓解，我国开始注重推动交通运输服务提质和装备技术升级，此时以交通装备制造、交通运输服务等为主的综合交通产业快速发展。

2. 战略性

交通运输业是国民经济中基础性、先导性、战略性产业和重要的服务性行业，综合交通产业也同样具有重大战略意义。先进适用的交通建筑、自主可控的交通装备、品质高效的运输服务等都是国家综合竞争力的体现，对于国民经济、国家安全、科技创新、社会治理等具有举足轻重的作用。例如，C919 是我国首款自主研发的大型喷气式民用客机，标志着我国成为继美国、欧洲和俄罗斯之后，全球第四个拥有自主研发大型客机能力的经济体，其在设计与制造、航电系统、发动机技术、客舱设计、安全与可靠性、环境友好、智能化与数字化以及国际合作等方面展现了我国在先进交通设备领域的高水平。港珠澳大桥集桥、岛、隧于一体，是世界上最长的跨海大桥，其建造克服了多项世界性的技术难题，创造了多项世界纪录，展示了我国在基础设施建设方面的强大实力，多个国家和地区纷纷寻求与我国在桥梁建设方面的合作和技术支持。我国还建成了世界上规模最大、覆盖最广、受益人数最多的物流网络体系之一，快递业务量连续多年位居世界第一，快递网络覆盖 200 多个国家和地区，为国内经济的持续增长提供了重要支撑。

3. 公共性

交通是衣食住行的重要一环，是人类最基本的需求。因此，综合交通产业也为社会生产、人民生活提供了重要的支撑保障，具有一定的公益性，而非单纯谋取市场盈利。从交通基础设施来看，与一般设施相比，交通基础设施是国民经济和社会发展的基石，具有基础性和公共性的特点，不完全以盈利为目的，它们支撑经济发展、促进区域均衡、提高社会福利、提供公共服务，并且具有显著的正外部性。政府在交通基础设施的建设、维护和管理中发挥着主导作用，通过财政投资、价格管制等手段，确保设施的公益性和可及性。例如，修建一条连接偏远地区的公路，可能短期内难以收回成本，但能显著改善当地居民的生活条件，促进地方经济发展。从交通运输服务来看，与一般服务相比，交通运输服务是面向全体社会成员的公共服务，具有公共性、普惠性和民生性的特点。政府在交通运输服务的规划、建设和运营中发挥主导作用，确保服务的公益性和公平性。通过合理定价、广泛覆盖、多样化选择，交通运输服务改善了人们的生活质量，促进了就业，支持了教育和医疗，推动了旅游业的发展。例如，地铁、公交车、出租车等公共交通系统，为广大市民提供了便捷、低廉的出行方式。

4. 规模性

综合交通产业具有劳动密集、资本密集、技术密集的属性，具有显著的投资规模、市场规模和经济规模。首先，交通涉及的投资额巨大，2023 年全国交通固定资产投资总额达到 3.9 万亿元[①]，创历史新高，相当于平均每天完成 100 多亿元的交通基础设施投资额。根据有关分析，1 公里高速公路造价达亿元量级，1 公里航道造价也达千万元量级，交通基础设施建设成为推动经济发展的重要手段。其次，综合交通产业的服务对象规模巨大。2023 年，全国综合交通线网总里程超过 600 万公里，支撑服务全年旅客运输总量 93 亿人次、货物运输总量 557 亿吨，具有巨大的发展潜力和广阔的市场空间。随着技术的进步和政策的支持，这一市场将继续保持快速增长的态势。2023

① 数据来源：《2023 年交通运输行业发展统计公报》。

年，我国综合交通系统的市场规模达到万亿级，在智慧交通、交通信息服务等领域市场规模均已达到百亿级。最后，交通产业的产出规模也很大。2023 年交通运输、仓储和邮政业的增加值占 GDP 的比重为 8.4%，在国民经济中发挥的作用逐渐提升。此外，综合交通产业细分领域的产业竞争力也在不断增强，如 2012 年至 2021 年，我国高铁全产业链的总产值从约 1.2 万亿元增长到了约 3.5 万亿元，增长了近 2 倍；2023 年，我国汽车产业总产值达到 11 万亿元，占 GDP 近 10%，全球市场占有率达到了 40%。

5. 带动性

综合交通产业涉及领域广、产业链条长，不论是产业自身的带动性，还是对产业融合、就业岗位、地区经济等的带动性都非常大。一方面，综合交通产业涵盖从基础设施建设、装备制造、运营服务到信息数据等多个方面，每一个领域都能形成一条完整的产业链，如交通建筑业涉及规划设计、勘察测绘、原材料供应、设备机械供应、工程建设、项目管理、运营维护、综合服务等环节，交通装备制造业涉及原材料供应、零部件制造、整车（机）制造、组装集成、销售服务、运营维护、综合服务等环节。另一方面，综合交通产业具有较大带动效应。从产业自身来看，以新能源汽车、低空经济、智慧交通等为代表的综合交通产业对经济社会发展具有直接和间接的作用。例如，根据猎聘大数据研究院发布的《新能源汽车就业趋势数据报告》，2023 年新能源汽车行业新增就业岗位超过 50 万个，新能源汽车及相关产业链的税收贡献超过 100 亿元。从产业融合来看，交通与自然风光、文化旅游、乡村民宿、农产品展销等产业的交叉融合，也将带来多个相关产业的繁荣发展。

6. 演变性

综合交通产业是近年来新提出的一个概念，随着交通行业发展、科学技术进步、社会需求变化和规划政策调整，综合交通产业的概念内涵也将不断迭代和发展。特别是近年来蓬勃涌现的如智慧交通、低空经济、交能融合等新生事物和新鲜提法，以及如高铁快运、空铁联运、无人配送等一批新技术新模式新业态不断发展，综合交通产业的范畴也将不断拓展与深化。

（二）研究内容

本书围绕“综合交通产业”这一创新概念，系统阐述了其提出背景，科学论述了其理论内涵，通过研究学习了国家部署要求和学术界相关理论体系，创新性提出综合交通产业的概念内涵和统计体系。同时，从产业链研究、数字化分析、机制性探索等维度构建培育发展综合交通产业的系统性方法论。本书旨在通过科学合理的规划和管理手段，推动综合交通产业体系的优化升级和可持续发展，为区域经济的繁荣和社会的进步提供有力支持。本书主要对以下七个方面进行了重点研究。

1. 综合交通产业的发展背景

围绕我国发展宏观环境和浙江省发展实际，提出培育发展综合交通产业的时代背景和重要意义，研究未来综合交通产业发展的形势需求和重要方向。

2. 综合交通产业的理论体系

研究我国交通行业发展的历史脉络和各级领导的相关论述，研究综合交通产业发展的历程和重点。研究交通经济学、产业经济学等重要理论，为综合交通产业理论体系建立奠定基础。从实践出发，提出浙江综合交通产业的概念内涵、范围边界和统计体系。

3. 综合交通产业重点产业链

立足浙江省综合交通产业四大领域，瞄准新时期综合交通产业

"链条化、集群化、生态化"发展趋势，梳理了智慧交通、现代交通物流、航运服务、枢纽通道经济、交通建筑工业化、轨道交通、航空航天、新能源汽车等 8 条产业链，并从产业链定义、上下游图谱、行业发展趋势等方面对各产业链进行了剖析。

4. 综合交通产业地图

分析了浙江省综合交通产业地图的建设意义、主要功能和开发历程。综合交通产业地图整合相关部门和企业的数据资源，通过数字化手段和大模型应用，实现对浙江省综合交通产业的全面感知、精准分析、智能决策和高效管理。

5. 综合交通产业规划体系和工作机制

结合浙江省工作实际经验，梳理总结了浙江省综合交通产业的相关规划政策体系、统计监测体系和工作推进体系，研究当前阶段综合交通产业培育发展的工作抓手和重要载体。

6. 综合交通产业的未来方向

围绕交通强国和现代化产业体系等建设要求，立足国内外综合交通产业典型案例，从交通建筑业、交通运输业、交通装备制造业、交通关联服务业四大领域出发，系统收集国内外综合交通产业在应用实践上的探索案例，提炼其先进做法和亮点特色，形成一批可复制可推广的路径经验，为培育发展综合交通产业提供实证经验。

7. 综合交通产业的浙江实践

围绕规模实力、四大领域、平台载体等维度，梳理了近年来浙江省培育发展综合交通产业的总体成效。同时，围绕重点领域和重点区域，梳理了浙江省推动综合交通产业在八大产业链发展上的思路方向，以及相关地区、平台、集群等在培育发展综合交通产业中形成的特色成果。

三、研究方法和技术路线

（一）研究方法

1. 文献资料引证法

课题组参考了大量网络资源、文献资料等，系统梳理综合交通产业相关的历史沿革、领导部署、理论研究以及国内外应用实例，为浙江省综合交通产业发展探索提供借鉴。

2. 实地调研法

课题组围绕行业管理部门、地方政府、龙头企业、产业园区等，组织了数十次专题研讨和调研座谈，就综合交通产业涉及的研究范围、发展方向、工作机制等关键性问题开展深入交流。同时，课题组还赴广东、江苏、山东等兄弟省份学习考察，深入学习前沿技术和先进做法。

3. 产业链分析法

课题组系统梳理了综合交通产业的全体系、全领域、全过程，研究绘制综合交通产业链全景图。梳理了浙江省及全国综合交通产业相关企业、园区、平台等，结合浙江省发展需求，研究智慧交通、现代化交通物流等重点领域细分产业链，包括产业链上中下游和细分领域的发展情况及各环节之间的联动关系和相互作用等，判断行业竞争格局，综合分析综合交通各重点产业链的整体状况和发展趋势。

4. 模型分析方法

课题组围绕综合交通产业相关产企对接、招商匹配、投资匹配等实际需求，建立企业评价、企业关联、招商匹配、投资匹配等多个模型，挖掘产业各细分领域关联优质企业，打造综合交通领域优质企业库，为地方政府提供高质量的招商对象库，为企业提供更多投资落地选择。同时，通过若干案例实践，对模型进行持续迭代优化。

5. 数字化分析方法

课题组通过企业大数据分析、关联企业分析、招投标数据挖掘等方法，对综合交通产业相关数据进行深度挖掘和分析，发现数据背后的规律和趋势，为产业规划和发展提供有力支持。

（二）技术路线

根据章节实际内容绘制的技术路线图如图 1-4 所示。

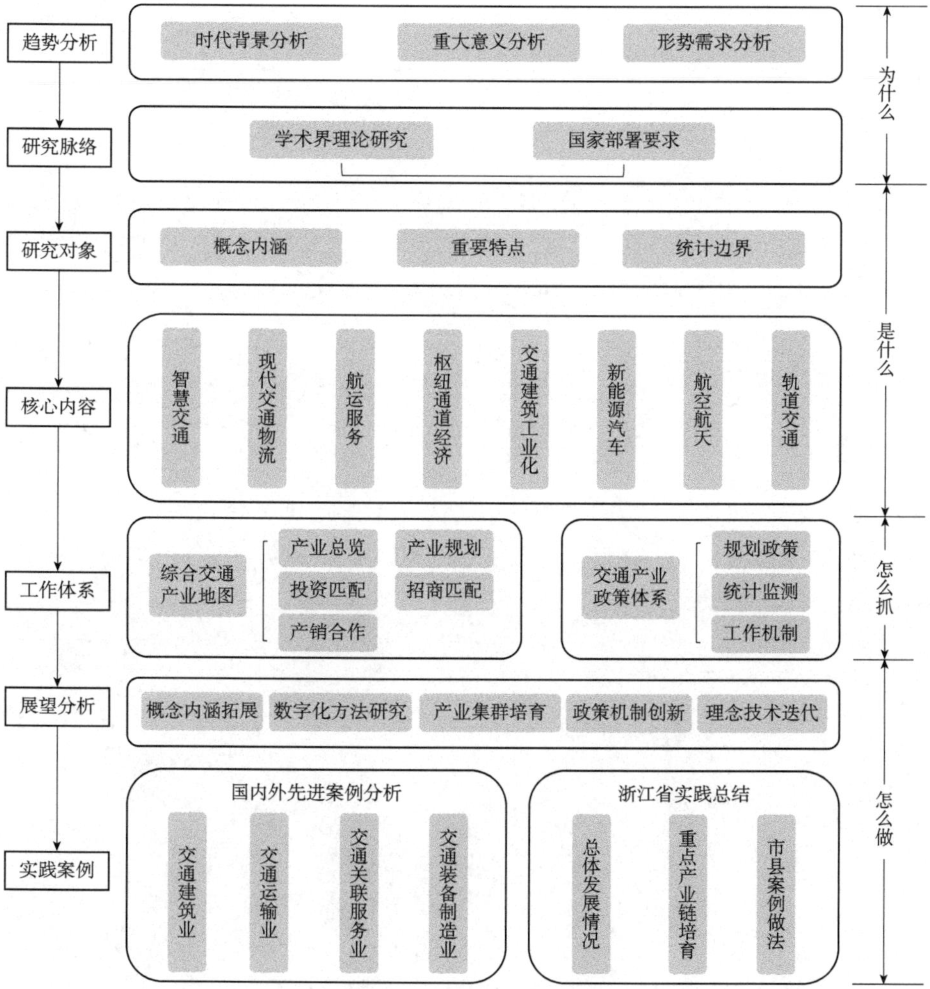

图1-4 技术路线图

资料来源：笔者绘制。

第二章 理论创新：综合交通产业的概念及其内涵

交通运输作为国民经济的基础性、先导性、战略性产业和重要的服务性行业，对经济社会发展的重要作用不言而喻。党中央和国务院围绕交通运输对经济社会发展的重要意义多次作出战略判断和重大部署，学术界针对交通运输与经济发展的互动关系和作用机理也开展了诸多研究。综合交通产业作为首创性提法，相关概念内涵、理论体系等都没有相对成熟的研究成果。课题组深入分析了学术界对于产业经济理论体系、方法论体系等的研究，以及近年交通经济和产业经济相关国家战略和部署要求，为综合交通产业的理论研究奠定基础。

一、学术理论研究

（一）相关概念

综合交通运输体系庞大、覆盖面广，具有产业化发展的良好基础，综合交通产业是围绕综合交通运输体系延伸发展出来的经济活动。为系统解剖其概念内涵及发展逻辑，课题组梳理了学术界涉及产业经济、交通经济、交通产业等的研究成果（见图 2–1）。

1. 产业经济相关研究

（1）理论体系

产业是从事相同性质的经济活动的所有单位的集合。产业有广义和狭义之分，狭义的产业指工业部门，而广义的产业泛指国民经济的

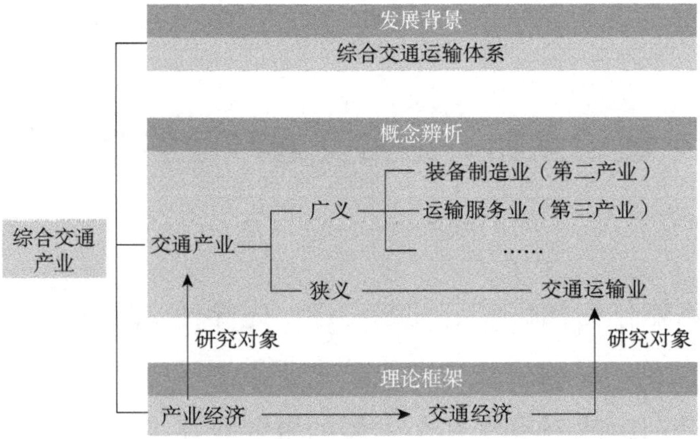

图2-1　综合交通产业理论研究机理

资料来源：笔者绘制。

各行各业。以广义产业为研究对象的学科即为产业经济学。产业经济学将“产业”视为一个有机整体进行研究，探讨经济发展中产业间的关系结构、产业内企业组织结构变化的规律以及研究这些规律的方法，是从产业出发来揭示产业的发展和变化、产业内部企业之间的相互作用，以及产业与产业之间的相互联系等产业本身所特有的经济规律。

第一次产业革命之后，产业经济学开始形成其理论雏形，产生了各自独立的几个理论部分，但还没有形成比较完整的理论体系。第二次世界大战以后，产业经济学逐步发展成为一门新的经济学学科。在产业经济学的学科体系中，产业组织理论是最先建立起来的，随后，产业结构理论、产业关联理论等相继建立。

产业经济学的理论体系包括产业组织理论、产业结构理论、产业关联理论、产业布局理论以及产业转移理论、产业竞争力理论等前沿理论内容[①]，其理论体系框架如图 2-2 所示。

① 高志刚：《产业经济学》，中国人民大学出版社 2022 年版。

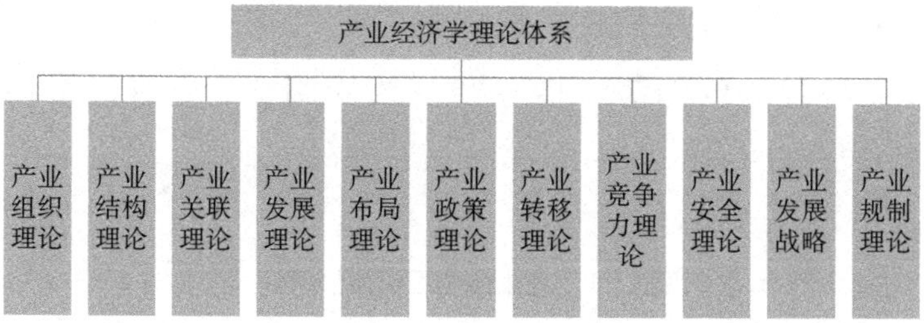

图2-2 产业经济学理论体系框架

资料来源：笔者绘制。

其中，产业结构理论是研究不同产业在经济发展中的地位、作用以及它们之间相互关系的理论。这一理论领域探讨产业内部和产业之间的动态变化，以及这些变化如何影响经济增长和社会发展。一般来说，随着经济的发展，产业结构会发生变化，通常是从以农业为主转向工业，再进一步转向服务业（见表2-1）。产业结构理论具体包括以下内容。一是经济发展阶段理论。经济学家罗斯托、库兹涅茨等人提出，产业结构的变化是经济发展阶段变化的一个重要特征。根据罗斯托的理论，经济发展经历了传统社会阶段、准备起飞阶段、起飞阶段、走向成熟阶段、超越大众消费阶段五个阶段，每个阶段都有其典型的产业结构特点。二是新兴产业与衰退产业理论。随着技术进步和市场需求变化，一些新兴产业会崛起，而一些传统产业可能会衰退。产业结构理论也关注这些变化及其对就业、资源配置等方面的影响。三是政策与规划理论。基于对产业结构的理解，政府可以制定相应的产业政策，以促进经济结构调整和发展。这些政策可能包括支持某些行业的发展、改善基础设施、促进技术创新等。四是产业结构调整与转型。随着全球化的深入推进和技术的进步，许多国家都在经历产业结构的调整和转型。例如，发达国家的服务业比重不断上升，而制造业比重则有所下降；发展中国家可能正在经历工业化过程。产业结构理论不仅有助于理解经济发展的内在规律，也为政府制定合理的经济政策提供了理论依据。通过对产业结构理论的研究，可以更好地把握经济发展的趋势，指导经济结构调整，促进经济持续健康发展。

表 2–1 产业结构理论发展演变

序号	理论代表	理论要点
1	1690 年，英国古典经济学家威廉·配第发表《政治算术》	不同产业的收入差距会引起劳动力的流动
2	1931 年，德国经济学家霍夫曼发表《工业化的阶段和类型》，提出霍夫曼定律	工业结构存在重工业化趋势
3	1940 年，英国经济学家科林·克拉克在吸收配第等研究成果的基础上，提出了著名的配第 – 克拉克定理	劳动力在三次产业中的结构变化和人均国民收入提高的规律性问题
4	1954 年，英国著名发展经济学家威廉·阿瑟·刘易斯提出了二元经济结构理论	描述了传统农业部门与现代工业部门之间的关系
5	20 世纪 60—70 年代，钱纳里提出了经济发展过程中的产业结构变化理论	经济发展可以分为若干个阶段，每个阶段都有其独特的产业结构特征

资料来源：笔者整理。

产业关联理论是研究产业之间相互依赖关系的一种经济理论（见表 2–2）。它主要探讨一个产业的产出如何成为另一个产业的投入，以及这种投入产出关系如何影响整个国民经济体系。这一理论通常涉及投入产出分析（Input–Output Analysis），该方法由美国经济学家华西里·列昂惕夫在 20 世纪 30 年代提出，他因此获得了 1973 年的诺贝尔经济学奖。投入产出模型通过详细记录某一时期内各产业部门之间的交易来量化这些关联性。模型中的矩阵展示了产品和服务从生产到使用的流动情况，包括最终需求、中间需求、增加值等组成部分。这种方法可以用于评估特定政策或事件对经济的影响，比如技术变革、自然灾害或贸易政策的变化。产业关联理论对于理解经济结构、制定经济政策、规划产业发展等方面都有重要作用。例如，在制定区域发展战略时，了解哪些产业是关键的上游供应商，哪些产业是主要的下游消费者，可以帮助决策者更好地设计支持政策，以促进区域经济的整体发展。此外，产业关联理论还能帮助识别产业链上的瓶颈，以及可能存在的外部性影响，从而为经济调控提供依据。

表 2-2 产业关联理论发展演变

序号	理论代表	理论要点
1	1758 年，法国重农学派经济学家弗朗斯瓦·魁奈发表了《经济表》；19 世纪中叶，马克思借鉴了魁奈的思想，提出了社会资本再生产的概念	最早分析国民经济中不同物质生产部门之间相互交换产品的数量比例关系，是产业关联理论的思想渊源
2	20 世纪 30 年代，美国经济学家华西里·列昂惕夫创立了投入产出分析体系	从数量上揭示经济体系内部不同生产部门在投入和产出之间体现出的现实关系
3	20 世纪中叶，美国经济学家阿尔伯特·赫希曼将产业间的投入产出关系进一步区分为两种联系，即前向联系和后向联系	经济增长的过程应该是非均衡的，部门之间不同的发展顺序将会产生完全不同的结果，投资应该尽量首先投入前后向效应大的部门。不同部门前后向联系的大小成为赫希曼用于选择主导产业的标准尺度

资料来源：笔者整理。

（2）产业经济学与综合交通产业相关理论的关系辨析

产业经济学作为应用经济学科，旨在研究国民经济各个产业的发展、结构、组织和管理理论。综合交通产业作为综合交通背景下的交通相关产业集合，也是产业经济学的研究对象之一，其发展同样依赖于产业经济学相关理论框架和分析工具，涉及产业组织、产业结构、产业政策等。例如，综合交通产业中不同的交通方式构成了一个复杂的产业组织结构，产业经济学中的市场结构、竞争策略、定价行为等理论可以用于分析不同交通方式之间的竞争关系，以及如何优化资源配置以提高整个交通系统的效率；产业结构理论强调产业间的联系和比例关系，在综合交通产业中，可以通过研究不同交通方式之间的互补性和替代性，来制定合理的产业政策，促进综合交通产业与其他产业的协调发展；产业政策理论还可以指导政府如何通过法律法规、财政补贴、税收优惠等方式来支持交通基础设施建设，促进交通技术创新和场景应用，引导产业健康发展。

2. 交通经济相关研究

（1）理论体系

交通经济学是研究交通系统与其所服务的经济活动之间相互作用和影响的学科领域，在经济学领域中具有重要地位，但目前学术领域对其概念尚未形成共识。以城市交通为研究对象，王翔[①]认为交通经济是通过找出城市交通经济发展中存在的问题，结合经济、行政手段分析交通规划的成本收益，从而制定有针对性的交通规划方案，因此城市交通经济重点研究人和物的运送问题。张云燕[②]指出，交通经济是将交通、经济等因素通过经济手段进行有效的结合。

交通经济学伴随着经济学的发展而发展（见表 2–3）。经济学家早就注意到了交通对国民经济的发展与增长的促进作用，1776 年，亚当 · 斯密在《国富论》中就已经阐述了这样的观点，“一切改良中，以交通改良为最有实效”。交通经济学的发展是随着交通的迅速发展而逐渐壮大的。19 世纪中叶开始，各种运输方式迅速发展，极大推动了交通经济学的发展，拉那德的《铁路经济》、尼克斯的《铁路经营与作用》、萨克斯的《国民经济与运输工具》都是铁路经济时代的代表作。20 世纪 60 年代，交通运输业有了突破性进展，美国经济学家路克林所著的《运输经济学》的出版，标志着交通经济学的形成。

① 王翔：《交通规划中的交通经济问题分析》，《科技经济市场》2018 年第 10 期。
② 张云燕：《交通规划中的交通经济问题及应对策略》，《技术与市场》2017 年第 1 期。

20世纪80年代后，交通经济学研究经历了从综合到分化的过程，出现了学科专业化的现象[①]。

表2-3 交通经济理论发展演变

序号	理论代表	理论要点
1	1776年亚当·斯密的《国富论》	一切改良中，以交通改良为最有实效
2	19世纪40年代德国经济学家李斯特	交通对生产力的发展具有显著的推动作用
3	19世纪中叶拉那德的《铁路经济》、尼克斯的《铁路经营与作用》、萨克斯的《国民经济与运输工具》	交通设施有力促进经济交流、支撑国民经济增长
4	20世纪60年代美国经济学家路克林的《运输经济学》	标志着交通经济学的形成

资料来源：笔者整理。

（2）交通经济学与综合交通产业相关理论的关系辨析

现有交通经济学主要研究狭义的交通产业，即聚焦多种交通运输方式的交通运输业。随着交通体系的快速发展，交通经济学的研究对象和范围也应随之扩展，但目前尚未有将广义的交通产业（即本书所研究的综合交通产业）作为研究对象的学科。综合交通产业与交通经济构成实践与理论的互动关系：前者为后者提供实证基础，后者为前者提供方法论指导，二者共同构成交通经济学研究的完整对象体系。

首先，交通经济学为研究综合交通产业提供理论支撑，交通经济学是产业经济学的一个重要分支，从经济学的角度专门研究交通运输的经济规律，其主要研究内容包括交通需求与供给、交通系统成本、交通价格与服务、交通投资、交通政策等理论。综合交通产业则是这些理论的应用载体，涵盖了交通系统的规划、建设、运营以及维护等多个方面，并且涉及多种交通模式的集成与协同工作。例如，交

① 马书红、王元庆、戴学臻：《交通运输经济与决策》，人民交通出版社2018年版。

通经济学中的成本效益分析是一种重要的工具，用于评估交通项目的可行性和社会效益，综合交通产业在项目规划阶段需要运用这一工具来决定哪些项目值得投资；再如，交通经济学研究如何有效配置资源以满足运输需求，综合交通产业相关理论则是研究如何实行这种资源配置，确保不同交通模式之间能够合理分配资金、人力和技术资源。

其次，二者形成动态互促的共生关系。一方面，综合交通产业的发展水平直接影响到交通经济的整体实力和发展潜力，一个完善的综合交通产业体系能够为交通经济提供坚实的物质基础和技术支撑。综合交通产业为交通经济活动提供必要的基础设施和服务，促进了货物和服务的流通，支持了交通运输领域经济活动的进行，同时还涉及物流、仓储、交通信息、交通金融等多个关联服务领域，这些服务领域与交通经济紧密相连，共同推动交通经济的发展。另一方面，交通经济的发展反哺综合交通产业，带来了对交通基础设施建设、载运设备制造和运输服务提升的大量需求，为综合交通产业提供广阔的发展空间和市场前景。

综上所述，交通经济学为综合交通产业提供了坚实的理论基础，指导综合交通产业的发展方向和具体实践，与此同时，综合交通产业的经济运作模式或业态也为交通经济学提供了丰富的案例研究素材，将进一步促进交通经济学理论的发展和完善。

3. 交通产业相关研究

（1）理论体系

20 世纪 30 年代，费歇尔提出了三次产业分类法，首次将交通运输纳入第三产业，随后交通运输的第三产业属性得到推广。罗霞和姚新胜所编著的《交通产业结构》一书中提出了交通产业的概念——提供交通运输服务的所有直接社会经济行为的总和，将交通产业从广义和狭义两个维度作出了区分[①]。狭义层面，交通产业仅指交通运输业，其内涵是指提供人或物空间位置移动服务的所有单位的集合，通常包括铁路运输、公路运输、水路运输、航空运输、管道运输五种运输方式以及城市交通的基础设施和运营企业，现有的学术研究多以狭义的交通运输业为研究对象。广义层面，交通产业可以分为交通运输业、交通专用设备制造业、交通基础设施建筑业。该书初步提出了广义的交通产业概念但未作系统研究分析，主要内容仍聚焦于交通运输业。

目前，交通产业作为专业名词多出现于“轨道交通产业”“智能交通产业”等细分领域。尽管学者们广泛讨论了交通与产业之间的动态交互作用，但研究成果更多倾向于讨论交通如何通过基础设施建设、运输服务供给等途径影响产业的结构和集聚。广义的“交通产业”，或者说是一个整合性的“交通产业”概念框架仍有缺失，有待进一步的理论构建与实证分析。

（2）交通运输业和综合交通产业的关系辨析

传统狭义层面的交通产业概念聚焦于交通运输业，是指提供客货移动服务的社会经济行为及其主体之和，包括所有的交通运输方式的运输经济行为。随着交通系统的不断发展，交通对国民经济的贡献和作用更加深远，正促使交通产业的概念从狭义向广义转变，广义的综合交通产业针对“综合交通运输系统”，覆盖交通全领域、全过程。从交通方式看，“全领域”是指涵盖公路、铁路、水运、航空等各类交通方式。从交通产业链看，“全过程”涉及建设、管理、养护、运输等多个环节，是对传统狭义“交通产业”在内涵和实践方面的全方位扩展（见图 2–3）。

---

① 罗霞、姚新胜：《交通产业结构》，人民交通出版社 2010 年版。

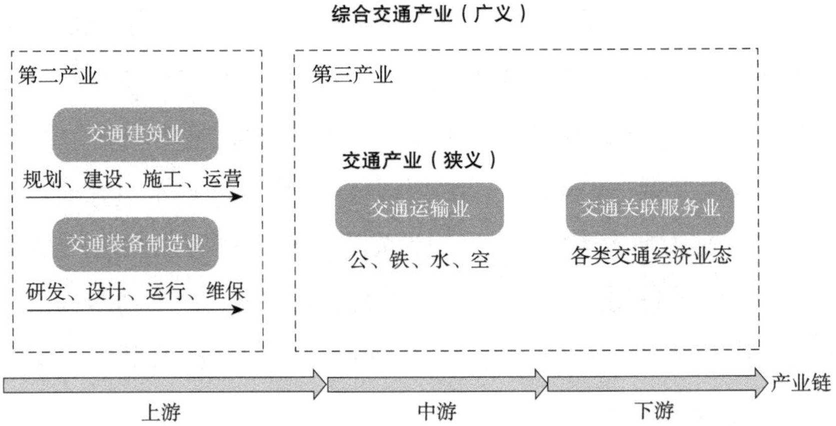

图2-3 广义和狭义“交通产业”概念辨析

资料来源：笔者绘制。

（二）理论研究

通过梳理交通与产业经济的相关研究成果，课题组整理了可供综合交通产业研究的相关理论，包括交通行业与经济发展的关联度研究、交通对产业发展的影响机理、交通和其他产业融合发展理论等。

1. 交通行业与经济发展的关联度研究

交通与经济发展密不可分。交通是经济发展的重要纽带，是保证地区经济发展的首要条件，而经济发展会影响交通基础设施建设与城市交通网络格局。二者的相互作用和影响程度一直是国内外学者研究的热点。现有关于交通行业与经济发展关联度的研究主要集中在三个层面，即交通与经济增长间的逻辑关系、交通与经济发展的相关性分析、交通与经济发展的适应性评价。

（1）交通与经济增长间的逻辑关系

交通与经济增长间有着广泛的关联，国内外学者对此进行了广泛研究。Banister 和 Berechman 提出[①]，经济外部性、投资因素、政策制

① Banister. D., Berechman. J., *Transport Investment and Economic Development*, UCL Press, 2000.

度是促进经济增长的三个条件，三个条件共同促进经济增长，缺一不可。从本地、区域、国家三个层面研究交通运输对经济增长的影响可以发现，交通运输投资可以产生直接经济效益，如节约时间、降低成本、提高通行能力、扩散经济活动等，还可以产生乘数效应。翟一从经济学原理出发，将交通对经济增长的作用总结为降低生产成本、提高产业价格和鼓励投资三点[①]。王瑞军认为，交通运输投资能够通过提高交通运输服务水平，进而降低企业生产成本、提高企业生产率，由此产生的“成本节约效应”使交通运输促进经济增长[②]。

实际上，交通和经济增长之间的关系并非简单的、单向的，而是复杂的，并且是双向互动的。交通的发达程度往往和经济的发展程度相关。交通的发展与经济增长可以形成一个良性循环，这一循环过程如图 2-4 所示。

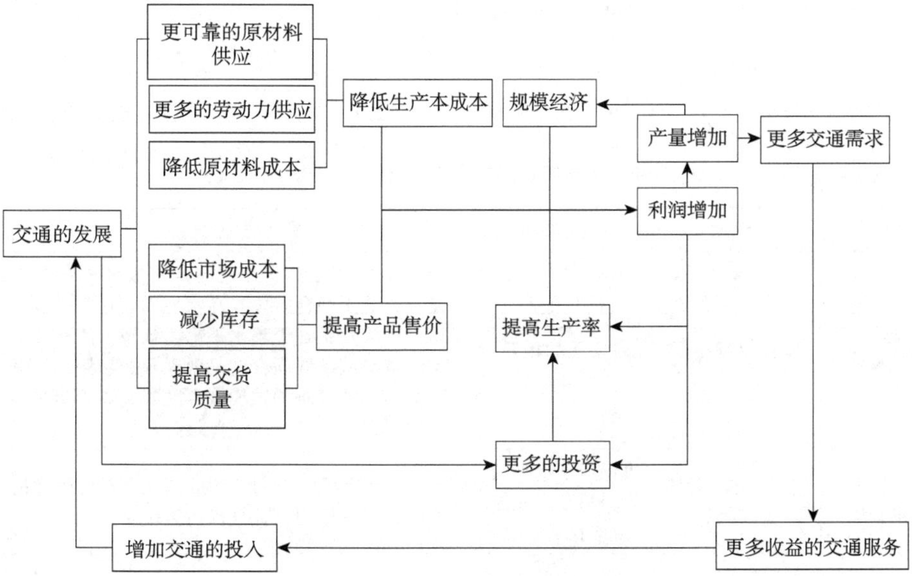

图2-4　交通和经济增长的良性循环

资料来源：笔者绘制。

① 翟一：《我国交通与经济增长关系研究》，武汉大学，2013 年。

② 王瑞军：《基于省域视角的中国交通运输对区域经济发展影响研究》，北京交通大学，2013 年。

交通的发展能够带来更可靠的原材料供应和更多的劳动力供应，从而降低生产成本并增加产量。同时，交通的发展还能够降低市场成本，减少库存和亏损，提高产品售价和生产率，从而提高产品质量和供货质量。这些因素都能够刺激市场需求，吸引更多的投资，进一步推动交通投入的增加，最终形成更多收益的交通服务。由此，交通和经济增长之间形成了一个良性的循环关系，互相促进、共同发展。

（2）交通与经济发展的相关性分析

交通对经济发展的促进作用在定性分析层面已经成为共识，交通与经济发展在时间、空间维度的相关性分析也被广泛验证。

在交通与经济发展时间相关性方面，大多数学者通过分析较长时间跨度的面板数据，验证了交通基础设施和运输水平的提升对经济增长的积极作用，交通与经济发展之间存在明显的互动关系和高度相关性（见表 2–4）。

表 2–4　交通与经济发展时间相关性的研究情况

作者	方法	研究内容	结论
赵子欣等①	耦合协调模型	江苏省交通与经济发展的相互影响	2013—2020 年江苏省交通与经济发展耦合度整体偏高，处于磨合阶段与高水平耦合状态，城市交通与经济发展处于高水平平衡状态。江苏省交通与经济协调发展耦合度呈现提升的趋势，苏南地区交通与经济协调发展耦合度明显高于苏北和苏中地区
丁勇、王素娟②	柯布 – 道格拉斯生产函数	机场运输水平对我国第三产业经济增长的影响	机场运输水平的提升对我国的第三产业经济增长有着明显促进作用，并且存在区域差异

① 赵子欣、姜奇、王浩然等：《江苏省交通与经济发展耦合协调性分析》，《科技创新与生产力》2024 年第 4 期。

② 丁勇、王素娟：《机场运输水平对我国省域第三产业经济增长的影响》，《综合运输》2024 年第 5 期。

续表

作者	方法	研究内容	结论
易宣辰、金友良[①]	系统广义矩估计方法（GMM）	智慧交通对绿色经济增长的影响	智慧交通通过减少能源消耗、提升碳排放效率和推动技术创新等，对绿色经济增长作用显著
袁剑琴[②]	投入产出模型	我国高铁及轨道交通投资对经济的影响	2017年和2018年每亿元高铁及轨道交通固定资产投资分别拉动全社会总产出增长3.20亿元、3.25亿元，GDP分别增长1.90亿元、1.93亿元，居民消费支出分别增长0.25亿元、0.26亿元，同时，建筑业、金属制品业、通用和专用设备业、电气机械和器材制造以及通信设备制造业成为最受益的行业
袁满[③]	熵权法、双重差分倾向得分匹配法（PSM-DID）和面板数据政策效应评估法（HCW）	基于基础设施、产业结构、经济增长的视角，对西部大开发20年经济效应进行评估	交通基础设施的完善有利于促进地区经济增长，但是其他区域的交通基础设施对本地的经济增长有负向溢出效应
付宇琪[④]	新古典增长模型	交通枢纽建设对经济增长的影响	交通枢纽对于地区经济增长有正向的促进作用，且东部地区的促进作用最大，中部次之，西部最小；市场化水平、税收激励和金融发展水平对交通枢纽建设与经济增长的影响均具有正向的调节作用
黄书雷等[⑤]	面板数据模型	交通和信息基础设施对经济增长的影响机制、效应评估和路径优化	交通和信息基础设施投资对经济增长具有显著促进作用，投资效益高于全社会固定资产投资平均收益水平。交通基础设施对第二产业的增长促进效应大于对第一、三产业，对欠发达省份的经济增长促进效应显著，但对发达省份的经济增长促进效应不显著；信息基础设施对欠发达省份和发达省份的经济增长促进效应均显著为正，对第二产业的增长促进效应大于第三产业，但对第一产业的增长促进效应不显著。交通和信息基础设施的相互融合发展，促进区域经济集聚均衡发展模式提前形成，有利于提高经济运行效率

① 易宣辰、金友良：《智慧交通对绿色经济增长的影响研究》，《财经理论与实践》2024年第4期。

② 袁剑琴：《我国高速铁路及轨道交通投资对经济的影响》，《中国经贸导刊》2021年第3期。

③ 袁满：《西部大开发二十年经济效应评估研究——基于基础设施、产业结构、经济增长的视角》，四川大学，2022年。

④ 付宇琪：《交通枢纽建设对经济增长的影响研究》，西南财经大学，2022年。

⑤ 黄书雷、方行明、鲁玉秀等：《交通和信息基础设施对经济增长的影响机制、效应评估和路径优化研究》，《经济问题探索》2021年第10期。

续表

作者	方法	研究内容	结论
翟一[1]	双对数模型（弹性模型）	我国交通与经济增长关系	我国经济重心较为稳定，地区间的经济发展基本平衡。我国各地级市的客运量、货运量以及民航客运量都与经济重心相去不远，说明这几项与经济发展之间的关系较为密切。而铁路货运和水运货运的重心都距离经济重心较远，说明两者不仅受到经济需求的驱动，还受到线路和航道的限制
安祺[2]	面板 VAR 模型和面板脉冲响应函数，DEA、超效率 DEA-Malmquist 生产效率指数	交通财政支出规模对我国交通产业经济产出绩效的影响	财政支出和非财政支出与交通产业经济产出规模存在长期的协整关系，我国财政支出能够有效促进交通产业经济产出规模增长。非财政支出对交通产业经济产出效率波动的贡献度略大于财政支出的贡献度。地区经济增长水平越高，交通财政支出对交通产业经济产出规模影响越大，并且为正效应

资料来源：笔者整理。

在空间相关性方面，交通具有空间相关性是分析其空间溢出效应的条件和基础，空间溢出效应常用来分析某个地区因素发展在空间上对邻近地区产生的影响，因此经济发展及交通运输的空间自相关性分析尤为重要。学者多采用交通空间相关性理论方法研究区域交通与经济发展的空间差异性，以分析城市群、区域发展的策略（见表 2–5）。

表 2–5　交通与经济发展空间相关性的研究情况

作者	方法	研究内容	结论
后烁斌[3]	空间杜宾模型	云南省各州市的经济发展现状及交通基础设施建设的空间分布规律	推进交通基础设施建设，不仅能够促进本地区经济增长，而且还能通过扩散效应对周边地区产生正向溢出效应

① 翟一：《我国交通与经济增长关系研究》，武汉大学，2013 年。
② 安祺：《交通财政支出规模对我国交通产业经济产出绩效的影响》，哈尔滨工业大学，2017 年。
③ 后烁斌：《经济新常态背景下交通基础设施建设对地区经济的影响——以云南省为例》，《经济研究导刊》2024 年第 11 期。

续表

作者	方法	研究内容	结论
宋敏、陈益鑫[①]	超效率DEA模型	城市群综合交通运输效率对经济增长的影响	粤港澳大湾区的综合交通运输效率整体上高于长三角。综合交通运输效率每提升1%，对长三角和粤港澳大湾区经济增长的促进作用分别为0.076%和0.069%，在引入空间因素后均提升至0.12%左右。分析一地综合交通运输效率的提升对邻近城市经济增长的溢出效应，粤港澳大湾区要高于长三角
朱博恩等[②]	CGE模型	交通基础设施联通对“丝绸之路经济带”的经济影响	设施联通对“丝绸之路经济带”乃至世界经济的促进作用都非常显著，沿线各国均在不同程度上受益，其中独联体国家、蒙古和部分东欧国家的受益相对较大
付广潜[③]	系统动力学	轨道交通对城市经济的影响	北京市轨道交通的运营对北京市的地区生产总值具有促进作用。轨道交通运营期间，通达性的改善和人员的聚集效应推动了北京市房地产业、住宿和餐饮业、旅游业的发展，轨道交通对第三产业的促进效应尤其显著
王晓东等[④]	省际面板数据与Feder模型	交通基础设施对经济增长的影响	我国通过交通基础设施投资建设来促进经济持续快速增长的做法效果明显，但政策目标应明确为以交通基础设施建设支撑其他产业发展。同时，政府应当加强对现有交通基础设施的管理、养护和维修，以此来提高交通基础设施的生产效率和利用率，确保其对提高其他产业运行效率的持续作用
刘允豪等[⑤]	复杂网络模型	城市多层次轨道交通网络经济影响评估	在城市群轨道交通网络中，具有更高可达性的城市，更加受益于轨道交通的发展，且轨道交通网络融合程度的提升能够对城市群中不同城市产生积极的溢出效应

资料来源：笔者整理。

基于对相关研究成果的梳理，参考相关成熟案例经验，可得到以下结论和启示。

第一，加强交通基础设施投资建设是激活区域经济的强有力引擎。加大交通基础设施投资力度能够充分发挥交通基础设施建设对经

① 宋敏、陈益鑫：《城市群综合交通运输效率对经济增长的影响——基于长三角与粤港澳大湾区的比较研究》，《城市问题》2019年第9期。

② 朱博恩、张伯伟、马骆茹：《交通基础设施联通对“丝绸之路经济带”的经济影响研究——基于CGE的模拟分析》，《国际商务》2019年第5期。

③ 付广潜：《基于系统动力学的轨道交通对城市经济影响研究——以北京市为例》，北京交通大学，2012年。

④ 王晓东、邓丹萱、赵忠秀：《交通基础设施对经济增长的影响——基于省际面板数据与Feder模型的实证检验》，《管理世界》2014年第4期。

⑤ 刘允豪、杨超、俞诚成等：《基于复杂网络模型的城市多层次轨道交通网络经济影响评估》，《交通与运输》2024年第3期。

济的带动作用。重大交通项目投资不仅直接拉动钢铁、建材、机械制造等上下游产业链发展，更能通过路网密度提升打破地理阻隔，产生“1 小时经济圈”等时空压缩效应。以粤港澳大湾区跨海通道群为例，港珠澳大桥、深中通道等超级工程使珠江口东西岸物流成本降低，促进电子信息、生物医药等产业集群跨区域布局，从而推动湾区经济整体增长。这种“基建先行—产业跟进—经济跃升”的传导链条，生动诠释了交通基础设施投资对经济发展的乘数效应。

第二，科学规划政策引领交通体系协调发展，优化经济要素配置效率。制定和出台有关政策时，需认清本地交通的阶段特征和环境条件等因素，因时因地处理好交通基础设施与经济发展之间的关系，根据城市自身地理位置构建适宜的交通运输网络。此外，要发挥各种基础设施建设的协同作用，避免过度投资和重复建设。成渝地区双城经济圈实施的“四网融合”规划，将高铁、城际铁路、市域铁路与城市轨道无缝衔接，使双核城市间日均通勤量突破 10 万人次，带动电子信息产业协同分工效率提升。

第三，深化区域交通合作是构建统一大市场的关键支撑。长三角通过共建“轨道上的长三角”，实现高铁公交化运营和跨省界收费站撤除，使区域内物流时效快速提升，推动新能源汽车、集成电路等产业链实现跨省“链式整合”。中欧班列“统一品牌、统一班次、统一定价”的合作机制，更使沿线国家贸易成本显著降低，带动进出口额显著提升。这种打破行政藩篱的交通合作，正在释放超大规模市场的经济潜能。

（3）交通与经济发展的适应性评价

交通运输与国民经济总是相互影响、共同发展。具体表现在交通运输发展不仅要从速度和规模上满足国民经济发展的需求，交通运输系统的结构、质量和管理水平也要与国民经济的发展阶段和水平相适应。

近年来，国内外专家学者对“适应性”“协调度”的评价方法进行了深入研究和探索性应用，在交通运输、生态农业等领域取得了突破性进展。早期，学者多使用单纯矩阵法、层次分析法、主成分分析法等模型进行分析，后来又引进了灰色关联分析法、模糊综合评价法、数据包络分析法和人工神经网络法等新的数学模型，以及模糊多层次综合评价法、层次灰色关联分析法、数据包络分析与生产率指数综合分析法等一批联合改进的评价模型。

从具体研究结论看，樊校通过层次分析法以全国运输网络经济适应性评价值为标准，确定运输网络的经济适应性指数评价区间，得出江苏省的运输网络滞后于区域经济发展、河南省的运输网络超前于区域经济发展、四川省的运输网络与区域经济发展相协调的结论[①]。马炳享使用熵值法，针对广东省公路网与区域经济进行适配性研究，认为公路网与区域经济发展相关性较强，公路网越完善，区域经济越发达，同时珠三角、粤东、粤西、粤北地区公路建设与区域经济发展存在明显的不平衡性[②]。

2. 交通对产业发展的影响机理

交通对区域产业发展也存在深远的影响，特别是交通运输布局、交通服务效率、交通政策等，对产业发展结构、产业空间布局等产生重要影响。

（1）交通对产业结构的影响

交通对产业结构影响的相关研究，主要集中于交通和产业结构优化的关联度研究以及交通基础设施对产业结构转型升级的影响分析。良好的交通网络能够加强区域内及区域间的联系，促进要素流动，有利于产业分工与协作，并有助于引进高新技术产业，促进传统产业改造升级，推动产业结构向高端化、服务化转型（见表 2-6）。

① 樊校：《铁路运输网络的区域经济适应性评价方法研究》，西南交通大学，2018 年。
② 马炳享：《公路网与区域经济发展适应性评价研究》，华南理工大学，2016 年。

表 2-6 交通对产业结构影响的研究情况

作者	方法	研究内容	结论
沈科杰、沈最意①	灰色关联分析法	客货运输量与三次产业的关联度	浙江省客货运输量与三次产业都有较高的关联度
曹泽、王靖②	空间误差模型	长三角交通基础设施的建设与产业结构升级的关系	交通基础设施的建设和科技创新的发展都对产业结构的升级产生了正向影响
李中③	倍差法	沪宁杭动车组开通促进产业结构升级的实证分析	铁路提速加快了知识溢出，促进知识在各城市间充分流动，进而促进了沿途地区的产业结构升级
谢文卓④	熵值法、耦合协调模型测度	交通基础设施与数字基础设施对产业结构升级的影响	交通基础设施与数字基础设施协同发展对产业结构升级有显著的促进作用
张毅等⑤	灰色关联分析法	运输业能源强度与三次产业的关联度	交通运输业与第三产业的关联度最大
朱丹⑥	回归模型	交通基础设施结构促进产业结构升级的内生机制	存在适宜产业结构升级的最优交通基础设施结构
冯慧敏⑦	灰色关联分析法	交通运输发展与产业结构的关系	交通运输业是第三产业中的重要产业，产业结构的优化必然会推动交通运输业的演变和发展
张慧等⑧	空间计量模型和空间 DID 模型	交通可达性与制造业出口升级的联系	交通可达性的提升不仅能够显著促进城市制造业出口升级，还能够对邻近地区制造业出口升级产生正向的空间溢出效应

① 沈科杰、沈最意：《交通运输发展对产业结构影响的灰色关联分析》，《特区经济》2022 年第 3 期。

② 曹泽、王靖：《长三角交通基础设施对产业结构升级影响研究》，《盐城工学院学报（社会科学版）》2022 年第 3 期。

③ 李中：《交通基础设施的技术演进对产业结构升级研究》，东南大学，2015 年。

④ 谢文卓：《交通基础设施与数字基础设施协同对产业结构升级影响研究》，贵州大学，2023 年。

⑤ 张毅、张恒奇、欧阳斌等：《绿色低碳交通与产业结构的关联分析及能源强度的趋势预测》，《中国人口·资源与环境》2014 年第 S3 期。

⑥ 朱丹：《产业结构升级中的最优交通基础设施结构——基于省级面板数据分析》，贵州大学，2022 年。

⑦ 冯慧敏：《交通运输发展对产业结构的影响分析》，长安大学，2014 年。

⑧ 张慧、易金彪、徐建新：《交通可达性与制造业出口升级——基于空间溢出效应视角的经验分析》，《云南财经大学学报》2023 年第 9 期。

续表

作者	方法	研究内容	结论
陈晓佳、徐玮[①]	基于量化空间经济学理论，构建数据要素的生产、交易和投入模型	数据要素、交通基础设施与产业结构升级的关系	数据要素、交通基础设施与产业的融合有助于提高产业的劳动生产率和全要素生产率，促进产业结构升级，推动经济高质量发展

资料来源：笔者整理。

部分学者对十年以上跨度的交通与产业结构的相关指数进行分析，还研究了新建交通基础设施与数字交通基础设施对产业结构的影响，皆验证了交通基础设施建设对产业结构所产生的正向影响。基于相关研究成果，可以得到以下启示。

第一，交通体系建设应把握适度超前原则。交通体系的适度超前布局能够为产业结构优化提供战略支撑。通过超前规划交通网络，可引导新兴产业的区位选择与集群发展，例如高铁站、港口等枢纽的建成可吸引高端制造业、物流业集聚，加速区域产业链重构。同时，交通基础设施的提前投资可突破传统产业发展的空间限制，例如智慧公路、自动驾驶专用道等新型交通场景的试点，为智能网联汽车、新能源装备制造等产业提供技术试验场，推动产业技术迭代。这种超前性既满足当前需求，又为未来产业变革预留弹性空间。

第二，交通体系建设应把握因地制宜原则。交通体系需结合区域产业结构特点进行差异化设计，实现资源精准配置。在资源密集型地区（如矿区），应优先建设重载铁路、专用货运通道以满足原材料运输需求，在数字经济核心区，需布局高速信息走廊与多式联运体系，保障电子信息等高时效性产业的供应链稳定。对于生态、文旅资源丰富的地区，旅游专线、慢行交通网络的建设可刺激文旅消费，形成

① 陈晓佳、徐玮：《数据要素、交通基础设施与产业结构升级——基于量化空间一般均衡模型分析》，《管理世界》2024 年第 4 期。

“交通 + 文旅”的复合产业链。这种精准适配能有效避免资源错配，增强本地产业核心竞争力。

第三，交通体系建设应把握融合互促原则。交通系统与关联产业的深度融合可催生新质生产力。例如，“交能融合”通过分布式光伏公路、充电桩网络等场景，推动新能源装备制造与交通基建的协同发展；综合交通枢纽与物流园区的联动设计，可整合仓储、加工、配送等环节，重塑现代供应链管理模式。此外，智能交通系统与大数据、人工智能技术的结合，不仅提升运输效率，更衍生出车路协同、智慧物流等新兴产业形态，形成“交通科技—场景应用—产业孵化”的创新闭环。这种深度融合突破了传统产业边界，实现产业链价值的几何级增长。

（2）交通对产业空间布局的影响

交通对当地及周边的产业布局产生一定影响，同时，产业集聚也会对交通产生反作用。交通影响产业空间布局方面，学者多采用空间误差模型、空间杜宾模型、空间计量模型、“增长极”理论、新经济地理学及“中心—外围”模型等方法探究交通对产业布局、产业集聚的影响。部分学者运用空间计量模型得出城市内交通基础设施对产业协同集聚有正向影响的结论，另外部分学者基于空间杜宾模型认为产业集聚会产生一些负面影响，比如抑制地方产业发展和造成空气污染等（见表 2–7）。

表 2–7　交通对产业空间布局影响的研究情况

作者	方法	研究内容	结论
余谦等[①]	空间计量模型	在城市群范围内实证检验了城市内交通基础设施和城市间交通基础设施对本城市产业协同集聚及城市间差异的影响	城市内交通基础设施对产业协同集聚有正向影响，且通过空间溢出效应缩小城市间产业协同集聚差异

① 余谦、周玲玲、覃一冬：《城市群交通基础设施对产业协同集聚的影响研究——单中心—多中心结构的调节作用》，《经济与管理评论》2024 年第 4 期。

续表

作者	方法	研究内容	结论
张洪鸣、孙铁山[①]	空间计量模型与中介效应分析相结合	高铁对沿线及周边城市产业空间分布与结构转型的影响及其中介机制	高铁引致的市场潜力增大使高端服务业从周边城市向高铁城市集聚，同时制造业从高铁城市向周边城市扩散，二者共同使高铁城市产业向高端服务业转型、周边城市产业向制造业转型
罗能生、李建明[②]	空间杜宾模型和特征性事实分析	我国产业集聚、交通运输对空气污染空间溢出的影响	产业的专业化集聚显著地产生了空气污染的区域传输效应，多样化集聚作用不明显
马宁等[③]	莫兰指数、空间计量模型	交通基础设施对高技术产业的空间溢出效应	交通基础设施对高技术产业存在显著的影响，其中公路与铁路在不同时期对高技术产业集聚存在逆向影响
王晓梦等[④]	空间网络分析、引力模型、多层次空间结构与 MSS-Tree 算法相结合	京津冀城市群空间结构及产业发育范围	交通、产业辐射发育范围重合度较低，交通的先导作用导致中小城镇生产要素流失加速，形成贫困带
邹悝辰、赖红波[⑤]	空间杜宾模型	产业辐射的空间距离效应	数字交通的发展对本区域产业辐射强度具有推动作用，但对其他区域产业辐射强度产生抑制作用；区域经济发展水平、政府支持力度和人才专业化对产业辐射强度存在正向影响，而产业高级化对产业辐射强度存在负向影响
黄玉娟等[⑥]	综合交通优势度模型、科技创新产业集聚度模型	综合交通优势度与科技创新产业的空间交互关系	交通发展吸引科技创新产业集聚，科技创新产业发展促使交通延伸，二者达到高度协调时，产生空间溢出效应，形成区域一体化的协调发展空间格局

① 张洪鸣、孙铁山：《高铁如何影响沿线及周边城市的产业分布与结构转型？——基于空间计量模型的机制分析》，《产业经济研究》2022 年第 6 期。

② 罗能生、李建明：《产业集聚及交通联系加剧了雾霾空间溢出效应吗？——基于产业空间布局视角的分析》，《产业经济研究》2018 年第 4 期。

③ 马宁、庄倩、徐蒙娜：《交通基础设施对高技术产业空间区际集聚发展的实证研究》，《科技与经济》2022 年第 2 期。

④ 王晓梦、王锦、吴殿廷：《“交通—产业”耦合背景下的京津冀城市群空间发育特征》，《地理科学进展》2018 年第 9 期。

⑤ 邹悝辰、赖红波：《数字交通对产业辐射强度的影响：是赋能还是负能——基于 30 个省级行政区空间杜宾模型的分析》，《技术与创新管理》2024 年第 1 期。

⑥ 黄玉娟、樊丹丹、姜勇等：《基于多源数据的综合交通优势度与科技创新产业的空间交互关系》，《山东交通学院学报》2024 年第 2 期。

续表

作者	方法	研究内容	结论
张桂兰[①]	空间杜宾模型	交通基础设施对产业结构升级的空间效应	交通基础设施可促进我国产业结构升级，且存在明显的空间溢出效应。航空运输有利于我国第三产业的集聚和发展，高铁促进了第二产业由较发达区域向较落后区域的转移和扩散，公路运输对产业结构升级特别是对第三产业的贡献最明显，且有效地增强了铁路、航空运输对产业结构优化的影响

资料来源：笔者整理。

基于相关研究成果，得到以下启示。

第一，交通体系建设应结合区域发展水平。交通体系建设需与区域经济能级、技术条件及产业特征深度适配。在经济发达地区，应优先布局高速铁路、智能公路等高能级交通网络，支撑高端制造、数字经济等产业集群的高效运转，例如长三角的城际轨道交通网通过缩短时空距离，促进跨区域产业链协作。在经济欠发达地区，需夯实基础路网，建设资源外运通道与农产品流通体系，如西部矿区的重载铁路与农产品冷链物流专线，直接服务资源型产业与特色农业发展。这种梯度化布局既能避免过度超前导致的资源浪费，又能通过精准供给激活区域产业发展潜力。

第二，交通体系建设应注重区域综合协调。交通体系建设需打破行政壁垒，推动跨区域产业分工与互补。例如，粤港澳大湾区依托港珠澳大桥、深中通道等跨海通道，形成“研发—制造—贸易”一体化产业链，实现港澳金融服务业与珠三角制造业的深度融合。在生态敏感区，可通过旅游专线、绿色货运通道等专项交通设施，引导生态文旅产业协同发展，如云南滇西旅游环线串联茶马古道文

① 张桂兰：《交通基础设施对产业结构升级的空间效应——基于空间杜宾模型的中国地级市面板数据的实证》，《广东石油化工学院学报》2021 年第 1 期。

化资源与现代农业示范区，形成“交通 + 生态 + 产业”复合廊道。这种协调性布局既能避免同质化竞争，又能通过要素流动优化区域产业资源配置。

第三，交通体系建设应增强产业空间韧性。交通体系需构建“主干网—支线网—毛细网”三级架构，支撑多尺度产业活动。国家级主干网（如京沪高铁、长江航运干线）服务跨区域战略产业走廊，保障能源、原材料等大宗物资高效流通；区域性支线网（如城市环线、县域公路）连接产业园区与物流枢纽，支撑地方特色产业集聚；社区级毛细网（如农村公路、慢行系统）则激活“最后一公里”经济活力，促进乡村产业与城市消费市场衔接。同时，智慧交通系统需分层部署，如物流园区的自动化分拣中心与城市末端无人配送网络的协同，可提升供应链全链条响应速度，形成“干线运输—区域分拨—终端配送”的韧性产业支撑体系。

3. 交通与其他产业融合发展理论

（1）交通与其他产业关联性研究

产业关联是指以产业间的各种投入品和产出品为连接纽带的技术经济联系。不同产业的关联都源自产业间经济技术的联系，一般分为产品联系、劳务联系、生产技术联系、价格联系、劳动就业联系及投资联系等方面。产业关联分析又称投入产出分析，现已成为分析产业结构问题的重要方法。

学者在研究交通与其他产业关联方面，多采用投入产出表、投入产出模型来对交通与其他产业投入和产出的数量比例关系进行分析，进而分析交通与其他产业的相互依存关系，其分析结果可以作为一国或地区制定交通和产业体系发展战略与政策的重要依据（见表 2-8）。

表 2-8 交通与其他产业关联的研究情况

作者	方法	研究内容	结论
黄莉明[①]	投入产出表	物流业与制造业、商贸业进行产业关联的波及效应实证研究	物流业与制造业、商贸业关联密切，互为生产要素并互相促进
梁红艳、王健[②]	投入产出表	物流业与制造业的产业关联	制造业对物流业的拉动作用大于物流业对制造业的促进作用，物流业对制造业的中间投入率呈上升趋势
纪明等[③]	中介效应模型、门槛效应模型	交通、教育基础设施的共同富裕效应	交通和教育基础设施改善能显著促进共同富裕，但存在区域城市异质性效果和时滞效应
丁华、丁宁[④]	替换变量的稳健性检验和工具变量的内生性检验	交通基础设施对商贸流通效率的影响	交通基础设施通过费用节约、市场规模扩大和分工深化三个机制显著促进批发和零售业流通效率提升
沈宁宁、曾杰杰[⑤]	投入产出表	交通运输、邮政和仓储业的产业地位	交通运输、邮政和仓储业在生产性服务行业内处于中上游位置

（2）交通与其他产业协同发展研究

交通是产生空间位移的重要工具，是衡量相关产业发展水平的重要依据。国内外对交通与其他产业协同发展的相关研究主要集中于旅游业、物流业等，主要研究方法涉及综合指数模型、耦合协调度模型等定量研究方法，不仅验证了交通对于旅游业等产业的促进作用，还对二者协同发展的演变规律进行了研究（见表 2-9）。

---

① 黄莉明：《基于产业关联的物流业与制造业、商贸业协同发展研究》，《对外经贸》2024 年第 1 期。

② 梁红艳、王健：《物流业与制造业的产业关联研究——基于投入产出表的比较分析》，《福建师范大学学报（哲学社会科学版）》2013 年第 2 期。

③ 纪明、曾曦昊、王竹君：《交通、教育基础设施的共同富裕效应研究——基于异质性视角的考察》，《南京审计大学学报》2023 年第 3 期。

④ 丁华、丁宁：《交通基础设施对商贸流通效率的影响研究》，《商业经济与管理》2023 年第 7 期。

⑤ 沈宁宁、曾杰杰：《交通运输、邮政和仓储业的产业地位研究——基于投入产出表》，《物流科技》2022 年第 11 期。

表 2-9　交通与其他产业协同发展的研究情况

作者	方法	研究内容	结论
陈莹莹等①	耦合协调度模型	内蒙古公路交通网络和旅游业耦合协调度	两系统耦合协调发展经历了快速提升期、平稳发展期、规范融合期三个阶段
郭向阳等②	耦合协调度模型	旅游效率与高速交通协调格局	旅游效率与高速交通协调度空间分异明显，呈现由东至西随地理距离增加而梯度递减的级差化特征；旅游效率与高速交通协调度具有显著空间依赖和溢出效应；不同高速交通方式优势度对旅游效率影响边际效应呈现“高速铁路 > 民航运输 > 高速公路”的差异化特征
杨艳③	耦合协调度模型	旅游经济与交通发展的关系	旅游业与区域经济发展的耦合协调度，表征旅游业与区域经济发展交互作用过程中序参量之间协同作用的强弱程度，体现系统由无序走向有序的趋势

资料来源：笔者整理。

基于相关研究成果，得到以下启示。

第一，深化交通与其他行业融合发展。通过构建综合立体交通网络，实现交通干线与经济走廊、产业园区、能源基地的战略对接，为制造业供应链协同、旅游业全域化布局、农业产销体系升级提供基础支撑。交通体系深度嵌入产业链条，不仅能够降低跨区域要素流动成本，还可通过枢纽经济培育新业态，形成交通网络与产业生态圈层式发展的良性互动格局，为构建现代化产业体系注入强劲动能。

第二，重视科技创新对交通的引导作用。以智能化、数字化、绿色化技术为引领，推动传统运输模式向智慧交通体系跃升。这主要体现在人工智能、物联网、清洁能源等前沿技术的系统集成应用，驱动运输装备迭代升级、管理流程优化再造和服务模式创新突破。这种技

① 陈莹莹、吕君、刘丽梅等：《内蒙古公路网络与旅游业协同发展水平测度及影响因素》，《干旱区资源与环境》2024 年第 8 期。

② 郭向阳、穆学青、丁正山等：《“交旅”融合下旅游效率与高速交通协调格局研究——以长三角 41 市为例》，《地理研究》2021 年第 4 期。

③ 杨艳：《旅游经济与交通发展耦合协调度模型研究》，《现代商贸工业》2012 年第 1 期。

术赋能不仅体现在运输效率与安全水平的提升上，更通过交通数据资源与产业链的深度融合，催生车路协同、无人配送、碳足迹管理等新型应用场景，为产业数字化转型提供关键性基础设施支撑。

第三，加快构建现代化交通物流体系。通过完善多式联运网络、优化枢纽节点布局、发展供应链集成服务，着力打通生产、分配、流通、消费各环节的物理阻隔与信息壁垒，形成覆盖全产业链的物流服务能力。这种系统性重构将强化交通物流对实体经济的服务效能，既通过降低社会流通成本提升产业竞争力，又借助全球物流通道建设增强国内国际双循环的衔接能力，最终实现人流、物流、信息流、资金流在产业经济中的高效协同配置。

（3）“交通—产业—城市”协同发展研究

“交通—产业—城市”（简称“交产城”）协同发展研究主要关注的是如何通过优化交通体系来促进产业和城市之间的高效互动与发展，强调交通基础设施与城市功能、产业发展之间的内在联系，旨在实现区域经济的整体优化（见表 2–10）。其中，港产城融合是在港口经济高速发展背景下的研究热点。

表 2–10 “交产城”协同发展的研究情况

作者	方法	研究内容	结论
周京奎等[①]	耦合协调度模型	京津冀城市群“产业—交通—环境”耦合协调发展	前三大城市群“产业—交通—环境”系统耦合协调水平相对较低，均处于勉强协调阶段
张向东等[②]	熵值法、耦合协调度模型	沿海城市港产城融合发展水平	港产城融合发展整体水平仍比较低，处于失调阶段

① 周京奎、王文波、张彦彦：《“产业—交通—环境”耦合协调发展的时空演变——以京津冀城市群为例》，《华东师范大学学报（哲学社会科学版）》2019 年第 5 期。

② 张向东、李晶晶、张娟：《河北省沿海城市港产城融合发展评价及提升对策研究——兼论与典型港口城市的对比》，《天津商业大学学报》2022 年第 4 期。

续表

作者	方法	研究内容	结论
朱芳阳等①	耦合协调度模型、障碍度模型	沿海城市港产城融合	港产城融合水平以磨合型为主，存在融合水平不平衡不均匀的现象，城市发展成为制约港产城融合的主要因素

资料来源：笔者整理。

基于相关研究成果，得到以下启示。

第一，重视交通与城市、产业发展的统筹规划。以系统性思维实现空间布局与功能定位的深度耦合。通过建立“多规合一”的协同机制，将交通干线规划与城市空间拓展、产业梯度转移有机衔接，形成交通轴线串联产业带、枢纽节点激活城市群的联动效应。重点推进公共交通导向型开发模式，引导土地集约开发，依托交通网络锚定城市功能中心和产业集群节点，缩小交通与产业配套半径，避免重复建设与资源错配，使交通规划成为引导城市有机生长、产业有序集聚的核心坐标系。

第二，强化交通对城市、产业的服务支撑。构建适配不同场景的精准化运输服务体系。围绕城市群协同发展需求，打造“门到门”高效物流网络，通过多式联运衔接产业园区与消费市场，降低全产业链流通成本。同时，依托大数据实现货运通道分级管控，为高端制造、冷链物流等专业化产业提供定制化运输解决方案，使交通网络成为城市能级跃升与产业价值攀升的“加速器”。

第三，深化港产城融合发展。打破传统空间边界，构建“港—产—城”三位一体的要素配置体系。以港口为核心枢纽，向腹地延伸布局临港制造、大宗商品交易等产业链条，同步导入航运金融、数字贸易等现代服务业态，形成港口经济与城市经济共生共荣的产业生态。

① 朱芳阳、蒋唯一、肖雨杉：《广西沿海城市港产城融合研究》，《中国商论》2024 年第 3 期。

推动港口集疏运体系与城市快速路网、内陆无水港无缝衔接，促进物流通道向贸易走廊升级。通过制度创新破除港区与城区的政策壁垒，在跨境数据流动、绿色能源协同等领域探索一体化治理模式，打造港口动能驱动、产业链条赋能、城市功能反哺的可持续发展新范式。

二、国家部署要求

改革开放以来，我国交通运输事业取得历史性成就，交通运输与经济社会发展的融合程度不断加深，对经济社会发展的支撑性引领性作用持续彰显。根据国家发展改革委综合运输研究所《改革开放与中国交通运输发展》一书中的总体判断，交通运输和国民经济的关系总体可以划分为瓶颈制约、初步缓解、基本适应三个阶段。本节基于这三个阶段分析基础，结合我国经济社会发展的时代背景和历史沿革，系统梳理各个时期针对交通运输发展的部署要求，特别是交通产业相关论述，把交通运输和产业经济发展的融合情况大致分为四个阶段，形成综合交通产业的发展脉络。

（一）第一阶段（1978—2000年）：交通运输成为制约经济社会发展的重要瓶颈，要求加快推进交通基础设施建设。这一时期，综合交通产业处于萌芽期

进入改革开放时期，我国交通运输体系虽较新中国成立初期有了一定改善，但仍有较大提升空间。1978 年 12 月，党的十一届三中全会明确了将工作重点转移到经济建设上来，交通运输在国民经济体系中的基础性战略定位逐步确立。一是开展全国层面的交通规划。改革开放初期，以提升干线通道能力、扩大网络覆盖范围为重点大力推进各类交通基础设施建设。1981 年，国家计委、国家经委和交

通部发布了《国家干线公路网（试行方案）》，规划了 70 条线路、总长 10.92 万公里。1989 年，交通部提出建设公路主骨架、水运主通道、港站主枢纽和交通支持系统（简称“三主一支持”）的长远规划设想。二是大力扶持个体运输和集体运输。1983 年，交通部提出“有河大家走船，有路大家走车”。1985 年，交通部又提出“各部门、各行业、各地区一起干，国营、集体、个体以及各种运输工具一起上”，积极培育交通运输市场主体。三是探索交通投资机制。1983 年，交通部提出“谁建、谁用、谁受益”的原则，充分利用国内外多方面的资金，形成了多元化的投资新格局。同时，积极探索铁路建设基金、“贷款修路、收费还贷”、“以港养港”等一系列财政政策的创新，有力促进交通供给能力提升。到 2000 年，我国公铁水空各类交通运输方式都得到了跨越式发展。

这一阶段，我国为扭转交通运输不适应经济社会发展需要的被动局面，明确把交通运输业作为经济发展的重点领域，积极制定交通运输规划、加大交通投资力度、培育交通市场主体，交通运输业发展成效显著。从投资来看，2000 年，基本建设投资总额达 13427.27 亿元，是 1978 年的 26 倍多，其中，交通运输、仓储和邮电通信业投资额占比近三成，翻了 50 倍。从产值来看，2000 年，全国交通运输、仓储和邮电通信业增加值达 4918.6 亿元，是 1978 年的约 28 倍，增加值占 GDP 的比重达 5.6%，交通运输对国民经济的带动效应已开始显现。

（二）第二阶段（2001—2010年）：交通运输与经济社会发展的矛盾初步缓解，要求加快推动交通运输服务提质和装备技术升级。这一时期，综合交通产业处于蓄势期

注重交通体系化发展。这一阶段，我国更加重视交通对经济增长

的促进作用。2001 年，国家计委发布交通运输第一个五年发展专项规划——《国民经济和社会发展第十个五年计划综合交通体系发展重点专项规划》，明确“交通运输是国民经济发展的基础，是社会生产、流通、分配、消费各环节正常运转和协调发展的先决条件，对保障国民经济持续健康快速发展、人民生活的改善和促进国防现代化建设具有十分重要的作用”。随后《中华人民共和国国民经济和社会发展第十一个五年规划纲要》中强调了“优先发展交通运输业”，提出“建设便捷、通畅、高效、安全的综合运输体系”等阶段性目标。除了加快交通基础设施建设，交通部还积极推动交通运输服务质量提升和交通先进装备技术研发创新。这一时期是我国科技创新快速发展的时期，涌现了一批先进的交通装备技术。

一是大力推动交通科技创新。“十五”期间，科技部将高速磁悬浮交通技术研究列为十二个国家重大科技专项之一。2001 年，在财政部等有关部委的大力支持下，交通部启动了“西部交通建设科技项目计划”，并设立专项资金用于西部交通的科技攻关。2005 年，交通部发布《公路水路交通科技发展战略》，随后发布《公路水路交通中长期科技发展规划纲要（2006—2020 年）》，强调了建设适应交通现代化要求和符合交通科技自身发展规律的创新体系。《国家“十一五”科学技术发展规划》提出“发展综合交通运输技术，提高交通装备的自主创新能力”的重点任务，要求发展轨道交通、船舶等自主品牌的运输装备以及高效运输技术与装备，突破高速轮轨技术、交通运输安全与应急保障技术等，设立的重大项目涵盖智能交通、空中交通管理系统、高速磁悬浮交通等领域。

二是通过“引进、消化、创新”大力发展高铁技术。2004 年，党中央、国务院作出发展中国高铁的重大决策后，铁道部积极引进国外先进技术，提出“中国铁路运输市场，任何一个车，任何一个配件，都不能分割，35家机车车辆厂和各地铁路局都是一家人”，“任何一个国际巨头要挤进中国市场，必须技术全面转让，必须本土化生产，必须打造中国品牌，必须价格合理”。[①] 2010年京沪高铁投入运营，作为中国高铁的重要里程碑，铁道部宣布京沪高铁在建设和运营过程中实现了大部分技术的自主创新。

三是自主创新发展大飞机技术。大型飞机关键技术预研和论证被列入“十一五”时期重大专项重点实施的阶段目标。2003年，科技部成立大型飞机重大专项论证组。2006年，大型飞机被国务院确定为未来15年力争取得突破的16个重大科技专项之一。2008年，中国商用飞机有限责任公司成立，旨在实施国家大型飞机重大专项中大型客机项目，成为中国大飞机研发的核心企业。

四是建设一批标志性桥隧工程。这一时期，我国规划建设了被称为“中国奇迹”的润扬大桥、世界上最长跨海铁路大桥杭州湾跨海大桥、创造多项世界之最的苏通长江公路大桥等，还布局了东海大桥、深港西部通道、港珠澳大桥等一批有代表性的世界级桥梁，体现了交通工程技术的硬核实力。

注重交通运输服务提升。这一阶段，经济高效循环、要素资源交换、人民多元活动等对交通运输网络质量提出了更高要求，我国在推动交通基础设施建设的同时也逐渐重视提升运输网络质量。《国民经济和社会发展第十个五年计划综合交通体系发展重点专项规划》中提出“以市场经济为导向，以可持续发展为前提，建立客运快速化、货运物流化的智能型综合交通运输体系”的长期战略目标。这一时期，我国陆续出台《中长期铁路网规划》《国家高速公路网规划》《全国沿海港口布局规划》《综合交通网中长期发展规划》等一系列专项规划，

① 《穿越梦幻的时空——中国高速铁路发展纪实》，新华社，2010年02月28日。

强调要提升各种交通方式的运输服务质量。时任交通部部长张春贤提出，高速公路网络是国家的重要战略资源。2005年发布的《国家高速公路网规划》，确立了30年间建设“7918”高速公路网络的目标。1997—2007年，铁路实施了6次大提速，2008年调整的《中长期铁路网规划》将客运专线规模调整至1.6万公里以上。交通运输开始从“有没有”向“够不够”“好不好”转变①，交通运输服务变得更多元、更快速、更高质。

这一阶段，我国经历了改革开放和经济全球化发展，交通基础设施规模迅速扩张，运输服务效率与水平大幅提高，交通运输长期制约我国经济社会发展的被动局面得到初步缓解。高速铁路从无到有，大飞机启动自主研发，高速公路大幅扩张，普通国道平均行车速度提高到57公里/小时，交通运输事业开始大跨步向前迈进。从交通投入和产出来看，2010年，我国交通运输、仓储和邮政业②固定资产投资达30074.5亿元，但占全社会固定资产投资的比重较2000年有所收缩；交通运输、仓储和邮政业增加值达19132.2亿元，增加值占GDP的比重约为4.7%，较2020年有所下降，然而，交通运输设备制造业固定资产投资较2000年有较大增长，占全社会固定资产投资的比重从0.3%跃升到2.4%，在一定程度上反映了这一阶段我国交通发展从单纯设施建设向装备研发、服务提质等方面转型。据测算，2005年至2008年期间，我国每亿元高速公路的建设投资，直接带动社会总产出近3亿元③，展现了交通运输对经济增长的带动效应。

---

① 交通运输部科学研究院：《中国可持续交通发展报告》，2021年。

② 自2003年起，“交通运输、仓储和邮电通信业”调整为“交通运输、仓储和邮政业”。

③《2005年终特稿：科学发展观成就“十五”交通辉煌》，中国政府网，2005年12月22日。

（三）第三阶段（2011—2020年）：交通能够基本适应经济社会发展需要，要求加快推动交通经济融合发展。这一阶段，综合交通产业处于成长期

交通逐步迈入高质量发展阶段，对经济发展的引领性作用日益凸显。党的十八大以来，我国经济已由高速增长阶段转向高质量发展阶段，交通发展也同步由规模扩张向量质并重转变。这一时期，习近平总书记围绕新时代发展什么样的交通运输、怎样发展交通运输等重大时代课题，提出了一系列原创性的新理念新思想新战略。2016年9月，习近平总书记在指导交通运输工作时强调，“要想富，先修路”不过时[①]。2017年5月，习近平主席在出席“一带一路”国际合作高峰论坛并发表主旨演讲时提到，道路通，百业兴[②]。2019年，习近平总书记在天津考察时再次强调，经济要发展，国家要强大，交通特别是海运首先要强起来[③]。《“十三五”现代综合交通运输体系发展规划》也赋予交通运输“国民经济中基础性、先导性、战略性产业”和“重要服务性行业”的重要定位。

以“港口经济”“临空经济”“枢纽经济”为代表的交通经济蓬勃发展。2020年习近平总书记考察浙江省宁波舟山港时提出“努力打造世界一流强港”的要求[④]。2014年，国务院印发《关于促进海运业健康发展的若干意见》，提出大力发展现代航运服务业，这是我国第一次从国家层面发布海运发展战略。这一时期，以上海国际航运服务中心、宁波国际航运物流产业集聚区、舟山新城航运服务集聚区

---

① 《“要想富，先修路”不过时》，求是网，2020年06月07日。

② 习近平：《携手推进“一带一路”建设——在“一带一路”国际合作高峰论坛开幕式上的演讲》，新华社，2017年05月14日。

③ 《习近平在京津冀三省市考察并主持召开京津冀协同发展座谈会》，新华社，2019年01月18日。

④ 《牢记嘱托加油干丨建设一流强港》，新华社，2024年02月05日。

等为代表的港口经济快速发展。临空经济方面，2012 年和 2013 年先后发布《国务院关于促进民航业发展的若干意见》《促进民航业发展重点工作分工方案》，明确大力推动临空经济发展。2015 年，《国家发展改革委、民航局关于临空经济示范区建设发展的指导意见》出台，计划开展临空经济区试点示范工作。截至 2021 年底，我国先后设立了郑州、青岛、成都、重庆、北京、上海、广州、长沙、贵阳、杭州、宁波等 17 个国家级临空经济示范区。枢纽经济方面，2012 年国务院出台的《"十二五"综合交通运输体系规划》和 2013 年国家发展改革委出台的《促进综合交通枢纽发展的指导意见》均提出"基本建成 42 个全国性综合交通枢纽"的发展目标。2019 年中共中央、国务院印发的《交通强国建设纲要》明确提出大力发展枢纽经济。

以"交通 + 物流""交通 + 旅游""交通 + 能源"为代表的"交通 +"业态融合日益紧密。"交通 + 物流"方面，2016 年，国务院办公厅转发国家发展改革委《营造良好市场环境推动交通物流融合发展实施方案》，这是国家层面首次对交通物流融合发展作出的重要部署。2017 年，国家发展改革委办公厅、交通运输部办公厅、中国铁路总公司办公厅发布《推动交通物流融合发展近期重点工作及分工方案》，在重点领域和关键环节加快推动交通物流融合发展，重点推进 24 个全国性、若干个区域性以及一批地区性综合交通物流枢纽建设。2019 年，习近平总书记主持召开京津冀协同发展座谈会时强调，要立足于推进人流、物流、信息流等要素市场一体化，推动交通一体化[①]。2020 年，习近平总书记在中央财经委员会第八次会议上指出，必须

① 《习近平在京津冀三省市考察并主持召开京津冀协同发展座谈会》，新华社，2019 年 01 月 18 日。

把建设现代流通体系作为一项重要战略任务来抓[①]。“交通＋旅游”方面，2016 年，交通运输部出台的《关于实施绿色公路建设的指导意见》要求因地制宜拓展完善公路服务和旅游功能。2017 年，交通运输部等六部门发布《关于促进交通运输与旅游融合发展的若干意见》，明确提出构建“快进慢游”的旅游交通网络。《交通强国建设纲要》在更高层次上对交通运输与旅游融合发展提出了新的要求和目标，明确要深化交通运输与旅游融合发展，推动旅游专列、旅游风景道、旅游航道、自驾车房车营地、游艇旅游、低空飞行旅游等发展。“交通＋能源”方面，“十二五”时期，我国开始推进以新能源汽车为主的配套设施布局建设。2015 年，《交通运输部关于加快推进新能源汽车在交通运输行业推广应用的实施意见》中明确布局规划新能源汽车的技术路线，为可持续交通发展奠定基础。进入“十三五”时期，《中共中央 国务院关于全面加强生态环境保护 坚决打好污染防治攻坚战的意见》《智能光伏产业发展行动计划（2018—2020 年）》等文件出台，要求进一步推广清洁能源车辆，探索光伏和新能源汽车融合应用。《交通强国建设纲要》也统筹提出了交通运输与能源融合发展的总体要求。

浙江省、甘肃省等省份率先提出培育发展交通产业。“十三五”时期，浙江省综合交通进入大投入大建设的高潮期，大交通整体格局已经成形。为推动交通产业化、产业本地化发展，2017 年浙江省《政府工作报告》首创性提出培育综合交通产业发展新优势，在全国率先开展综合交通产业培育工作。此后，浙江省先后发布《浙江省综合交通产业发展规划》《浙江省综合交通产业发展实施意见》等文件，围绕规划政策、统计体系、产业地图、试点示范等，对综合交通产业进

---

① 《习近平主持召开中央财经委员会第八次会议》，新华社，2020 年 09 月 09 日。

行全面部署。这一时期也是甘肃省创新实践“路衍经济”新业态的起步期。2019 年甘肃省聚焦公路交通优势与区域发展需求，全方位研究路衍经济产业的理论体系，确定了聚焦公路沿线资源开发、公路空间场地资源开发、公路资源后市场开发“三大维度”，以及交旅融合、通道物流、能源建材、“服务区 +”、智慧交通、交通装备制造、乡村产业及其他业务“八大方向”的路衍经济总体发展思路。2020 年出台的《甘肃省国企改革三年行动实施方案（2020—2022 年）》，首次把培育路衍经济、交旅融合等新业态纳入实施方案进行部署，开启了全面布局路衍经济产业的新局面。

这一阶段，我国交通运输网络质量快速提升，交通与经济融合发展，以港口经济、临空经济等为代表的交通经济形态，以及以交旅融合、交能融合等为代表的交通融合模式不断涌现，浙江省、甘肃省等省份率先开展交通产业相关研究，拓展了传统交通运输业的内涵。2020 年，我国交通领域固定资产投资规模为 2010 年的近 2 倍，占全社会固定资产投资的比重有所提升。从网络规模看，2020 年全国综合交通网络里程达到 1503.25 万公里，是 2010 年的 2 倍以上，交通基础设施规模的扩张速度放缓，运输网络质量显著提升。从交通产出看，2020 年交通运输、仓储和邮政业增加值较 2010 年增长了近 1.2 倍，对经济社会的贡献较为稳定。以临空经济为例，全国 17 个国家级临空经济示范区的 GDP 大部分保持增长态势，对承载城市的 GDP 贡献基本稳定（见表 2–11）。以郑州、青岛、广州、长沙等为代表的城市临空经济对当地 GDP 的贡献率达到了 7% 以上①。以浙江省为例，2016 年起，其综合交通产业总产出和增加值皆保持稳步增长，产业增加值占 GDP 的比重稳定在 10% 以上（见表 2–12）。

① 国家发展和改革委员会、中国民用航空局：《中国临空经济发展报告（2021）》，中国民航出版社 2022 年版。

表 2-11 国家级临空经济示范区 GDP 情况（2019—2021 年）

序号	示范区名称	临空经济示范区 GDP（亿元）（占城市 GDP 的比重，%）		
		2019 年	2020 年	2021 年
1	首都机场临空经济示范区	1034.59（2.9）	906.3（2.5）	—
2	郑州航空港经济综合实验区	965.86（8.3）	1041.2（8.7）	1172.8（9.2）
3	重庆临空经济示范区	734（3.1）	685.43（2.7）	814.6（2.9）
4	福州临空经济示范区	662.25（7.1）	689.81（6.9）	743.54（6.6）
5	成都临空经济示范区	637.93（3.7）	651.33（5.7）	734.89（3.7）
6	上海虹桥临空经济示范区	629.53（1.6）	559.65（1.4）	662.23（1.5）
7	杭州临空经济示范区	352.24（2.3）	346.6（2.2）	344（1.9）
8	南京临空经济示范区	278.04（2.0）	313.3（2.1）	343.68（2.1）
9	宁波临空经济示范区	230.04（1.9）	252.35（2.0）	—
10	南宁临空经济示范区	187.67（4.2）	196.87（4.2）	214.37（4.2）
11	贵阳临空经济示范区	190.66（4.7）	200（4.6）	205.33（4.4）
12	西安临空经济示范区	266.31（2.9）	274.57（2.7）	—
13	长春临空经济示范区	241.47（4.1）	246.30（3.8）	—
14	北京大兴国际机场临空经济区	914.50（2.6）	932.80（2.6）	—
15	青岛胶东临空经济示范区	1122.11（9.6）	1209.63（9.8）	—
16	广州临空经济示范区	2240.63（9.5）	2245.11（9.0）	—
17	长沙临空经济示范区	1776.62（15.3）	1853.01（15.3）	—

资料来源：《中国临空经济发展报告（2021）》。

表 2-12 浙江省综合交通产业产出情况

年份	综合交通产业产值（万亿元）	增速（%）	增加值（亿元）	综合交通产业增加值占 GDP 的比重（%）
2016	1.94	—	5434.08	11.7
2017	2.13	9.8	6100.00	11.8
2018	2.31	8.5	6341.30	10.9
2019	2.44	5.6	6658.00	10.7
2020	2.60	6.6	6800.00	10.5

资料来源：浙江省交通运输厅。

（四）第四阶段（2021年至今）：交通与经济社会发展融合不断深化，要求全面推进交通产业融合发展。这一阶段，综合交通产业处于持续发展期

“十四五”时期，我国逐步迈入了交通产业深度融合发展的新阶段。从国家战略来看，习近平总书记指出，科技创新能够催生新产业、新模式、新动能，是发展新质生产力的核心要素[①]。2024年2月，习近平总书记在中央财经委员会第四次会议上提出，优化主干线大通道，打通堵点卡点，完善现代商贸流通体系，鼓励发展与平台经济、低空经济、无人驾驶等结合的物流新模式。统筹规划物流枢纽，优化交通基础设施建设和重大生产力布局，大力发展临空经济、临港经济[②]。《国家综合立体交通网规划纲要》也把“推进综合交通统筹融合发展”单独列为一项重点任务，提出推进交通与邮政快递、现代物流、旅游、装备制造等相关产业融合发展，高规格地把交通产业融合发展作为交通部门的重点工作。从交通行业来看，2022年全国交通运输工作会议提出，全面推进融合化转型，支持发展交通运输路衍经济、枢纽经济、平台经济、通道经济、高铁经济、低空经济等，不断增强发展新动能。2024年全国交通运输工作会议强调，统筹推进交通运输传统产业改造升级和战略性新兴产业培育壮大，以“四个一流”服务保障现代化产业体系建设，并特别提出大力发展平台经济、枢纽经济、路衍经济、低空经济等新业态。

多个省份发力部署综合交通产业及相关经济业态，探索推动综合交通产业融合发展。浙江省在《浙江省综合交通产业发展规划》

---

① 《习近平在中共中央政治局第十一次集体学习时强调 加快发展新质生产力 扎实推进高质量发展》，人民网，2024年02月02日。

② 《习近平主持召开中央财经委员会第四次会议强调 推动新一轮大规模设备更新和消费品以旧换新 有效降低全社会物流成本》，人民网，2024年02月24日。

基础上，印发《浙江省综合交通产业发展三年行动方案（2023—2025年）》，提出综合交通产业的“14855”发展主线，即围绕打造全国综合交通产业发展先行省的总目标，聚焦交通建筑业、交通装备制造业、交通运输业、交通关联服务业四大领域，聚力发展智慧交通、现代交通物流、航运服务、枢纽通道经济、交通建筑工业化、新能源汽车、航空航天、轨道交通等八大重点产业链，打造示范园区、科创平台、龙头（链主）企业、重大项目、应用场景等“五个一批”标志性成果，健全协调机制、政策试点、博览会、产业地图、统计监测体系“五位一体”工作支撑体系。同时，浙江省围绕交通装备制造业、交通旅游融合发展、现代交通物流体系等领域，相继出台《关于推动综合交通装备首台（套）突破的实施意见》《浙江省现代化交通物流体系建设实施方案（2023—2027年）》《浙江省交旅融合高质量发展行动方案（2024—2027年）》等文件。甘肃省先后发布《甘肃省“十四五”路衍经济发展专项规划》《甘肃省公路项目可行性研究报告路衍经济专篇编制导则（试行）》《甘肃省路衍经济收益计入准则（试行）》《甘肃省打造路衍经济千亿级产业集群行动计划（2022—2025年）》等文件，系统科学谋划，形成了路衍经济发展规划体系，致力于达成打造路衍经济千亿级产业集群的战略目标。江苏省发布《江苏省数字交通产业园认定标准（试行）》，认定南通、苏州相城等数字交通产业园，组织智能交通世界大会、江苏省数字交通建设推进会暨产学研对接会等活动，开展江苏省交通建设企业20强、交通运输企业25强、数字交通企业10强等认定工作。

总体而言，经济社会体制环境的变迁对交通运输发展具有深远影响。经过几十年的大规模建设，我国综合交通运输体系发展成效显著，供给能力总体适应经济社会发展需要，部分领域实现适度超前。

交通不再制约国民经济发展，而是以与各类产业交互融合的形式成为经济发展新的增长极。

三、概念内涵和统计体系

根据中央对交通运输体系发展的部署以及学术界针对交通经济、产业经济、交通产业等有关理论研究，结合浙江省发展基础和现实要求，浙江省创新提出了综合交通产业概念内涵，配合开展了相关统计体系研究。

（一）概念内涵

1. 综合交通

综合交通涵盖了航空、铁路、公路、水运以及交通枢纽等多种交通基础设施，围绕客货的流动形成海陆空铁等一体化综合立体交通网络，其价值在于促进多种运输方式的布局规划和衔接，实现人畅其行、货畅其流。综合交通侧重于“综合”，欧美国家自20世纪八九十年代开始，对“综合”的关注重点放在“密切协调、完整统一”的一体化运输上，即以解决连接性和多式联运问题为首要目标，实现全程、无缝、连续运输过程。从狭义概念来看，综合交通是指综合集成各种运输方式与系统的功能，将不同的运输方式（如公路、铁路、航空、水运等）通过科学规划和有效管理，实现有机结合和协调运作的交通系统，最终实现优化资源配置、提高运输效率、促进区域发展等目标。从广义概念来看，综合交通还需要通过资源配置实现各种运输方式的合理布局和有效协作，实现综合交通运输系统内各组成部分一体化协调发展，既包括基础交通设施和技术的协同，也包括交通运输服务和政策制度的协同。

2. 综合交通产业

浙江省率先提出“综合交通产业”的概念，认为综合交通产业就是围绕“综合交通”发展和牵引的相关产业，既面向交通的公铁水空全领域，包括公路、铁路、水运、航空、管道等基础设施和运输方式，又贯穿交通的建管养运全过程，包括规划设计、建设施工、运营维保等，同时还包含了交通与现代物流、装备制造、建筑建造、教育培训、金融保险等融合发展业态，区别于传统交通运输业，内涵更广、牵引力度更大。

综上所述，本书定义综合交通产业为：围绕公路、铁路、水运、航空、管道等综合交通全体系，涉及交通基础设施、交通载运工具、交通运输服务、交通行业管理等全领域，涵盖技术研究、规划设计、设备制造、建筑施工、运营管理等全过程的经济活动，具体包括交通建筑业、交通装备制造业、交通运输业、交通关联服务业四大领域。

交通建筑业是专门从事交通建筑工程建设和设备安装的设计、施工和管理等相关活动的生产行业部门，具体包括道路、桥梁、隧道、铁路、港口与航道、机场、市政、交通枢纽等交通基础设施的建设与维护等领域。

交通装备制造业是为满足交通部门发展需要，为交通行业提供技术装备制造的工业产业部门，主要涉及汽车、船舶、航空等交通工具的制造，以及相关零部件和设备的生产等领域。

交通运输业是涵盖公路、铁路、水运、航空、管道等多种运输方式，使用运输工具将货物或者旅客送达目的地，使其空间位置得到转移的业务活动，也是综合交通产业中的核心领域。

交通关联服务业是指与综合交通发展密切相关、配合和围绕交通主体发展起来的衍生服务业，包括物流、仓储、交通信息、交通金融等。

（二）统计分类

对照《国民经济行业分类》（GB/T 4754—2017），综合交通产业的交通建筑业、交通装备制造业、交通运输业和交通关联服务业四个领域涉及 11 个行业门类 40 个大类 259 个小类。

交通建筑业：涉及 E 建筑业 1 个行业门类，包括房屋建筑业，土木工程建筑业，建筑安装业，建筑装饰、装修和其他建筑业 4 个大类，具体包括 20 个小类。其中，铁路、公路、市政道路、城市轨道交通等与交通相关的土木工程建筑业可以全部纳入交通建筑业领域，而其他的则需要乘以一定剥离系数①部分纳入交通建筑业领域（见表 2-13）。

表 2-13 交通建筑业统计分类目录

大类	小类	对应的行业代码	说明	全部 / 部分纳入
E 建筑业				
47 房屋建筑业	其他房屋建筑业	4790	指公路、铁路、航空、水运等交通枢纽、场站工程建筑	部分
48 土木工程建筑业	铁路工程建筑	4811	指铁路地基、打桩、建筑砖石、钢筋、混凝土、构架、钢结构、预制构件组装与装配、建筑起重设备等工程服务	全部
	公路工程建筑	4812	指公路地基、打桩、建筑砖石、铺路、混凝土等工程服务	全部
	市政道路工程建筑	4813	指包括城市道路及设施工程在内的市政道路工程建筑活动	全部
	城市轨道交通工程建筑	4814	指包括城市地铁工程、城市轻轨工程、城市有轨电车工程、索道设施工程等在内的城市轨道交通工程建筑活动	全部

① 在统计学中，剥离系数可以被类比理解为从原始数据中去除不必要的部分，以更好地分析核心数据或关键指标的比例关系。

续表

大类	小类	对应的行业代码	说明	全部 / 部分纳入
48 土木工程建筑业	其他道路、隧道和桥梁工程建筑	4819	指其他道路、隧道和桥梁工程建筑活动	全部
	港口及航运设施工程建筑	4823	指包含水运工程、港口与航道工程在内的港口及航运设施工程建筑活动	全部
	海底隧道工程建筑	4833	指交通用途的海底隧道工程建筑活动	部分
	管道工程建筑	4852	指原油、成品油、天然气和相关气体的输送管道工程建筑，及相关的工程服务	部分
	地下综合管廊工程建筑	4853	指地下综合管廊工程中成品油、天然气等输送管道工程部分	部分
	其他土木工程建筑施工	4899	指水井钻探施工、路牌、路标、广告牌安装施工等其他土木工程建筑施工服务	部分
49 建筑安装业	电气安装	4910	指上述交通领域建筑物及土木工程构筑物内电气系统（含电力线路）的安装活动	部分
	管道和设备安装	4920	指上述交通领域建筑物及土木工程构筑物内管道、取暖及空调系统等的安装活动	部分
	其他建筑安装	4999	指上述交通领域建筑物及土木工程构筑物内包括智能化安装等在内的安装活动	部分
50 建筑装饰、装修和其他建筑业	公共建筑装饰和装修	5011	指上述交通领域公共建筑装饰和装修	部分
	建筑幕墙装饰和装修	5013	指上述交通领域建筑幕墙装饰和装修	部分
	建筑物拆除活动	5021	指上述交通领域建筑物拆除活动	部分
	场地准备活动	5022	指上述交通领域场地准备活动	部分
	提供施工设备服务	5030	指为上述交通领域建筑工程提供配有操作人员的施工设备的服务	部分
	其他未列明建筑业	5090	指交通领域其他未列明的工程建筑活动	部分

资料来源：《浙江省综合交通产业统计监测制度（2025 年修订）》。

交通装备制造业：涉及C制造业1个行业门类，包括橡胶和塑料制品业，非金属矿物制造业，金属制品业，通用设备制造业，专用设备制造业，汽车制造业，铁路、船舶、航空航天和其他运输设备制造业，电气机械和器材制造业，计算机、通信和其他电子设备制造业，仪器仪表制造业，金属制品、机械和设备修理业11个大类，具体包括92个小类。其中，汽车制造业，铁路、船舶、航空航天和其他运输设备制造业等与交通相关的装备制造业可以全部纳入交通装备制造业领域，而其他的则需要乘以一定剥离系数部分纳入交通装备制造业领域（见表2-14）。

表2-14　交通装备制造业统计分类目录

大类	小类	对应的行业代码	说明	全部/部分纳入
C制造业				
29橡胶和塑料制品业	轮胎制造	2911	指乘用车、货车、客车、航空器等运输工具用橡胶轮胎外胎、橡胶内胎、橡胶实心或半实心轮胎的制造活动	部分
	橡胶零件制造	2913	指各种运输装备用橡胶零配件、橡胶杂品的制造活动	部分
30非金属矿物制造业	水泥制品制造	3021	指公路、铁路、桥梁等交通工程建设用水泥制管、杆、桩、砖、瓦等制品制造	部分
	砼结构构件制造	3022	指公路、铁路、桥梁等交通工程建设用水泥混凝土预制构件的生产活动	部分
	黏土砖瓦及建筑砌块制造	3031	指公路、铁路、桥梁等交通工程建设用黏土和其他材料生产的砖、瓦及建筑砌块的生产活动	部分
	建筑用石加工	3032	指公路、铁路、桥梁等交通工程建设用大理石板、花岗岩等石材的切割、成型和修饰活动	部分
	防水建筑材料制造	3033	指公路、铁路、桥梁等交通工程建设用，以沥青或类似材料为主要原料制造防水材料的活动	部分
	其他建筑材料制造	3039	指公路、铁路、桥梁等交通工程建设用其他建筑材料制造	部分

续表

大类	小类	对应的行业代码	说明	全部 / 部分纳入
30 非金属矿物制造业	特种玻璃制造	3042	指交通领域用汽车挡风玻璃等特种玻璃制造	部分
	制镜及类似品加工	3057	指汽车反光镜、摩托车反光镜、汽车后视镜、弯道反光镜等交通领域专用镜制造	部分
33 金属制品业	金属结构制造	3311	指以铁、钢或铝等金属为主要材料，制造用于桥梁施工等交通工程建筑领域的金属构件、金属构件零件、建筑用钢制品及类似品的生产活动，这些制品可以运输，并便于装配、安装或竖立	部分
	手工具制造	3322	指交通工程建筑、交通生产、交通工具专用手工具制造	部分
	集装箱制造	3331	指专门设计，可长期反复使用，不用换箱内货物，便可从一种运输方式转移到另一种运输方式的放置货物的钢质箱体（其容积大于 1 立方米）的生产活动	全部
	金属包装容器及材料制造	3333	指主要为商品运输或包装而制作的金属包装容器及附件的制造	部分
	金属丝绳及其制品制造	3340	指与交通建筑及交通装备制造相关的铁丝、钢丝、铜丝等制造	部分
	交通及公共管理用金属标牌制造	3394	指交通领域用发光材料制造	部分
34 通用设备制造业	内燃机及配件制造	3412	指船舶用内燃机及零部件制造	部分
	汽轮机及辅机制造	3413	指船舶用汽轮机及燃气轮机制造	部分
	轻小型起重设备制造	3431	指交通、物流生产用轻小型起重设备制造	部分
	生产专用起重机制造	3432	指交通、物流生产用专用起重机制造	部分
	生产专用车辆制造	3433	指交通、物流生产用专用车辆制造	部分
	连续搬运设备制造	3434	指交通、物流生产用输送机械、装卸机械制造	部分
	电梯、自动扶梯及升降机制造	3435	指物流用升降机及其专门配套件的制造	部分
	客运索道制造	3436	指动力驱动，利用柔性绳索牵引箱体等运载工具运送人员的机电设备，包括客运架空索道、客运缆车、客运拖牵索道等制造	全部
	机械式停车设备制造	3437	指采用机械方法存取、停放汽车的机械装置或设备系统的制造，包括平面移动类、巷道堆垛类、垂直升降类、升降横移类、简易升降类停车设备	全部

续表

大类	小类	对应的行业代码	说明	全部 / 部分纳入
34 通用设备制造业	其他物料搬运设备制造	3439	指交通、物流用其他物料搬运设备制造	部分
	滚动轴承制造	3451	指汽车、轨道交通、航空等交通装备用滚动轴承制造	部分
35 专用设备制造业	建筑工程用机械制造	3514	指公路、铁路、港口、机场等交通建筑施工及市政交通工程用机械的制造	部分
	建筑材料生产专用机械制造	3515	指公路、铁路、桥梁、隧道等交通建筑施工用水泥、水泥制品等材料所使用的各种生产、搅拌成型机械制造	部分
	隧道施工专用机械制造	3517	指公路、铁路、桥梁、隧道等交通建筑领域用地下非开挖施工专用机械的制造，包括隧道掘进机（盾构机和硬岩掘进机）、顶管机、水平定向钻等	部分
	半导体器件专用设备制造	3562	指与智慧交通相关的半导体器件专用设备制造	部分
	电子元器件与机电组件设备制造	3563	指与新能源汽车相关的印制电路板、电声元件、锂离子电池等电子元器件与机电组件设备的制造	部分
	其他电子专用设备制造	3569	指与智慧交通相关的其他电子专用设备制造	部分
	拖拉机制造	3571	指交通用途的拖拉机制造	部分
	交通安全、管制及类似专用设备制造	3596	指除铁路运输外的道路运输、水上运输及航空运输等有关的管理、安全、控制专用设备的制造；不包括电气照明设备、信号设备的制造	全部
36 汽车制造业	汽柴油车整车制造	3611	指由传统燃料动力装置驱动，具有四个以上车轮的非轨道、无架线的车辆，并主要用于载送人员和（或）货物、牵引输送人员和（或）货物的车辆制造	全部
	新能源汽车整车制造	3612	指采用新型动力系统，完全或主要依靠新型能源驱动的汽车，包括插电式混合动力（含增程式）汽车、纯电动汽车和燃料电池汽车等的制造	全部
	汽车用发动机制造	3620	指汽柴油车、新能源汽车用发动机制造	全部
	改装汽车制造	3630	指利用外购汽车底盘改装各类汽车的制造	全部
	低速汽车制造	3640	指最高时速限制在规定范围内的农用三轮或四轮等载货汽车的制造	全部

续表

大类	小类	对应的行业代码	说明	全部 / 部分纳入
36 汽车制造业	电车制造	3650	指以电作为动力，以屏板或可控硅方式控制的城市内交通工具和专用交通工具的制造	全部
	汽车车身、挂车制造	3660	指其设计和技术特性需由汽车牵引才能正常行驶的一种无动力的道路车辆的制造	全部
	汽车零部件及配件制造	3670	指机动车辆及其车身的各种零配件的制造	全部
37 铁路、船舶、航空航天和其他运输设备制造业	高铁车组制造	3711	指以外来电源或蓄电池、压燃式发动机及其他方式驱动的，能够牵引高速铁路车辆的动力机车、高铁车组、铁路动车组的制造	全部
	铁路机车车辆制造	3712	指非高铁、动车机组的铁路机车制造，以及用于运送旅客和用于装运货物的客车、货车及其他铁路专用车辆的制造	全部
	窄轨机车车辆制造	3713	指可用于交通运输的窄轨内燃机车、电力机车和窄轨非机动车的制造	全部
	高铁设备、配件制造	3714	指用于高速铁路的机车车辆设备、配件、配套设施制造	全部
	铁路机车车辆配件制造	3715	指铁道或有轨机车及其拖拽车辆的专用零配件的制造	全部
	铁路专用设备及器材、配件制造	3716	指铁路安全或交通控制设备的制造，以及其他铁路专用设备及器材、配件的制造	全部
	其他铁路运输设备制造	3719	指其他未列明的铁路运输设备的制造	全部
	城市轨道交通设备制造	3720	指地铁、轻轨、单轨、有轨电车、磁悬浮等城市轨道交通设备制造	全部
	金属船舶制造	3731	指以钢、铝等各种金属为主要材料，为民用或军事部门建造远洋、近海或内陆河湖的金属船舶的活动	全部
	非金属船舶制造	3732	指以各种木材、水泥、玻璃钢等非金属材料，为民用或军事部门建造船舶的活动	全部
	娱乐船和运动船制造	3733	指游艇和用于娱乐或运动的其他船只的制造	全部
	船用配套设备制造	3734	指船用主机、辅机设备的制造	全部
	船舶改装	3735	指按规范要求对船舶船体、设备、系统、结构等进行改装的活动	全部
	船舶拆除	3736	指船舶拆除活动	全部

续表

大类	小类	对应的行业代码	说明	全部 / 部分纳入
37 铁路、船舶、航空航天和其他运输设备制造业	航标器材及其他相关装置制造	3739	指用于航标的各种器材，以及不以航行为主的船只的制造，不含海上浮动装置的制造	全部
	飞机制造	3741	指在大气同温层以内飞行的用于运货或载客，用于国防，以及用于体育运动或其他用途的各种飞机及其零件的制造，包括飞机发动机的制造	全部
	航天器及运载火箭制造	3742	指航天器及运载火箭的制造	全部
	航天相关设备制造	3743	指航天试验专用设备设施（宇航模拟设 备、航天风洞、电磁、真空专用设备设 施、其他航天试验专用设备设施）和总装调试测试设备（航天器总装调试测试设 备、运载火箭总装调试测试设备）等专用 设备、设施的制造	全部
	航空相关设备制造	3744	指航空专用自动驾驶仪和惯性器件、航空专用发动机加工装调专用设备等相关设备的制造	全部
	其他航空航天器制造	3749	指运动航空器、气球、飞艇等其他航空航天器及零件的制造	全部
	摩托车整车制造	3751	指不论是否装有边斗的摩托车制造，包括摩托车发动机的制造	全部
	摩托车零部件及配件制造	3752	指摩托车零部件及配件的制造	全部
	自行车制造	3761	指未装马达，主要以脚蹬驱动，装有一个或多个轮子的脚踏车辆及其零件的制造	全部
	助动车制造	3770	指以出行代步为主要功能，主要以蓄电池等作为辅助能源，具有两个、三个、四个车轮，电动或电动助力功能的特种助力车及其零件的制造	全部
	非公路休闲车及零配件制造	3780	指运动休闲车（不含跑车、山地车和越野车）、四轮休闲车、草地车、观光车等的制造	全部
	其他未列明运输设备制造	3799	指手推车辆、牲畜牵引车辆的制造，以及上述未列明的交通运输设备的制造	全部
38 电气机械和器材制造业	电动机制造	3812	指新能源汽车等交通运输工具用电动机制造	部分
	电线、电缆制造	3831	指交通领域用电线、电缆制造	部分
	锂离子电池制造	3841	指新能源汽车等交通运输工具用锂离子电池制造	部分

续表

大类	小类	对应的行业代码	说明	全部 / 部分纳入
38 电气机械和器材制造业	镍氢电池制造	3842	指新能源汽车等交通运输工具用镍氢电池制造	部分
	铅蓄电池制造	3843	指新能源汽车等交通运输工具用铅蓄电池制造	部分
	锌锰电池制造	3844	指新能源汽车等交通运输工具用锌锰电池制造	部分
	其他电池制造	3849	指新能源汽车等交通运输工具用其他电池制造	部分
	照明灯具制造	3872	指道路照明、交通工具用照明等灯具制造	部分
	电气信号设备装置制造	3891	指交通运输工具（如机动车、船舶、铁道车辆等）专用信号装置制造	部分
39 计算机、通信和其他电子设备制造业	其他计算机制造	3919	指在交通行业应用的计算机电子设备的制造	部分
	通信系统设备制造	3921	指与智慧交通相关的固定或移动通信接入、传输、交换设备等通信系统建设所需设备的制造	部分
	通信终端设备制造	3922	指在交通运输领域应用的固定或移动通信终端设备的制造	部分
	雷达及配套设备制造	3940	指在交通运输领域应用的雷达整机及雷达配套产品的制造	部分
	智能车载设备制造	3962	指具备汽车联网、自动驾驶、车内及车际通信、智能交通基础设施通信等功能要素，融合了传感器、雷达、卫星定位、导航、人工智能等技术，使汽车具备智能环境感知能力，自动分析汽车行驶的安全及危险状态的车载终端产品及相关配套设备的制造	全部
	智能无人飞行器制造	3963	指按照国家有关安全规定标准，经允许生产并主要用于交通、物流等的智能无人飞行器的制造	全部
	其他智能消费设备制造	3969	指其他未列明的交通领域智能消费设备的制造	部分
	电子电路制造	3982	指智慧交通领域的电子电路制造	部分
40 仪器仪表制造业	运输设备及生产用计数仪表制造	4022	指汽车、船舶用转数计、生产计数器、里程记录器及类似仪表的制造	部分
	导航、测绘、气象及海洋专用仪器制造	4023	指用于智慧交通、车辆、航海、航空等方面的导航、制导、测量仪器和仪表及类似装置的制造	部分

续表

大类	小类	对应的行业代码	说明	全部 / 部分纳入
43 金属制品、机械和设备修理业	铁路运输设备修理	4341	不包括火车机车回厂修理和发动机修理活动	全部
	船舶修理	4342	不包括船舶回厂修理、发动机修理以及船舶拆除活动	全部
	航空航天器修理	4343	不包括航空航天器回厂修理和发动机修理活动	全部
	其他运输设备修理	4349	—	全部

资料来源：《浙江省综合交通产业统计监测制度（2025 年修订）》。

交通运输业：涉及 G 交通运输、仓储和邮政业 1 个行业门类，包括铁路运输业、道路运输业、水上运输业、航空运输业、管道运输业、多式联运和运输代理业、装卸搬运和仓储业、邮政业等 8 个大类，具体包括 67 个小类。其中，交通运输业是交通行业的主责主业，所有小类都可以全部纳入交通运输业领域，不需要乘以剥离系数（见表 2–15）。

表 2–15　交通运输业统计分类目录

大类	小类	对应的行业代码	说明	全部 / 部分纳入
G 交通运输、仓储和邮政业				
53 铁路运输业	高速铁路旅客运输	5311	指高速铁路旅客运输活动	全部
	城际铁路旅客运输	5312	指城际铁路旅客运输活动	全部
	普通铁路旅客运输	5313	指普通铁路旅客运输活动	全部
	铁路货物运输	5320	指铁路货物运输活动	全部
	客运火车站	5331	指客运火车站服务	全部
	货运火车站（场）	5332	指停靠、管理、交付等货运火车站服务	全部
	铁路运输维护活动	5333	指车辆运用及维护、线桥隧涵运用及维护、牵引供电运用及维护、通信信号运用及维护、铁路专用线运用及维护等	全部
53 铁路运输业	其他铁路运输辅助活动	5339	指除铁路旅客和货物公共运输、专用铁路运输和为其服务的铁路场站、机车车辆、线桥隧涵、牵引供电、通信信号、铁路专用线的运用及维修养护外的运输辅助活动	全部

续表

大类	小类	对应的行业代码	说明	全部 / 部分纳入
54 道路运输业	公共电动汽车客运	5411	指公共电动汽车客运活动	全部
	城市轨道交通	5412	指城市地铁、轻轨、有轨电车等活动	全部
	出租车客运	5413	指出租车公司以及与出租车公司签协议的出租车驾驶员的服务，还包括网络约车公司以及承揽网络预约客运的驾驶员的服务	全部
	公共自行车服务	5414	指政府或社会机构以低价格为居民提供的自行车出行服务	全部
	其他城市公共交通运输	5419	指其他未列明的城市旅客运输活动	全部
	长途客运	5421	指由始发站至终点站定线、定站、定班运行和停靠的旅客运输活动	全部
	旅游客运	5422	指专门为以观光消遣为目的的团体或个人提供的，或者在特定旅游线路上提供的客运服务	全部
	其他公路客运	5429	指其他未列明的公路旅客运输活动	全部
	普通货物道路运输	5431	指对运输、装卸、保管没有特殊要求的道路货物运输活动	全部
	冷藏车道路运输	5432	指农产品、食品、植物等货物始终处于适宜温度环境下，配有专门运输设备以保证产品质量的道路货物运输活动	全部
	集装箱道路运输	5433	指以集装箱为承载货物容器的道路运输活动	全部
	大型货物道路运输	5434	指具备长度超过 6 米，高度超过 2.7 米，宽度超过 2.5 米，质量超过 4 吨中一个及以上条件货物的道路运输活动	全部
	危险货物道路运输	5435	指具有燃烧、爆炸、腐蚀、有毒、放射性等特点的物质，在运输、装卸、保管过程中可能引起人身伤亡和财产毁损而需要特别防护的货物道路运输活动	全部
	邮件包裹道路运输	5436	指邮件包裹道路运输活动	全部
	城市配送	5437	指服务于城区以及市近郊的货物配送活动的货物临时存放地，在经济合理区域内，根据客户的要求对物品进行加工、包装、分割、组配等作业，并按时送达指定地点的物流活动	全部
	搬家运输	5438	指搬家运输活动	全部
	其他道路货物运输	5439	指其他未列明的道路货物运输活动	全部

续表

大类	小类	对应的行业代码	说明	全部 / 部分纳入
54 道路运输业	客运汽车站	5441	指长途旅客运输汽车站的服务	全部
	货运枢纽（站）	5442	指货物运输中转、发送、到达服务	全部
	公路管理与养护	5443	指公路管理与养护服务	全部
	其他道路运输辅助活动	5449	指包括停车服务、货物打包等在内的其他未列明道路运输服务	全部
55 水上运输业	海上旅客运输	5511	指沿海、远洋客轮的运输活动和以客运为主的沿海、远洋运输活动	全部
	内河旅客运输	5512	指江、河、湖泊、水库的水上旅客运输活动	全部
	客运轮渡运输	5513	指城市及其他水域旅客轮渡运输活动	全部
	远洋货物运输	5521	指远洋货物运输活动	全部
	沿海货物运输	5522	指沿海货物运输活动	全部
	内河货物运输	5523	指江、河、湖泊、水库的水上货物运输活动	全部
	客运港口	5531	指客运港口服务	全部
	货运港口	5532	指货运港口的管理活动	全部
	其他水上运输辅助活动	5539	指其他未列明的水上运输辅助活动	全部
56 航空运输业	航空旅客运输	5611	指以旅客运输为主的航空运输活动	全部
	航空货物运输	5612	指以货物或邮件为主的航空运输活动	全部
	通用航空生产服务	5621	指通用航空为农业、测绘、航拍、抢险、救援等提供的服务	全部
	观光游览航空服务	5622	指包括直升机、热气球在内的游览服务	全部
	体育航空运动服务	5623	指通过各种航空器进行运动活动的服务，包括航空俱乐部服务	全部
	其他通用航空服务	5629	指其他未列明通用航空服务	全部
	机场	5631	指机场向旅客或航空公司等服务对象提供的服务活动	全部
	空中交通管理	5632	指空中交通管理服务	全部
	其他航空运输辅助活动	5639	指其他未列明的航空运输辅助活动	全部
57 管道运输业	海底管道运输	5710	指通过海底管道进行的气体、液体等运输活动	全部
	陆地管道运输	5720	指通过陆地管道进行的气体、液体等运输活动	全部

续表

大类	小类	对应的行业代码	说明	全部/部分纳入
58 多式联运和运输代理业	多式联运	5810	指由两种及以上的交通工具相互衔接、转运而共同完成的货物复合运输活动	全部
	货物运输代理	5821	指铁路、水路、航空等货物运输代理服务	全部
	旅客票务代理	5822	指旅客票务代理活动	全部
	其他运输代理业	5829	指其他未列明运输代理服务	全部
59 装卸搬运和仓储业	装卸搬运	5910	指运输货物、非运输机械装卸、人力装卸服务等装卸搬运活动	全部
	通用仓储	5920	指除冷藏冷冻物品、危险物品、谷物、棉花、中药材等具有特殊要求外的物品的仓储活动	全部
	低温仓储	5930	指对冷藏冷冻物品等低温货物的仓储活动	全部
	油气仓储	5941	指原油、成品油、燃气仓储服务	全部
	危险化学品仓储	5942	指各类危险化学品仓储服务	全部
	其他危险品仓储	5949	指其他未列明危险品仓储服务	全部
	谷物仓储	5951	指国家储备及其他谷物仓储活动	全部
	棉花仓储	5952	指棉花加工厂仓储、中转仓储、棉花专业仓储、棉花物流配送活动，还包括在棉花仓储、物流配送过程中的棉花信息化管理活动	全部
	其他农产品仓储	5959	指其他未列明农产品仓储活动	全部
	中药材仓储	5960	指中药材仓储活动	全部
	其他仓储业	5990	指其他未列明的仓储活动	全部
60 邮政业	邮政基本服务	6010	指邮政企业提供的信件、印刷品、包裹、汇兑等邮政服务，以及国家规定的其他邮政服务；不包括邮政快递服务	全部
	快递服务	6020	指快递服务组织在承诺的时限内快速完成的寄递服务	全部
	其他寄递服务	6090	指邮政企业和快递企业之外的企业提供的多种类型的寄递服务	全部

资料来源：《浙江省综合交通产业统计监测制度（2025 年修订）》。

交通关联服务业：涉及 F 批发和零售业门类中的批发业、零售业 2 个大类，I 信息传输、软件和信息技术服务业门类中的互联网和相关服务业、软件和信息技术服务业 2 个大类，J 金融业门类中的货币金融服务、资本市场服务、保险业、其他金融业等 4 个大类，K 房地产业门类中的房地产业 1 个大类，L 租赁和商务服务业门类中的租赁业、商业服务业 2 个大类，M 科学研究和技术服务业门类中的研究和试验发展、专业技术服务业、科技推广和应用服务业等 3 个大类，O 居民服务、修理和其他服务业门类中的公共设施管理业及机动车、电子产品和日用产品修理业 2 个大类，P 教育门类中的教育 1 个大类，具体包括 8 个行业门类、17 个大类、80 个小类。其中，除了交通领域的批发业，零售业，机动车、电子产品和日用产品修理业等将全部纳入交通关联服务业领域，其他大部分目录都将乘以不同的剥离系数部分纳入交通关联服务业领域（见表 2–16）。

表 2–16　交通关联服务业统计分类目录

<table>
<tr><th>大类</th><th>小类</th><th>对应的行业代码</th><th>说明</th><th>全部 / 部分纳入</th></tr>
<tr><td colspan="5">F 批发和零售业</td></tr>
<tr><td rowspan="2">51 批发业</td><td>汽车及零配件批发</td><td>5172</td><td>指汽车及零配件批发活动</td><td>全部</td></tr>
<tr><td>摩托车及零配件批发</td><td>5173</td><td>指摩托车及零配件批发活动</td><td>全部</td></tr>
<tr><td rowspan="9">52 零售业</td><td>自行车等代步设备零售</td><td>5238</td><td>指自行车、助动自行车（包括电力助动自行车和燃油助动自行车）以及平衡车、老年代步车、三轮车等除汽车、摩托车以外的代步车及零配件零售活动</td><td>全部</td></tr>
<tr><td>汽车新车零售</td><td>5261</td><td>指乘用新车的零售活动</td><td>全部</td></tr>
<tr><td>汽车旧车零售</td><td>5262</td><td>指乘用旧车的零售活动</td><td>全部</td></tr>
<tr><td>汽车零配件零售</td><td>5263</td><td>指汽车零配件的零售活动</td><td>全部</td></tr>
<tr><td>摩托车及零配件零售</td><td>5264</td><td>指摩托车及零配件的零售活动</td><td>全部</td></tr>
<tr><td>机动车燃料油零售</td><td>5265</td><td>指专门经营机动车燃油及相关产品（润滑油）的店铺零售活动</td><td>全部</td></tr>
<tr><td>机动车燃气零售</td><td>5266</td><td>指机动车燃气零售活动</td><td>全部</td></tr>
<tr><td>机动车充电销售</td><td>5267</td><td>指机动车充电销售活动</td><td>全部</td></tr>
<tr><td colspan="5">I 信息传输、软件和信息技术服务业</td></tr>
<tr><td>64 互联网和相关服务业</td><td>互联网其他信息服务</td><td>6429</td><td>指交通、物流领域通过互联网提供在线信息等服务</td><td>部分</td></tr>
</table>

续表

大类	小类	对应的行业代码	说明	全部 / 部分纳入
64 互联网和相关服务业	互联网生产服务平台	6431	指专门为生产服务提供第三方服务平台的互联网活动，包括互联网大宗商品交易平台、互联网货物运输平台等	部分
	互联网生活服务平台	6432	指专门为居民生活服务提供第三方服务平台的互联网活动，包括互联网约车服务平台、互联网旅游出行服务平台等	部分
	互联网科技创新平台	6433	指交通领域互联网科技创新平台	部分
	互联网公共服务平台	6434	指专门为公共交通等领域公共服务提供第三方服务的互联网平台	部分
	其他互联网平台	6439	指交通领域的其他互联网平台	部分
	互联网数据服务	6450	指以互联网技术为基础的综合交通领域大数据处理、云存储、云计算、云加工等服务	部分
	其他互联网服务	6490	指智慧交通等物联网服务	部分
65 软件和信息技术服务业	应用软件开发	6513	指与智慧交通相关的应用软件开发服务	部分
	其他软件开发	6519	指与智慧交通相关的平台性软件开发服务	部分
	集成电路设计	6520	指与智慧交通相关的 IC 设计服务，即企业开展的集成电路功能研发、设计等服务	部分
	信息系统集成服务	6531	指与智慧交通相关的信息系统设计、集成实施、运行维护等服务	部分
	物联网技术服务	6532	指与智慧交通相关的各种物联网技术支持服务	部分
	运行维护服务	6540	指与智慧交通相关的基础环境运行维护、网络运行维护、软件运行维护、硬件运行维护、其他运行维护服务	部分
	信息处理和存储支持服务	6550	指与智慧交通相关的信息和数据分析、整理、计算、编辑、存储等加工处理服务	部分
	信息技术咨询服务	6560	指智慧交通相关信息资源开发利用、工程建设、人员培训、管理体系建设、技术支持等方面咨询评估服务	部分
	地理遥感信息服务	6571	指与智慧交通相关的互联网地图服务软件、导航与位置服务软件等，以及导航电子地图制作、导航及位置服务等	部分

续表

大类	小类	对应的行业代码	说明	全部 / 部分纳入
65 软件和信息技术服务业	其他数字内容服务	6579	指可视化城市交通基础设施管理数字服务等	部分
J 金融业				
66 货币金融服务	融资租赁服务	6631	指经中国人民银行批准的以经营船舶、飞机等大型交通设施融资租赁业务为主的非银行金融机构的活动	部分
	汽车金融公司服务	6634	指经金融监管总局批准设立的专门为中国境内的汽车购买者及销售者提供金融服务的非银行金融机构的活动	全部
67 资本市场服务	证券经纪交易服务	6712	指在金融市场上代交通领域企业进行交易、代理发行证券和其他有关活动，包括证券经纪、证券承销与保荐、融资融券业务、客户资产管理业务等活动	部分
	公开募集证券投资基金	6720	指向不特定投资者公开发行受益凭证的交通相关证券投资基金，由专业基金管理人管理，在法律的严格监管下进行投资，依照《公开募集证券投资基金运作管理办法》进行运作的活动（包括基金投资类理财服务）	部分
	创业投资基金	6731	指处于创业各阶段的成长型交通领域企业进行股权投资的活动	部分
	资本投资服务	6760	指经批准的证券投资机构的与交通相关的自营投资、直接投资活动，以及风险投资和其他投资活动	部分
	其他资本市场服务	6790	指与交通领域相关的投资咨询服务、财务咨询服务、资信评级服务，以及其他未列明的资本市场的服务	部分
68 保险业	意外伤害保险	6814	指交通事故等意外伤害保险	部分
	财产保险	6820	指车辆、船舶等运输工具保险	部分
	再保险	6830	指机动车辆等运输再保险	部分
	保险公估服务	6853	指车辆、船舶等保险标的或保险事故的评估、鉴定、勘验、估损或理算等活动，包括索赔处理、风险评估、风险和损失核定、海损理算和损失理算，以及保险理赔等活动	部分
69 其他金融业	控股公司服务	6920	指综合交通产业相关企业控股公司服务	部分

续表

大类	小类	对应的行业代码	说明	全部 / 部分纳入
K 房地产业				
70 房地产业	物业管理	7020	指车站、机场、港口、码头等物业管理活动	部分
	房地产租赁经营	7040	指交通基础设施建设开发相关的房地产开发服务	部分
L 租赁和商务服务业				
71 租赁业	汽车租赁	7111	—	部分
	建筑工程机械与设备经营租赁	7113	指盾构机、推土机、压路机、自卸运土车、混凝土搅拌机等交通建筑工程机械与设备租赁活动	部分
	其他机械与设备租赁经营	7119	指铁路、水上、空中、集装箱运输等设备租赁经营活动	部分
72 商务服务业	企业总部管理	7211	指与综合交通产业相关企业的总部活动	部分
	投资与资产管理	7212	指综合交通产业相关资产投资管理活动	部分
	供应链管理服务	7224	指基于现代信息技术对供应链中的物流、商流、信息流和资金流进行设计、规划、控制和优化，将单一、分散的订单管理、采购执行、报关退税、物流管理、资金融通、数据管理、贸易商务、结算等进行一体化整合的服务	部分
	其他综合管理服务	7229	指交通制造业与服务业融合管理服务，或在互联网平台基础上交通制造业与服务业融合管理服务	部分
	律师及相关法律服务	7231	指交通行业的法律咨询服务	部分
	其他专业咨询与调查	7249	指交通行业的专业咨询和调查，包括 OD 调查、交通产业市场咨询调查等	部分
	其他广告服务	7259	指通过交通工具、交通服务等媒介提供的除互联网以外的广告服务	部分
	劳务派遣服务	7263	指交通建筑、服务等行业的劳务派遣服务	部分
	其他人力资源服务	7269	指司机派遣、交通技术人才服务等人力资源服务	部分
	安全服务	7271	指运输、仓储保安服务，包括民航保安服务，港口保安服务，铁路保安服务，地铁保安服务，粮库保安服务，其他运输、仓储保安服务等	部分

续表

大类	小类	对应的行业代码	说明	全部 / 部分纳入
72 商务服务业	安全系统监控服务	7272	指交通安全系统监控服务	部分
	其他会议、会展及相关服务	7289	指交通行业的会议、会展及相关服务，包括综合交通产业博览会等	部分
M 科学研究和技术服务业				
73 研究和试验发展	工程和技术研究和试验发展	7320	指交通行业的工程和技术研究和试验发展，包括无人驾驶研发试验等	部分
74 专业技术服务业	检测服务	7452	指交通安全检测、汽车检测等服务	部分
	工程管理服务	7481	指交通工程项目建设中的项目策划、投资与造价咨询、招标代理、项目管理等服务	部分
	工程监理服务	7482	指交通工程项目建设中的工程监理服务	部分
	工程勘察活动	7483	指交通工程施工前的工程测量、工程地质勘察和咨询等活动	部分
	工程设计活动	7484	指交通工程设计活动	部分
	规划设计管理	7485	指区域和城镇、乡村的交通专项规划设计管理活动	部分
	工业设计服务	7491	指与交通装备制造领域相关的工业设计服务	部分
	专业设计服务	7492	指交通行业除工程规划设计、软件设计、集成电路设计以外的独立的专业化设计服务	部分
75 科技推广和应用服务业	其他技术推广服务	7519	指交通行业的技术推广服务	部分
	知识产权服务	7520	指交通行业的知识产权服务	部分
	科技中介服务	7530	指为交通科技活动提供社会化服务与管理，在政府、各类交通科技活动主体与市场之间提供居间服务的组织，主要开展信息交流、技术咨询、技术孵化、科技评估和科技鉴证等活动	部分
	创业空间服务	7540	指交通行业的创业空间服务	部分
	其他科技推广服务业	7590	指交通科技推广服务	部分
O 居民服务、修理和其他服务业				
78 公共设施管理业	市政设施管理	7810	指市政交通设施管理活动	部分

续表

大类	小类	对应的行业代码	说明	全部 / 部分纳入
81 机动车、电子产品和日用产品修理业	汽车修理与维护	8111	指汽车修理厂及路边门店的专业修理服务，包括为汽车提供上油、充气、打蜡、抛光、喷漆、清洗、换零配件、出售零部件等服务，不包括汽车回厂拆卸、改装、大修等服务	全部
	大型车辆装备修理与维护	8112	—	全部
	摩托车修理与维护	8113	—	全部
	助动车等修理与维护	8114	—	全部
	自行车修理	8191	—	全部
P 教育				
83 教育	中等职业学校教育	8336	指经教育行政部门或劳动就业行政部门批准举办的交通领域的中等技术学校、中等师范学校、成人中等专业学校、职业高中学校、技工学校等的教育活动	部分
	普通高等教育	8341	指经教育行政部门批准，由国家、地方、社会办学的在完成高级中等教育基础上实施的获得学历的交通领域高等教育活动	部分
	职业技能培训	8391	指经教育行政部门、劳动行政部门或其他政府部门批准举办，或由社会机构举办的交通领域为提高就业人员就业技能的就业前的培训和其他技能培训活动	部分

资料来源：《浙江省综合交通产业统计监测制度（2025 年修订）》。

值得注意的是，不同地区结合不同需求对于“综合交通产业”的理解存在差异，涉及的统计目录和测算方法也存在不同。以上仅为浙江省围绕现阶段发展实际作出的探索，供读者参考。

随着经济社会发展和科学技术进步，对交通运输系统的要求将不断变化，智慧交通、低空经济、航运服务等新兴业态不断涌现，交通与教育、金融、信息等的融合不断深化，综合交通产业的概念内涵也不断迭代丰富，相应统计体系将持续完善。

第三章　产业链创新：综合交通产业重点产业链

产业链是指各个产业部门之间基于一定的技术经济联系和时空布局关系而客观形成的链条式关联形态，涵盖产品生产或服务提供的全过程，包括动力提供、原材料生产、技术研发、中间品制造、终端产品制造以及流通和消费等环节。课题组参考产业经济学相关理论，从产业链的视角研究分析综合交通产业，结合现阶段研究热点和发展趋势，梳理了智慧交通、现代交通物流、航运服务、枢纽通道经济、交通建筑工业化、新能源汽车、航空航天、轨道交通等八大综合交通重点产业链，对产业链相关内涵范围、上下游环节、发展趋势等进行研究。

一、智慧交通

（一）内涵范围

1. 基本概念

智慧交通源于智能交通。智能交通的概念最早于 1960 年由美国智能交通协会提出，其认为智能交通系统（Intelligent Transportation System，ITS）是将先进的信息技术、数据通信传输技术、电子传感技术、控制技术及计算机技术等有效地集成并运用于交通系统，从而提高交通系统效率的综合性应用系统。2009 年，美国国际商业机器公司（IBM）首次正式提出智能交通的概念。2012 年我国住房城乡建设部发布《国家智慧城市（区、镇）试点指标体系（试行）》，在全国范围内首次提出智慧交通的概念。智慧交通是基于智能交通系统实现对交通运输体系中各种要素的全面感知、泛在互联、协同运行、高效服务和可持续发展，是集成物联网、大数据和云计算等新一代信息技术，结合人工智能、知识工程技术等实现具有一定自组织能力、判断能力和创新能力的更加高效和敏捷的交通运输系统。

智慧交通产业是新一代信息技术与传统交通产业的有机融合，不仅具备智能交通系统的基本功能，更通过高新技术的广泛应用推动相关产业的转型升级。相比于智能交通系统，智慧交通产业更强调在智慧城市框架下的全面融合，将交通系统视为城市发展的重要组成部分，提供必要的接口和服务以支持城市各要素的连接和交换。智慧交通产业不仅关注信息的传输与采集，更侧重于数据的深度挖掘、融合、分析和表达，利用数学模型和实时反馈机制，实现信息的双向交互，提供个性化的交通信息服务。

2. 主要特征

智慧交通产业呈现四大特征。一是技术集成，智慧交通产业融合了先进的信息技术、数据通信传输技术、电子传感技术、控制技术及计算机技术等，通过这些技术的有效集成，提高交通系统的效率。二是全面感知，智慧交通产业具备对高速公路沿线设施、车辆、运行环境等进行全面、智能、实时、准确的感知能力，为决策和管控提供数据支撑。三是人机互动，利用数据挖掘技术发现并响应交通动态，通过人机交互获取实时需求，为个体出行者提供定制化的解决方案。四是协同运行，智慧交通产业能够实现不同业务、路段、交通工具以及交通参与者之间的互联与协同联动，提升管理效率和服务水平。

3. 发展阶段

相比于发达国家，我国智慧交通产业发展起步时间较晚，从智能交通向智慧交通的演变历程大致可以分为四个阶段。一是 20 世纪

90年代中期至2007年的孕育阶段。自20世纪90年代中期开始，我国相继组织开展了智能交通系统发展战略、体系框架、标准体系等研究，集中进行了智能交通关键技术攻关和试点示范。二是2008—2011年概念提出阶段。2008年底，智慧城市概念在我国首次提出引起各方关注，IBM抓住机遇连续召开多场针对中国市场的研讨会，并与包括沈阳、南京在内的许多城市达成战略合作。智慧交通作为智慧城市中的关键部分引起社会各界的研究兴趣。三是2012—2018年的建设起步阶段。2012年，我国成立了智慧城市创建工作领导小组，智慧交通由此开启了建设序幕。2017年，交通运输部颁布《智慧交通让出行更便捷行动方案（2017—2020年）》，我国智慧交通进入全面建设阶段。四是2019年至今的快速成长阶段。2019年，《交通强国建设纲要》将智慧交通作为行业发展重点任务之一，我国智慧交通进入快速发展时期。2021年，《关于科技创新驱动加快建设交通强国的意见》提出要促进新一代信息技术与交通领域融合发展。

（二）产业链创新发展模式

智慧交通产业链是一个从基础技术研发到终端应用的完整生态系统。它上游聚焦于算法开发和关键零部件供应，为整个系统提供核心技术和基础组件（见图3-1）。中游则涵盖了智慧交通软件的开发、硬件制造以及提供全面的系统解决方案，这些环节构成了智慧交通的骨架，实现技术与实体的结合。下游则是产业链的延伸，涉及无人驾驶、智慧出行等运营服务和终端应用，这些应用不仅为用户带来便利，也是智慧交通系统价值实现的最终环节，体现了产业链的综合服务能力和市场响应速度。整体来看，智慧交通产业链通过上中下游的紧密协作，推动了交通系统的智能化、绿色化和高效化发展[①]。

①《2023年中国智慧交通产业链图谱研究分析》，中商产业研究院，2023年10月18日。

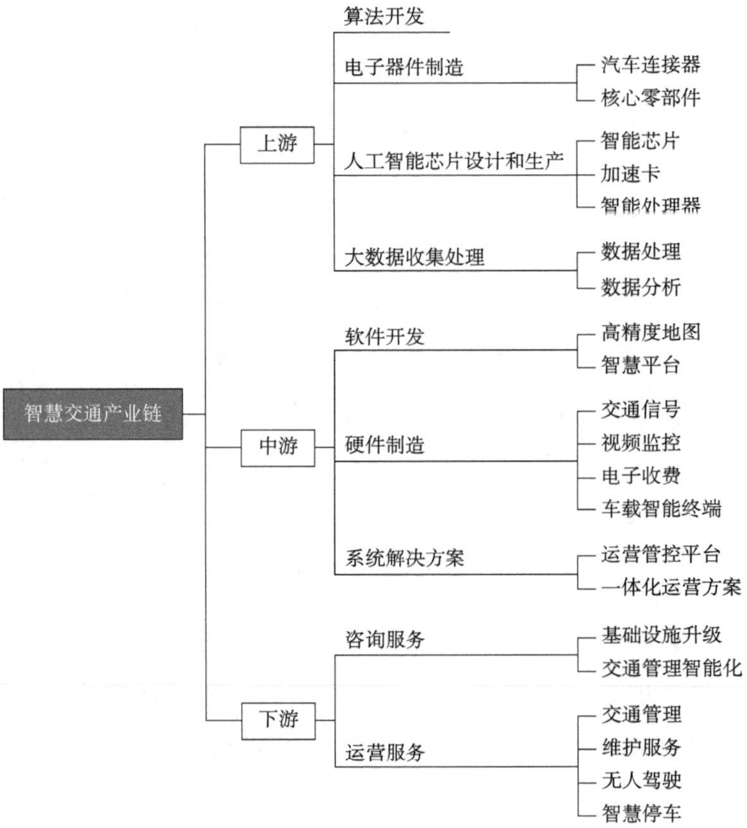

图3-1 智慧交通产业链

资料来源：笔者绘制。

1. 产业链上游

智慧交通系统的构建是一个复杂而精细的过程，其中上游产业链扮演着至关重要的角色。上游产业链主要包括算法开发、人工智能芯片设计和生产、大数据收集处理、电子器件制造等方面。这些领域的技术进步和产品创新直接关系到智慧交通系统的性能和可靠性。

首先，人工智能芯片作为智慧交通系统的核心组件，主要应用于云计算、数据中心、边缘计算、智能制造、智能驾驶等多个领域。近年来，我国人工智能芯片受到广泛关注，行业市场规模持续增长。国内企业如寒武纪科技以其在智能芯片领域的先行者地位，为智慧交通系统提供强大的算法加速支持。寒武纪科技的产品不仅覆盖了云端智能芯片和加速卡，还包括了边缘智能芯片和终端智能处理器 IP，广泛应用于智能驾驶等关键领域。此外，海光信息等企业也在 x86 服务器 CPU 与协处理器等领域取得了显著成就，为智慧交通系统提供了坚实的硬件基础。

其次，大数据作为智慧交通产业链的重要组成部分，是加快经济社会发展质量变革、效率变革、动力变革的重要引擎。我国大数据产业快速起步，根据中商产业研究院发布的数据显示，2022 年我国大数据产业规模达 1.57 万亿元，同比增长 18%，成为推动数字经济发展的重要力量。预计到 2025 年，我国大数据产业测算规模将达到 3 万亿元。华为、腾讯、阿里巴巴、中兴通讯等企业在大数据产业中占据领先地位，通过其强大的数据处理和分析能力，为智慧交通系统的运营管理提供强有力的数据支撑。

最后，随着网络通信、消费电子、汽车电子及工业控制等产业的快速发展，电子元器件作为智慧交通硬件设备的基础，也得到了快速发展。我国电子元器件行业整体呈现市场规模大、增长速度快的特征。行业龙头企业立讯精密作为精密制造领域的领军企业，通过与广汽集团等合作伙伴的紧密协作，投资建设智能驾乘控制系统研发生产项目，深耕自动驾驶和智能座舱技术，提供汽车连接器和线束等关键零部件，并积极拓展智能汽车产业链。同时，立讯精密通过定增募资和战略合作，进一步强化其在汽车核心零部件研发及生产制造领域的布局，致力于成为汽车零部件一级领导厂商，推动汽车产业的智能化和网联化发展。此外，随着 5G 通信技术的融入，电子元器件行业还为车联网和智能交通管理提供了更高速、更可靠的通信解决方案。

2. 产业链中游

智慧交通产业链的中游包括软件开发、硬件制造和系统解决方案，它们在智慧交通系统构建中发挥着核心作用。中游企业利用上游提供的算法、集成电路、零部件等，开发和制造出应用于智慧交通系统的关键技术和设备。

软件开发作为产业链中游的关键环节，得益于政策支持、技术进步以及市场需求的增长，大数据、云计算、物联网、区块链、人工智能等新一代信息技术快速发展，在提升交通管理效率、增强交通安全、优化出行体验等方面发挥着越来越重要的作用。其中，四维图新和易华录等作为智慧交通软件开发的领军企业，以其高精度地图服务、动态交通信息服务、车联网平台、大数据和人工智能技术的深度融合、位置服务与导航、智慧城市建设、跨领域技术整合、行业合作与标准制定、国际市场拓展以及持续的研发投入等核心优势，为智慧交通产业提供了全面的技术支持和创新解决方案，有效推动了交通管理的智能化、自动化水平提升。

硬件制造涉及众多环节，包括但不限于交通信号控制、视频监控、电子收费、车载智能终端等设备的制造与集成。海康威视作为智能物联领域的代表性企业，提供包括视频监控在内的多种智能硬件设备，其产品广泛应用于智慧交通领域。千方科技则通过其在交通信号控制、电子收费系统、智能卡等关键硬件领域的创新与研发，提供了技术先进、高效可靠的产品解决方案，推动了智慧交通的数字化转型。该领域的企业依托强大的技术研发实力，不断推动智慧交通硬件产品的技术革新，并通过系统集成服务，实现了硬件设备与软件系统的优化整合，广泛应用于城市交通管理、高速公路监控等关键领域。

系统解决方案是通过集成软件、硬件及服务，提供全面的解决方案以满足智慧交通建设的需求，业务范围涵盖智慧公路、智慧交管、智慧运输、智能网联、智慧轨交等多个方面。其中，大华股份利用物联网、空间感知、云计算等技术，致力于实现交通管理的全面感知、深度融合、主动服务和科学决策。佳都科技则通过发布知行城市交通行业大模型，城市轨道交通智慧运营管控平台和“四网融合”公交一体化运营方案等，有效赋能智慧交通，使市民出行更便捷、交通管理更智慧、城市运转更畅通。

3. 产业链下游

智慧交通产业链的下游主要由终端用户、服务提供商、交通管理机构、公共交通运营商、物流公司、停车管理服务机构等构成。这些下游环节直接面向消费者和企业，提供从交通信息服务、出行规划、实时导航到车辆维护、物流优化、智能车辆集成、停车解决方案、紧急响应、定制化保险产品以及系统技术支持等一系列服务。通过这些服务，智慧交通系统能够提高交通效率、增强安全性、优化资源配置，并最终提升用户的出行体验和整个交通系统的智能化水平。

智慧交通产业下游的咨询服务，是产业链中至关重要的一环，在国家政策的大力支持下，咨询服务利用大数据、云计算、物联网等先进技术，为智慧交通项目提供从规划、设计到实施、评估的全方位专业建议。智慧交通咨询服务内容广泛，包括交通基础设施升级、交通管理智能化等，由专业咨询公司、研究机构和技术供应商等多元参与者提供。随着智慧交通行业的蓬勃发展，咨询服务市场展现出巨大的潜力和广阔的发展前景。其中，多伦科技以其在智慧交通领域的深入研发和应用实践，成功构建了智慧信控、智慧管控、智慧运输、智慧安防和智慧机场等五大产品体系，可提供全链条的行业解决方案。

运营服务不仅涵盖了传统的交通管理和维护服务，也包括了基于最新技术的创新服务，如对无人驾驶车辆的实时监控、调度和数据分析，以及智慧停车场的智能导航、自动缴费和车位监控等。目前，我国正在积极发展智能网联汽车、无人驾驶技术，进一步推动百度、阿里巴巴、腾讯等企业进入市场、加大投入研发技术。同时，智慧停车业务在一线城市已经形成有效的市场示范效应，应用范围和用户规模不断扩大，目前已逐步向全国范围辐射。在相关企业方面，大众交通作为中国出租汽车行业的先锋，通过其自主开发的“大众出行”平台，实现了移动互联网打车服务，推动了传统出租车行业的互联网化，并且尝试与日本大和交通展开合作，共同探索出租汽车行业的跨国合作模式，推动了出行服务的智慧化和多元化。

（三）产业发展趋势及重点

1. 新技术与新基建的深度融合

智慧交通产业发展的前30年侧重于基础设施的规模扩张，而未来30年将转向以科技为核心的赋能。新一代信息技术的迅猛发展为智慧交通提供了坚实的技术支撑，不仅推动了交通行业在产品方案、应用领域和服务模式上的革新，也促使交通运输加速向数字化、网络化、智能化转型①。同时，其在交通领域的广泛应用为人工智能、数据通信技术、物联网、超级计算、区块链等前沿技术提供了实践场域，促进了这些技术的迭代升级。展望未来，高精地图、北斗导航、新一代移动通信、车路协同、多源感知信息融合以及网络和信息安全等技术将在智慧交通领域取得更多突破，新技术与新基建的深度融合是必然趋势。

为实现这一转型，依据数据标准规范整理和融合各方数据资源至关重要。一是构建一个标准化的信息互联互通平台，实现数据资源的整合与共享。该平台应支持开放的数据交换格式和接口，以促进不同部门和机构之间的数据流动，加强信息化建设，消除信息孤岛，确保数据的一致性和准确性。二是强化智慧交通的产业驱动作用，利用物联网、云计算、大数据等先进技术，提升智慧交通系统的智能化水平，优化交通管理、规划和运营。通过减少信息脱节和避免系统独立运行，

① 李珊珊、郑羽强、苑雷等：《中国智慧交通管理产业联盟发展探析》，《交通企业管理》2019年第1期。

提高跨部门工作的协调性和效率，增强智慧交通在产业发展中的引领作用。三是促进关键核心技术的自主创新。加大对智慧交通领域关键核心技术的研发投入力度，鼓励拥有自主知识产权的技术创新。通过创造有利的技术应用环境，吸引和培养科研人才，加速技术成果的转化和应用，推动智慧交通产业的持续发展和国际竞争力的提升。

2. 数据赋能与系统集成共享

坚持数据赋能，充分利用各类数据资源，是中国智慧交通产业发展的核心战略。为响应《数字中国建设整体布局规划》，集中力量推进国家综合交通运输信息平台的建设，实现铁路、公路、水路、民航、邮政等各领域信息的互联互通，构建起综合交通运输的“数据大脑”。这一平台将作为智慧交通的神经中枢，持续推动行业政务数据资源的共享，不断完善数据共享开放的政策与技术体系。深入推进交通运输领域数字政府建设，通过数据驱动的洞察，行业部门能够作出更加精准和高效的决策，提升服务水平，实现用数据说话、用数据决策、用数据管理、用数据服务的现代化治理。

近年来，尽管我国各种运输方式都取得了快速发展，但多种运输方式间的信息交互服务仍存在滞后现象，这在一定程度上制约了综合交通的协同与高效服务。面向未来，随着综合交通的发展和人们对便捷出行需求的日益增长，信息共享和智慧化服务技术将迎来更广阔的发展空间和应用前景。为实现这一目标，应推动基础设施与装备的一体化发展，实现多种运输装备的集成设计，以及运营调度与服务的一体化整合。通过这些措施，充分实现不同运输方式间的信息共享，不断提升智慧化信息服务水平，为构建高效、协同、绿色、智能的综合交通系统奠定坚实基础。

3. 绿色化与低碳化转型

国家“双碳”目标的提出，为社会各领域带来了向绿色化、低碳化转型的迫切需求。在这一背景下，交通运输作为关键的碳排放源之一，面临着实现低碳化发展的重大挑战和机遇。智慧交通与低碳绿色交通的深度融合，将成为推动行业可持续发展的重要动力。智慧交通解决方案将重点关注碳排放的监测、评估和优化，将获碳、算碳、降耗的路径规划作为系统设计的核心内容，以实现减排目标。

未来，智慧交通系统应进一步向绿色化低碳化转型发展。一方面，要基于经济和技术的可行性，进一步强化对节能、低碳、宜人等关键要素的关注。系统集成先进的监测技术，实时获取交通碳排放数据，利用大数据分析和人工智能算法，为交通规划和管理提供科学的决策支持。同时，智慧交通还将探索新的路径，如优化车辆调度、推广新能源车辆、实施需求响应策略等，以降低能耗和排放。另一方面，智慧交通系统还需加强与城市规划、能源管理、环境监测等领域的协同，形成跨部门、跨行业的绿色发展生态。通过整合多方资源和信息，智慧交通系统将为公众提供更加环保、高效、便捷的出行服务，同时为实现国家“双碳”目标贡献力量。总之，智慧交通产业的绿色化、低碳化发展，不仅是响应国家战略的需要，也是推动行业自身转型升级、实现可持续发展的必然选择。

4. 开拓东北与西北潜在市场

东北与西北地区在智慧交通的建设上尚处于起步阶段，面临着将传统交通系统信息化、数字化的紧迫任务。当前，这些区域的首要发展重点在于构建坚实的数字化基础，包括交通数据的采集、处理和分析能力的提升，以及智能交通管理系统的部署。随着信息化数字化建设的推进，东北与西北地区的交通基础设施将迎来升级换代，这不仅能够提高当地居民的出行效率和安全性，还将吸引更多的投资，促进区域经济的增长。此外，智慧交通的发展还将促进相关产业链的成熟，包括智能设备制造、软件解决方案提供、数据分析服务等，为当地创造新的就业机会和经济增长点。

智慧交通建设已经相对成熟的长三角与珠三角地区，未来的发展方向将更加注重创新和深化应用。这些地区将探索将元宇宙、生成式人工智能等前沿技术与智慧交通相融合，以实现更加个性化、智能化的交通服务。例如，通过元宇宙技术提供沉浸式交通规划和仿真体验，或利用生成式人工智能优化交通流量管理和事故预防管理机制。

二、现代交通物流

（一）内涵范围

1. 基本概念

现代交通物流业是交通运输业和现代物流业的有机结合，是指以现代化交通物流设施装备为支撑，以协同高效的组织方式为关键，以具有创新活力的交通物流企业为主体，以新一代智慧绿色安全技术为手段，以服务构建现代流通体系、促进形成强大国内市场、推动经济社会高质量发展和区域高水平对外开放为根本落脚点的交通物流融合发展新体系。

现代交通物流体系[①]主要包括以“通道＋枢纽＋网络”高效运行体系为核心的基础结构，以服务构建新发展格局、服务现代产业经济发展、服务行业绿色智慧转型提升、服务经济社会安全稳定等四大能力为关键的功能目标，和以市场主体、标准制度及科技人才为重点的行业要素保障支撑，具体可概括为“一体系四能力一支撑”顶层架构[②]（见图 3-2）。一体系即“通道＋枢纽＋网络”高效运行体系。作为现代交通物流体系的基础结构，一体系包括国家综合立体交通网主

---

① 赵阳、罗俊峰、秦虹光：《浙江构筑五大交通物流骨干廊道》，《中国交通报》2024 年 02 月 05 日。

② 《一图读懂浙江省现代化交通物流体系怎么建！》，《交通旅游导报》2024 年 02 月 06 日。

骨架、国家物流枢纽、国家骨干冷链物流基地、国家级物流园区等骨干物流枢纽设施，以及联动物流干支仓配一体化网络设施，并通过现代物流组织方式，形成内畅外联的高效运行体系。四能力即国内国际开放循环能力、产业融合发展带动能力、智慧绿色转型创新能力、保通稳链安全应急能力。其中，国内国际开放循环能力突出统筹国内国际两个大局，发挥现代交通物流体系战略引领能力，强化对国内循环发展支撑保障，注重建立适应国际化竞争合作的国际交通物流体系；产业融合发展带动能力突出促进现代交通物流业与制造业、现代农业、商贸业等相关产业深度融合，培育物流枢纽经济、通道经济，为现代产业体系发展添动力；智慧绿色转型创新能力突出现代交通物流与新一代技术的深度融合，提升智慧化、绿色化服务品质；保通稳链安全应急能力突出现代交通物流体系服务产业链供应链的安全稳定，以及面对战争、重大疫情、自然灾害等紧急情况时的安全保障能力。一支撑即现代交通物流业发展要素支撑，主要包括市场主体、标准制

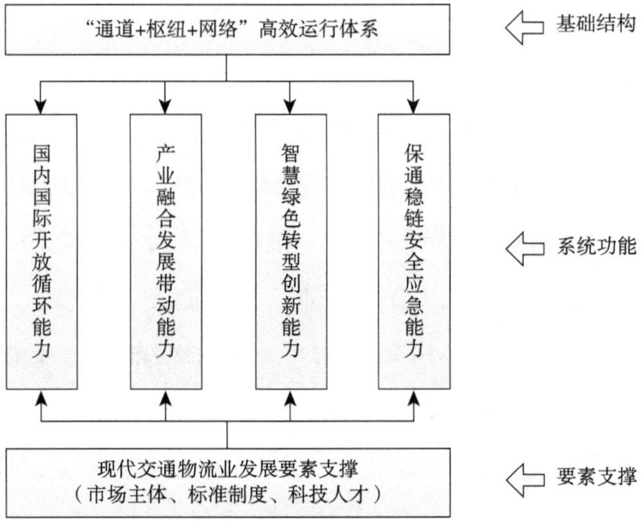

图3-2 现代交通物流体系顶层架构

资料来源：笔者绘制。

度及科技人才支撑。其中，市场主体是现代交通物流业实现推陈出新的“活细胞”，是交通物流体系运行的关键；标准制度是维护行业健康有序的“软约束”，推动现代交通物流业有序发展；科技人才是助力行业创新发展的“推进器”。

2. 主要构成

总体上看，现代交通物流业从内核实质到外延功能，按照圈层化思路推进，可分为核心圈、紧密圈、关联圈三个圈层。

核心圈是构成现代交通物流业的基本要素，包括基础设施、物流企业主体和物流运输组织体系。其中，基础设施包括交通运输基础设施、物流基础设施以及信息基础设施等，是物流业发展的基础条件。物流企业是物流行业的主体，是物流系统运行的关键。物流运输组织体系包括四港联动及公路运输、铁路货运、港航物流、航空货运等运输方式。

紧密圈是支撑现代交通物流业发展的关键要素，包括物流载运装备、物流技术和行业管理体系。其中，物流载运装备包括货运车辆、铁路货车、货运船舶、全货机、无人配送机具等。物流技术包括物流新基建、智慧物流技术、物流信息技术等。行业管理体系包括管理组织机构、政策体系、法规体系、标准化体系、发展战略规划等，承担着物流业的规划、指导、调控、管理等功能。

关联圈是现代交通物流业服务的主体和对象，包括生产物流、生活物流、物流产业经济等。其中，生产物流服务生产制造企业物流需求，包括制造物流、供应链物流、商贸物流、大宗商品物流等。生活物流服务社会生活性运输需要，主要包括快递物流、农产品冷链物流、应急物流等。物流产业经济包括物流行业带动的枢纽平台经济发展和通道经济发展。

3. 主要特征

2019 年 3 月 1 日，国家发展改革委等 24 部门联合发布《关于推动物流高质量发展促进形成强大国内市场的意见》，首次明确强调物流业是支撑国民经济发展的基础性、战略性、先导性产业。国家对物流业予以新的定位，强调物流高质量发展是经济高质量发展的重要组成部分，也是推动经济高质量发展不可或缺的重要力量。现代物流业在稳增长、调结构、促转型、惠民生等方面发挥着重要作用。

物流是实体经济的有机组成部分。加快解决物流发展不平衡不充分问题、推动物流高质量发展是推进物流业发展方式转变、结构优化和动力转换，实现物流业自身转型升级的必由之路；是降低实体经济特别是制造企业物流成本水平，增强实体经济活力的必然选择；是深化供给侧结构性改革，增强经济发展内生动力，提升社会经济运行效率的迫切需要；是促进形成强大国内市场，构建现代化经济体系，实现国民经济高质量发展的内在要求。

基础性主要体现为对国民经济的贡献度。现代物流降低了社会经济运行成本，推动经济增长方式转变。现代物流作为市场经济高度发展的产物，被称为“第三利润源泉”，其着力点在于不增加甚至是减少劳动力、资金等经济要素的情况下，通过对物流管理技术和运作环节的优化，提高物流总体效率，从而增加企业利润和社会效益。

战略性主要体现为对国民经济的渗透度。物流业发展的贡献不仅在于行业本身创造的税收、就业岗位等，更在于支撑和促进区域内各相关产业产生更多的税收和就业岗位，有力推动区域经济较快增长。现代物流的发展促使新的产业形态的形成，推动产业结构优化升级。现代物流通过培育并集中物流企业，使其发挥整体优势和规模效益，促使区域性物流产业形成并向专业化、合理化方向发展，在为社会生产、生活服务中，体现“商物分离”的现代经济分工，促进第三产业的发展以及第三产业内部结构优化。

先导性主要体现为对国民经济发展的引领度。现代物流业作为技术密集型和高附加值的高科技产业，具有资产结构高度化、技术结构高度化、劳动力素质高度化等特征。从这个角度来说，现代物流的建设也将推动区域产业结构和区域空间结构的演进。现代物流的发展还将带来商流、资金流、信息流、技术流的集聚和扩散，带动其他产业发展成为区域经济新的增长点。

4. 发展阶段

浙江省现代交通物流发展规模优势明显，总体实力强劲，位于全国前列，有效支撑了经济社会发展需要。改革开放以来，浙江省现代交通物流体系发展总体上可划分为四个发展阶段。

第一阶段（1978—1992 年）：以传统货物运输为主，发展定线、定点、定车、定班的固定式零担货运业务。标志性事件是浙江省实现了公路集装箱运输零的突破。改革开放初期，全省交通物流处于粗放发展阶段，物流服务功能以简单的运输为主，物流市场整体面临“散、小、乱、差”局面，基础设施配套不完善、运输服务能力严重不足等问题突出。在此阶段，通过强化运输市场治理，加快技术改造步伐，省内、省外干支相连的零担货物运输网逐步形成。

第二阶段（1993—2000 年）：浙江省深化公路运输企业改革，货运场站等初代物流设施出现，市场主体活力迸发。标志性事件是“三通一达”等快递企业从浙江省萌芽并走向全国。1993 年起，“三通一达”等一批专业化快递企业在桐庐创立，运输企业及市场主体自发形成货运集中区域，建成简易的货运场站设施，初代物流设施及第三方物流组织模式开始出现。随着一批企业转变经营机制，各中大型公有制骨干企业实现规模经营，走上集约化经营道路。1999 年 9 月，阿里巴巴在浙江杭州成立，浙江省以电子商务产业为引领的商贸物流开始进入正式发展期，为交通物流与电商融合发展奠定了坚实基础。

第三阶段（2001—2018 年）：物流行业规范发展阶段，外向型贸易规模持续扩大，专业化物流服务能力不断提升。标志性事件是浙江省首次提出现代物流发展概念。2001 年我国正式加入世界贸易组织（WTO），浙江省内外贸进出口规模持续扩大，全省国际交通物流需求不断提升。“十五”（2001—2005 年）时期，浙江省发布《浙江省现代物流发展纲要》，首次提出现代物流发展概念。这一时期交通物流枢纽等货运设施加快建设，危化品运输物流、大宗商品物流、零担物流等专业化物流模式逐渐成熟，电商物流成为全省交通物流发展的重大优势，省内开始涌现“公路港”等一大批规模化专业物流企业，物流市场服务能力有序提升。

第四阶段（2019 年至今）：浙江省围绕习近平总书记关于“陆上、海上、天上、网上四位一体的联通”①的战略部署，加快发展多式联运，交通物流发展进入新的阶段。标志性事件是浙江省提出建设以“四港联动”为引领的现代化交通物流体系。2018 年 5 月，时任浙江省委书记袁家军在全省开放大会上指出，要着力推进海港、陆港、空港、信息港联动发展，加强多种运输方式衔接，促进实现海上、陆上、空中、网上联通，标志着浙江省开始步入以“四港联动”为引领的现代化交通物流体系发展阶段。2022 年 11 月，时任浙江省省长王浩到省交通运输厅专题调研交通强省重大项目建设和物流保通保畅工作，提出交通物流是经济发展的经脉，在现代化建设中处于战略性、基础性地位，要深化“四港联动”，全力构建高效顺畅的交通物流体系，加快建成高水平交通强省。

（二）产业链创新发展模式

现代交通物流连接上下游多个行业，对经济带动性强。从产业结

---

① 习近平：《携手推进“一带一路”建设——在“一带一路”国际合作高峰论坛开幕式上的演讲》，新华社，2017 年 05 月 14 日。

构上可以分为上游设施平台层、中游物流服务层和下游行业应用层。中游物流服务层是物流产业链的核心环节，连接货主和客户，是设施平台层价值的直接体现。物流服务层分成基础性服务、第三方物流服务和第四方物流服务。

现代交通物流产业链上游主要包含物流基础设施、物流装备与信息技术，中游主要包括物流基础服务和第三方物流、第四方物流等，下游主要包括物流行业应用及物流新业态新模式等（见图 3-3）。

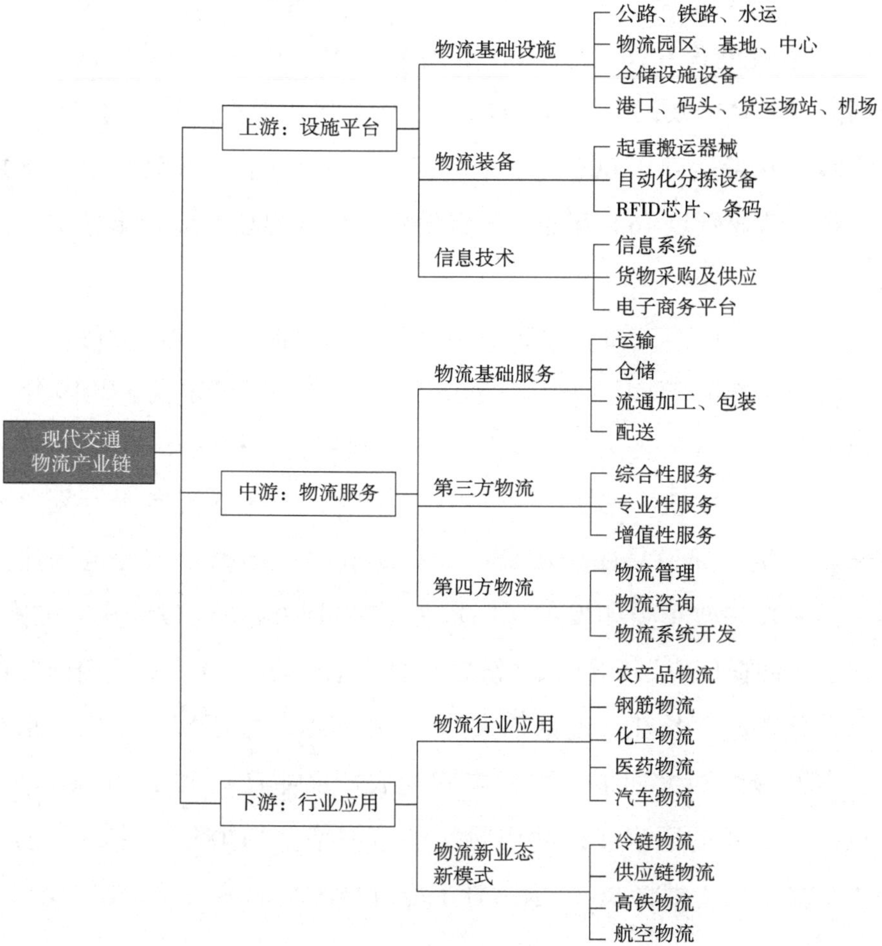

图3-3　现代交通物流产业链

资料来源：笔者绘制。

1. 产业链上游

现代交通物流业上游主要包括物流基础设施、物流装备及信息技术等环节。物流基础设施中交通设施建设企业以中国交建、浙江交通集团等国有企业为主；物流及仓储投资运营企业主要有普洛斯、万纬、上海宇培、嘉民等；物流硬件和软件制造企业主要有音飞储存、润邦股份、天桥起重等。

交通基础设施方面，截至2023年底[①]，全国铁路营业里程15.9万公里，公路里程543.68万公里，内河航道通航里程12.82万公里，等级航道通航里程6.78万公里，全国港口生产用码头泊位22023个，全国港口万吨级及以上泊位2878个，颁证民用航空运输机场259个，年货邮吞吐量达到10000吨以上的运输机场63个。邮政行业企业共设立各类营业网点46.8万处，全国设立村级寄递物流综合服务站（村邮站）36.5万处。

物流基础设施方面，建成了一批国家物流枢纽、国家冷链物流基地、国家示范物流园区等。一是加快国家物流枢纽建设。2019年以来，国家发展改革委累计牵头发布5批国家物流枢纽年度建设名单，共包括125个枢纽，实现31个省（自治区、直辖市）、5个计划单列市和新疆生产建设兵团全覆盖。二是形成一批国家骨干冷链物流基地，国家发展改革委印发的《国家骨干冷链物流基地建设实施方案》构建了“四横四纵”的国家冷链物流骨干通道网络，其中“四横”指北部、鲁陕藏、长江、南部四大通道，“四纵”指西部、二广、京鄂闽、东部沿海四大通道，共同串联起农产品主产区和19个城市群，形成内外联通的国家冷链物流骨干通道网络。2020年以来，国家发展改革委已分4批将86个国家骨干冷链物流基地纳入重点建设名单，

① 交通运输部:《2023年交通运输行业发展统计公报》，交通运输部网站，2024年6月18日。

覆盖 31 个省（自治区、直辖市）。三是国家示范物流园区示范推广，国家发展改革委会同自然资源部等有关部门共分四批确定了 100 家示范物流园区，覆盖全国 29 个省（自治区、直辖市）。国家物流园区基础设施先进、服务功能完善、运营效率显著、社会贡献突出，为全国物流园区建设树立了标杆，发挥了示范带动作用，以点带面提升了全国物流园区规划、建设、运营、管理和服务水平，有力推动了“通道 + 枢纽 + 网络”的现代物流运行体系加快形成。

物流装备方面，智能物流装备转型加快，主要包括智能仓储设备、智能输送设备、自动分拣装备、智能搬运装备、堆垛装卸设备、信息采集及辅助设备等，涉及的产品包括自动化立体仓库、移动机器人、无人配送机器人、无人机、码垛机器人、智能快递柜等。智能物流装备在越来越多的场景中得到应用，智能物流装备行业市场规模不断扩大。2023 年我国智能物流装备市场规模达到 1003.9 亿元，近五年年均复合增长率达 24.35%。

信息技术方面，物流软件主要包括订单管理软件（OMS）、仓储管理软件（WMS）、运输管理软件（TMS）、配送管理软件（DMS）等。近年来，我国物流信息软件系统行业市场规模呈现快速增长趋势。中商产业研究院发布的《2024—2029 年中国智能物流软件行业研究报告》显示，2023 年我国物流信息软件系统市场规模约为 117.8 亿元[①]，2019 至 2023 年的年均复合增长率达到 21.64%。我国智慧物流软件系统行业竞争格局呈现出多元化和激烈化的特点，今天国际、中科微至、兰剑智能、东杰智能、音飞储存、昆船智能等企业具备强大的研发能力和创新能力。

① 中商产业研究院：《2024—2029 年中国智能物流软件行业研究报告》，中商情报网，2024 年 04 月 09 日。

2. 产业链中游

产业链中游包括物流基础服务、第三方物流和第四方物流，提供物流增值性、综合性服务。以运输服务为主营业务的企业主要有顺丰、中通和申通等物流公司，以仓储为核心的企业主要有邮政速递和新宁物流等，提供物流管理与服务的企业主要有北京中物联、飞马国际等企业。中国物流与采购联合会《关于发布2023年度中国物流企业50强、民营物流企业50强的通告》显示，50强物流企业2022年物流业务收入合计23456亿元，同比增长13.4%。50强物流企业门槛为77.4亿元，比上年增加15.8亿元。

基础货物运输方面，截至2023年底[①]，全年完成营业性货运量547.47亿吨，完成货物周转量240646亿吨公里。其中，铁路货运总发送量50.35亿吨，货物总周转量36460亿吨公里；公路营业性货运量403.37亿吨，货物周转量73950亿吨公里；水路营业性货运量93.67亿吨，货物周转量129952亿吨公里；港口货物吞吐量169.73亿吨，集装箱吞吐量3.10亿标准箱，集装箱铁水联运量1018.36万标准箱；民航运输机场货邮吞吐量1683.31万吨。邮政行业寄递业务量1624.8亿件，快递业务量1320.7亿件。

智慧物流运输方面，智慧物流运输充分利用物联网、空间感知、云计算、移动互联网等新一代信息技术，推动物流运输更安全、更高效、更便捷、更经济、更环保、更舒适地运行和发展。在货品仓储、分拣更加智能化的同时，货品运输环节也在整合资源、不断完善。我国智能运输重点企业包括顺丰、圆通、德邦、满帮等。

智能仓储方面，智能仓储技术广泛应用于烟草、医药、汽车、食品饮料、电商和机械制造等行业，下游应用推广不断深入，为智能

---

① 交通运输部:《2023年交通运输行业发展统计公报》，交通运输部网站，2024年06月18日。

仓储物流行业提供了广阔的市场需求空间。中商产业研究院发布的《2024—2029年中国智能仓储系统行业市场前景预测与发展趋势研究报告》显示，我国智能仓储行业市场规模（含集成业务及软件业务）由2019年的882.9亿元扩大为2023年的1533.5亿元，年均复合增长率为14.80%。

智慧物流配送方面，智慧物流配送是基于物联网与数字化的技术，利用订单运力聚合、智能控制、人工智能算法、大数据等技术，实现对配送过程的用户、商家与骑手行为的识别与追踪，并能够进行智能化决策、运力分配与订单协同。智慧配送包括无人配送、即时配送等。中商产业研究院发布的《2024—2029年中国无人配送行业市场调查及投资建议报告》显示，目前我国城市的众多商超、快递站、校园、社区等场景都引入了无人配送，2023年我国无人配送市场规模约为65亿元，预测到2025年我国无人配送市场规模将达170亿元。

物流综合服务方面，主要包括第三方物流和第四方物流，第三方物流企业将其物流活动外包给专门的物流服务提供商，从而专注于核心业务；第四方物流是更高层次的供应链服务提供商，不仅涉及物流服务的协调和管理，还包括更广泛的供应链战略和规划。第四方物流公司协调和整合多个第三方物流服务提供商，以实现整体供应链的高效运作。全球第三方物流行业竞争激烈，领先企业侧重技术创新和综合供应链解决方案，数字化、可持续发展和客户定制成为产业关键趋势，促使企业不断演进以提供更高效、智能化的物流服务。数据显示，第三方物流企业德迅以408.38亿美元收入超过敦豪的377.07亿美元，成为全球最大第三方物流集团。我国第三方物流市场高度分散，大多数物流公司只是局限于供应链功能的一小部分，无法满足客户的一体化物流服务需求。同时，大部分物流企业是从原来的储运业转型而来，大都未形成核心竞争力，企业的技术水平与管理水平不高，缺乏公认的物流服务标准。国内第三方物流较好的企业有安吉物流、京东物流、外运集团等。数据显示，京东物流、安吉物流及外运集团占据国内第三方物流前三席，市场占比分别为 8.33%、6.57%、6.28%。

3. 产业链下游

现代交通物流产业链下游主要包括物流行业应用和物流新业态新模式，行业应用主要包括钢铁、汽车等各类生产制造企业，服装、数码电子等快消品行业，以及食品行业等众多行业。

电子商务方面，近年来，我国电子商务呈现出模式业态持续迭代的特点。比如，电商直播间成为新型网络店铺，直播电商吸引更多商家将其作为营销引流的"标配"；短视频内容"种草"助力流量红利变现，形成"兴趣内容引导购买"的新电商消费模式。根据《2024—2029 年中国电子商务行业发展研究与投资前景分析报告》显示，2023 年全国电子商务交易额为 46.83 万亿元，比上年增长 9.4%。

冷链物流方面，根据中物联冷链委数据及预测，冷链物流服务的市场规模已超过 4000 亿元人民币，其中运输、仓储和其他服务环节价值链占比大约为 40%、30%、30%。2016—2020 年冷链物流行业规模年均复合增长率约为 12.5%，预计至 2025 年冷链物流行业规模可达 5500 亿元人民币。食品、医药是冷链物流的重要应用领域，其中食品冷链占比接近 90%，医药冷链占比 10%。从我国存量冷库分布的地理位置来看，冷库基础设施分布不均衡，主要集中在华东、华中、华北和华南四大地区，华东地区占比近四成。

供应链物流指以物流活动为核心，协调供应领域的生产和进货计划、销售领域的客户服务和订货处理业务，以及财务领域的库存控制等活动。我国供应链物流支出稳定增长，市场空间广阔。供应链物流服务主要集中在汽车、快速消费品、服饰、3C 电子、生鲜等领域。

根据客户需求，供应链物流企业为客户提供从供应链设计到仓储、配送等基础物流产品交付的一站式服务。从供应链物流企业区域分布来看，目前广东以 52632 家供应链物流相关企业数量高居全国第一，上海、山东排名第二和第三，分别为 13793 家、13346 家。此外，江苏、浙江、湖南、安徽、福建、河南、四川跻身前十。

（三）产业发展趋势及重点

1. 现代交通物流是国民经济的基础性、先导性、战略性产业，对经济社会发展具有重要支撑作用

现代交通物流服务提升国家或区域整体竞争力。美、欧、日等全球发达经济体的交通发展战略均体现了将交通发展作为提升其整体竞争力的一个基本考量。美国将“全球连通性战略目标”作为其交通发展战略目标计划之一，提出建设一个能够推动经济增长与发展的更有效的国内与国际交通系统；欧盟战略文件中提出按照“欧盟经济体扩大趋势”要求，打造全球化交通运输系统、建设跨欧洲运输网络、提高欧盟在全球运输体系中的地位。美国、欧盟及日本的交通发展战略均体现了超越交通行业本身，提升国家经济竞争力的思路。2022 年底颁布的《“十四五”现代物流发展规划》是我国现代物流领域第一份国家级五年规划，具有重要里程碑意义，必将有力推动构建现代物流体系，推进物流提质、增效、降本，提升产业链供应链韧性和安全水平，有效助力稳增长、稳就业、稳物价，为构建新发展格局、推动高质量发展、推进中国式现代化提供有力支撑[①]。

现代物流业发展环境不断向好。从 2004 年 8 月国家发展改革委等九部门联合发布的《关于促进我国现代物流业发展的意见》，到

① 丁敏、赖成寿、崔柳：《推动交通物流深度融合发展》，《中国港口》2024 年第 8 期。

2009年3月发布的《国务院关于印发物流业调整和振兴规划的通知》、2011年3月发布的《中华人民共和国国民经济和社会发展第十二个五年规划纲要》以及2014年9月发布的《物流业发展中长期规划（2014—2020年）》，均明确发展现代物流产业，鼓励发展与先进制造业联动发展的第三方物流产业，促进制造业与物流业相互融合、降低成本、提高效率，从整体上提高我国产业竞争力。其中，国务院发布的《物流业发展中长期规划（2014—2020年）》明确指出："鼓励制造企业分离外包物流业务，促进企业内部物流需求社会化……着力发展第三方物流，引导传统仓储、运输、国际货代、快递等企业采用现代物流管理理念和技术装备，提高服务能力。"目前全行业正在不断推进制造业与物流业联动发展示范工程，未来几年我国第三方物流产业的发展将面临着历史上最好的外部政策环境。

2. 构建现代化产业体系，要求现代交通物流全面转型升级

现代物流是现代化产业体系的重要组成部分[①]，也是推动高质量发展不可或缺的重要力量。物流是实体经济的有机组成部分。加快解决物流发展不平衡不充分问题，推动物流高质量发展是推进物流业发展方式转变、结构优化和动力转换，实现物流业自身转型升级的必由之路；是降低实体经济特别是制造企业物流成本水平，增强实体经济活力的必然选择；是深化供给侧结构性改革，增强经济发展内生动力，提升社会经济运行效率的迫切需要；是促进形成强大国内市场，构建现代化经济体系，实现国民经济高质量发展的内在要求。物流业发展的贡献不仅在于行业企业本身创造的税收、就业岗位等，更在于支撑和促进区域内各相关产业产生更多的税收和就业岗位，有力推动区域经济较快增长。要把推动物流高质量发展作为当前和今后一段时

① 梁鸿宇：《国家物流枢纽建设向前一步》，《中国储运》2024年第7期。

期改善产业发展和投资环境的重要抓手，培育经济发展新动能的关键一招，以物流高质量发展为突破口，加快提升区域经济和国民经济综合竞争力。

产业链供应链的安全稳定，对自主可控、安全可靠的物流供应链支撑体系提出了更高要求。全球产业链竞争驱动物流产业变革与转型升级加速[①]。21 世纪以来，互联网加速推动了制造业的不断升级，由此也带动世界贸易格局发生着根本性的转变，主流贸易类型已经从 20 世纪的成品贸易转变为零部件、原材料等中间品的贸易。随着全球产业链上下游协作程度的加深，一个产品可由不同国家、不同地区的成百上千家生产企业联合完成。供应链的发展正推动着世界由单极走向多极，步入全球供应链的合作与竞争时代。各行业企业及其上下游合作伙伴需形成核心技术与供应链等配套能力的优势，以增强在国际产业链中的竞争力。其中，供应链竞争力特别是物流的协同连接能力将成为新一代物流企业发展的关键要素。

供应链物流未来发展潜力巨大。目前，我国大多数制造业供应链物流服务商功能单一，增值服务薄弱，主要竞争还集中在运输层面，一体化供应链物流服务的行业渗透度及服务集成度都不高，行业竞争状况呈现市场分散，企业规模小，地域集中度高，约 80% 集中在长三角与粤港澳大湾区。因此，制造业供应链物流服务行业未来发展潜力巨大，前景光明[②]。

3. 新时代现代交通物流向便捷顺畅、经济高效、绿色集约、智能先进、安全可靠等方向升级发展

以科技创新引领现代交通物流体系建设。持续深化交通物流设施装备、技术工艺等创新，为新质生产力的培育和发展提供基础支撑。

① 石菲：《构筑安全防线：中国产业链供应链的韧性与未来》，《中国信息化》2024 年第 9 期。

② 陈静：《供应链物流发展趋势与定位研究》，《汽车周刊》2024 年第 10 期。

瞄准新一代信息技术、人工智能、智能制造、新材料、新能源等世界科技前沿，加强交通物流前瞻性、颠覆性、战略性技术研究，推动大型液化天然气运输船、大型邮轮、重型直升机、智能快件箱等先进交通物流装备研发应用，有效带动现代化产业体系发展。加快推动交通物流传统基础设施数字化转型、智能化升级，大力发展智慧公路、智慧港口、智慧航道、智慧民航、智慧邮政、智慧枢纽、现代数据中心等一批智慧绿色交通物流基础设施。以北斗导航系统等为依托，打造泛在交通运输物联网。加快传统交通物流设施设备向智能化、数字化、绿色化、网络化转型升级，谋划支撑未来经济发展的基础设施装备体系。

数字化发展推动物流行业进步。当前，大数据、物联网、移动互联网、云计算、人工智能等新一代技术不断涌现，为交通物流行业创新发展注入新活力，成为引领交通物流行业创新和驱动转型的先导力量。自动化物流装备的大规模应用成为必然选择，自动化立体仓库、智能搬运机器人、智能分拣系统、电子标签分拣货架等自动化物流装备的应用速度正在加快。同时，现代化产业体系的质量、效率与动力变革深入推进，倒逼交通物流服务转型提升，现代交通物流体系亟待进一步与新技术深度融合，加强数字化基础设施、智能化组织模式、高端化技术装备、集群化产业生态等创新布局与落地发展，加快打造科技含量高、创新能力强的智慧交通物流新模式。

物流行业绿色化低碳化发展逐步加快。2021 年 10 月，国务院印发《2030 年前碳达峰行动方案》，为扎实推进碳达峰行动作出整体部署，要求重点领域、重点行业和有条件的地方加快碳达峰进程。交通运输是我国第三大碳排放部门，也是浙江省“碳达峰、碳中和”六大重点领域之一，对实现“3060”目标具有举足轻重的作用。运载工具新能源化和运输结构优化是近中期减排重点突破口。亟须大力推进绿色交通建设、物流降本增效综合试点改革等工作[①]，以全面绿色低碳转型为引领，以提升装备能效水平为基础，以优化用能结构、提高运输组织效率为关键，加快形成绿色低碳交通物流体系。

聚焦新业态新模式，加快发展创新型物流模式。聚焦超大规模交通物流服务市场优势的深度挖掘与培育，加快构建全国统一交通物流大市场，拓展新质生产力发展空间。优化营商环境，推动交通物流传统领域、新兴领域协同发展。对标国际运输、国际物流管理标准，加快构建交通物流市场体系。着力拓展交通物流新消费新领域新空间，围绕共享交通、低空经济、自动驾驶以及深海深空深地等需求旺盛的新兴领域和新兴应用场景，创新和完善监管方式，合理规范引导新业态、新模式有序发展，稳步开展产业化应用示范，打造具有国际竞争力的交通物流产业生态体系和孵化应用系统。

三、航运服务

（一）内涵范围

1. 基本概念

航运服务产业是围绕港口与航运生产活动形成的服务业，是一个多产业集合概念。航运服务产业依托港口城市发展应运而生，优越的港口物流条件可吸引航运服务要素集聚，完善的航运服务体系可进一步拓展港口的城市功能，提升港口综合枢纽能级[②]。航运服务产业通常指所有围绕港口和航运活动而形成的服务产业。从构成要素来看，包括基础层、辅助层、衍生层三个层面，其中，基础层由船舶运输业和

① 黄鑫、王安缘、王浩旭：《新时期下绿色低碳交通基础设施建设研究》，《中国轮胎资源综合利用》2024 年第 9 期。

②《一图读懂丨全国首个！浙江率先发布省级航运服务业高质量发展规划》，浙江交通公众号，2024 年 09 月 18 日。

港口服务业组成；辅助层由为基础层服务的航运辅助业组成，包括船舶代理、船舶供应、船舶修造等；衍生层为附加值高的增值层，主要为航运金融、航运保险、海事法律等航运衍生服务行业（见图 3-4）。

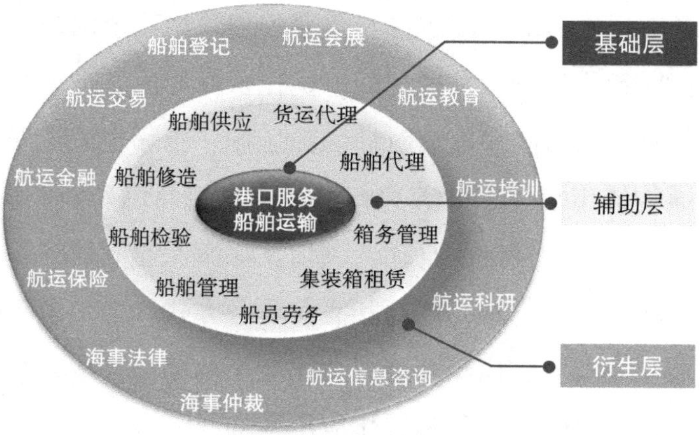

图3-4　航运服务产业分类结构

资料来源：笔者绘制。

航运服务产业属于第三产业，需要大量融入科学、工程、技术等专业性知识服务，是以技术、智力、资本为主要生产要素的产业，对城市发展提出更高要求。同时，绿色化、智能化、高端化等发展趋势，也催生出更多发展新业态、新模式。

2. 主要特征

航运服务产业呈现三大特征。一是空间集聚性。航运服务因港而生，特别是港口装卸等基础辅助服务临港集聚，对外辐射较弱，高端服务对城市能级依赖度高，离岸辐射面广。二是产业带动性。航运服务链条长，与贸易链、资金链、供应链紧密关联，有助于带动金融、保险、法律等高端业态发展。三是政策驱动性。从全球各大航运中心和集聚区的发展历程看，其都离不开政府的产业主导和高能级的政策扶持。

3. 发展阶段

航运服务产业发展主要包括四个时期。一是孕育期。海上贸易活动的开展使与航运有关的企业在港口集聚，为海上运输活动提供相关服务，航运服务集聚区的最初形态由此形成。此时的集聚区只是港口资源与市场需求所吸引的简单企业集聚，提供的服务也是最直接的。在该时期，集聚区发展水平较低，港口自然资源是其主要的竞争优势。二是发展期。港口服务业得到一定程度发展，同时如代理服务、供应服务、船舶劳务、经纪服务、检验服务和船舶维修等行业也得到快速发展，并产生了更大范围内的集聚效应。三是形成期。基础航运服务业和中间航运服务业都得到了较大的发展并完成了集聚过程，同时与其密切相关的知识密集型的高端航运服务业也逐步萌芽，高端航运服务业在港口的集聚是这一时期的本质特征。四是成熟期。在完成前三个过程的集聚后，航运服务集聚区开始进入成熟期，这一时期，形成以高端航运服务业为核心，基础和辅助服务业相互支持、相互协调、共同发展的航运服务集聚区。各类产业在港口城市一定区域集聚是这一时期的本质特征。

（二）产业链创新发展模式

航运服务产业链条长，环节多，涉及的部门和行业众多[①]。总体看来，上游主要包括港口码头、船舶修造、船舶供应等基础产业，中下游主要包括物流服务、船舶交易、船员服务及航运咨询、航运金融等高端服务业[②]。整条产业链的传导作用自下而上，即中下游的运输需求和高端服务会拉动海运的发展，而上游造船业供应的较

① 新世纪期货：《航运产业链图解——航运小知识（十三）》，新世纪期货公众号，2023 年 07 月 14 日。

② 野犇：《航运行业：发展现状、市场规模、产业链及龙头企业梳理》，南方财富网公众号，2023 年 12 月 18 日。

长周期，会加大行业供需错配的矛盾，引起周期的较为剧烈波动（见图 3–5）。

1. 产业链上游

产业链上游主要包括港口码头、船舶供应、船舶修造等产业。

船舶供应①是指为在造、在修或靠港船舶提供航程保障类的必备物资产品，如船舶在运输生产及维修过程中所需的燃油、航海资料、生活和劳保用品及其他各种工具、五金件、易耗品、仪器仪表、金属材料制品、化学制品、安全设备等物品。船舶物资供应主要包括燃料类供应和非燃料物资供应，燃料供应主要包括燃油、清洁能源等，其中清洁能源主要包括甲醇、氨、液化天然气等，非燃料物资供应主要包括淡水、食物、备件、物料等。

船舶供应领域，目前浙江已形成以舟山为中心，以宁波为重要发展极，各具特色的船舶供应产业集群发展格局。舟山聚焦产业链中游全环节船舶物资供应，宁波更加聚焦产业链上游原料生产加工及运输仓储。2023 年浙江保税油结算量为 1110.8 万吨，占全国的比重达 50% 以上。上海近年来船舶燃料油加注取得明显突破，取得保税燃料油加注资质。上海关注绿色船燃加注市场，加速发展船用液化天然气、绿色甲醇加注业务，打造全球航运绿色燃料重要枢纽。2024 年 4 月 11 日，上海完成中国首次绿色甲醇“船 – 船”加注。新加坡是世界第三大石油和石油产品交易中心，也是全球最大的船舶加油中心，船舶燃料交易份额占全球约 1/6、占亚洲约 1/2。

船舶修造是指船舶的船体和结构、机器或设备、舾装或构造、系统等在船坞或船厂进行修理或制造。其中，船舶维修服务重点指船舶修理所涉及的技术研发、原材料与船舶配置、船舶修理与配套服务。

① 田明：《中国船供油市场回顾与展望：保税油市场加速发展 清洁船舶燃料供应成新亮点》，《中国远洋海运》2023 年第 2 期。

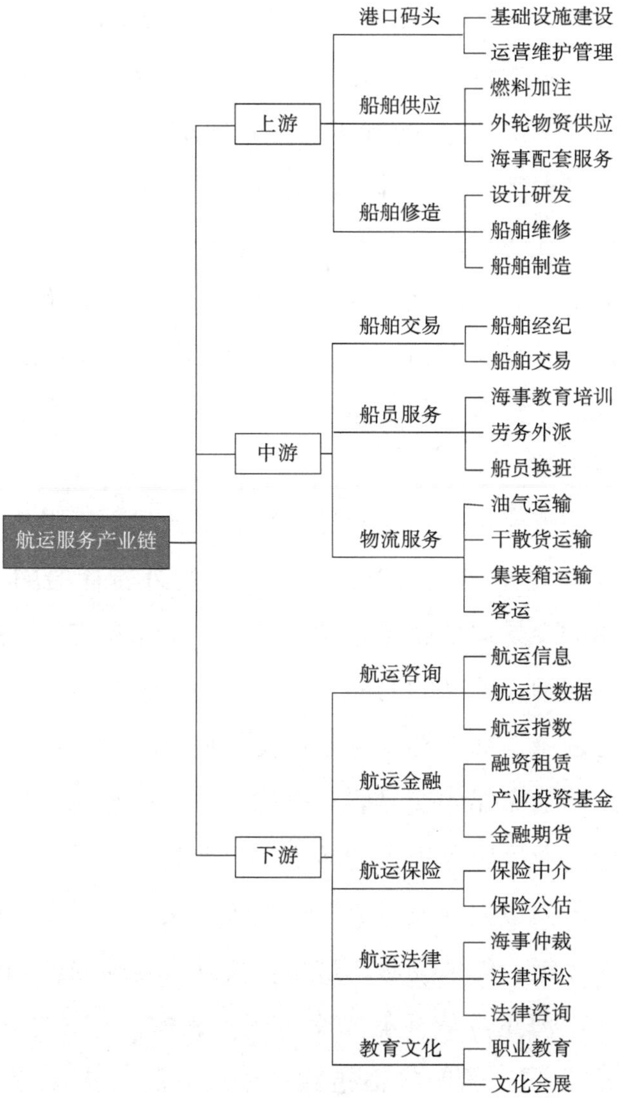

图3-5　航运服务产业链

资料来源：笔者绘制。

船舶修造领域，目前浙江已形成以舟山为龙头，以宁波、台州为两翼的船舶维修产业集群。舟山依托优良的深水岸线与宁波舟山港和上海洋山港的吸引力两大区位优势，提供了具有全球竞争力的基础修船能力与配套服务。鑫亚船厂、舟山中远海运重工、龙山船厂已位列全球前十大修船厂，ABB 集团、瓦锡兰集团等国际知名船用设备企业均在舟山设立授权维修商或在大型修船厂设立专门维修车间。上海是我国最早发展船舶工业的城市之一，船舶维修产业规模大、企业多，分布有中国船舶集团总部、江南造船厂、中远海运重工等实力雄厚的大型船舶工业企业及上海船舶设计研究院等知名设计单位。新加坡是全球修船中心，在地理位置、综合服务、优惠政策等方面具有巨大优势，船舶维修能力较强，以船上机械设备、自动控制系统为主，海工装备修理业务较多，改装船业务也以高技术改装为主。

2. 产业链中游

产业链中游主要包括船舶交易、船员服务和物流服务等。

船舶交易[①]是指船舶所有人向境内、境外转让船舶所有权的行为。广义的船舶交易包括新建船舶买卖、二手船买卖、拆船买卖和船舶司法拍卖等四种，狭义的船舶交易一般指二手船买卖。

船舶交易领域，浙江拍船网航运交易股份有限公司是交通运输部首批公示的全国七家船舶交易服务机构之一，已经完成从单纯的交易鉴证功能到全产业链服务平台的转变，目前是国内最具规模的船舶交易平台，也是国内最大的航运类资产处置机构和船舶交易行业标杆企业，提供船舶经纪、评估勘验、进出口代理、金融服务等船舶交易全产业链服务。上海重点依托船舶交易服务机构，提供船舶交易鉴证、船舶买卖标准合同、船舶价格指数、船况勘验价格评估等服务。伦敦、雅典—比雷埃夫斯、奥斯陆等地是航运经纪公司的主要集聚地，尤其是英国伦敦，诞生了世界上最古老的航运市场，也是目前唯一一家全球性的航运交易所——波罗的海航交所的所在地，英国皇家特许船舶经纪人协会（ICS）等国际著名组织机构总部也都位于伦敦。伦

① 孙朝朋：《关于在临港新片区建立国际船舶交易市场的研究》，《中国水运》2024 年第 5 期。

敦拥有超过 200 家经纪公司、5000 名船舶经纪人，全球排名前三（克拉克森、百力马和辛浦森）的船舶经纪公司总部均位于伦敦，介入了全球半数以上的新船和二手船买卖经纪业务。

船员服务是指代理船员申请培训、考试、申领证书等有关手续，代理船员用人单位管理船员事务，为船舶提供配员，为船员提供换班、生活、娱乐、学习等一系列专业化服务的产业。

船员服务领域，浙江已形成以舟山、宁波为双中心的船员服务产业集群发展格局。舟山是海员大市，海员数量约 4.9 万人，占全省比例约为 55%、占全国比例约为 5%，高级船员数量约 3.9 万人，已连续举办五届中国海员技能比武活动，建成浙江唯一的国家级船员评估中心。宁波共有注册海员 1.4 万人，占全省比例约为 16%、占全国比例约为 1.4%，高级船员数量约 5100 人。上海加速国际航运中心建设，着力打造船员服务高地；聚焦高端复合型航运人才培训，集聚上海海事大学、上海海事职业技术学院、上海长航职业技术培训中心、上海港教育培训中心、中国船级社上海培训中心等海事教育培训机构，吸引并培育大量现代航运人才；聚焦综合性船员评估示范引领，我国首个综合性船员评估示范项目在上海正式启用，成为推动高素质船员队伍建设的重要平台，更是我国根据国际海事组织对缔约国船员考试评估要求建设的第一个国家级船员考试评估专业场所。新加坡已成为全球重要的船员服务集散地。新加坡十分重视船员培训体系和福利制度的完善，建立了完善的船员福利体系及卓越的人才培养机制和体系。新加坡国立大学、南洋理工大学和新加坡理工学院等三所院校开设海事学科，选拔和吸纳来自中国等国家的优秀生源赴新加坡学习和从事航运工作。

物流服务主要包括集装箱运输、干散货运输、油气运输、客运等环节。集装箱运输公司主要包括宁波远洋、中创物流、锦江航运、安通控股、中远海控等；干散货运输公司主要包括宁波远洋、中创物流、海通发展、凤凰航运、招商轮船、宁波海运等；油气运输公司主要包括中远海能、招商南油、招商轮船、宁波海运、兴通股份、盛航股份等；客运公司主要包括海峡股份、渤海轮渡、三峡旅游等。

从行业地位来看，中远海能是以油运、煤运为核心业务的远东地区最大航运公司之一；宁波海运是以电煤运输为主的专业化散货运输公司；宁波远洋是浙江省最大的集装箱班轮企业；招商轮船是从事原油运输、干散货运输、液化天然气运输的大型远洋运输企业；中远海控旗下集装箱码头，2020 年总吞吐量排名世界第一；招商南油长期专注于油品、化工品及气体特种品等运输业务，拥有良好的口碑。

3. 产业链下游

产业链下游包括航运咨询、航运金融、航运保险、航运法律以及教育文化等高端服务。

航运咨询产业方面。航运咨询是指对各种航运产业相关信息进行收集、加工、传递并有效利用和反馈的业务活动，包括业务管理咨询、市场技术咨询、行业调查分析、数据处理加工、系统集成、软件平台开发、网络技术服务等多项内容。航运信息咨询是通过各种信息化智能化手段对各类信息开展搜集、加工、整理、分析、传递，向客户提供解决问题的方案、策略、建议、规划或措施等信息产品的知识型产业。

航运咨询领域，目前浙江处于国内领先水平，受本土发达数字化产业支撑，从事信息咨询服务的企业机构较多，主要聚集于宁波、杭州、舟山三地，但各企业服务内容分散，互联程度不高。宁波航运交易产业发展较快，特色优势为航运指数、航运咨询、电商平台服务。上海一直致力于提升航运交易服务的发展水平，加大企业招引力度，借助上海自贸区优势，吸引全球知名航运服务机构入驻，克拉克森、德鲁里、波交所、劳氏船级社等企业均在上海开设机构并开展国内业务。上海通过一系列政策和措施，发展上海航交所和上海国际航运研究中心两个本土平台，以此推动航运交易服务全面发展。伦敦作为传统国际航运中心，聚集世界一流航运经纪人，全球第一家航运交易所、第一支航运指数、第一个运价衍生品先后在这里诞生，同时伦敦还拥有克拉克森、德鲁里等一批历史悠久的行业咨询公司，引领全球航运信息咨询产业发展。

航运金融[①]主要是为航运产业各主体提供航运融资、航运衍生品和航运结算服务。航运融资主要包括船舶融资租赁、船舶抵押信贷、预付款保函、应收账款、仓单质押融资等供应链金融业务，创业投资、私募股权投资等航运产业投资基金，航运企业上市、债券、资产证券化融资；航运衍生品主要是航运价格指数期货；航运结算主要是运费和服务费结算，包括境内和跨境资金结算等。

航运金融领域，目前浙江提供航运金融服务的金融机构主要集中在杭州、宁波和舟山。船舶融资租赁方面，浙江省规模最大的两家金融租赁公司华融金租、浙银金租总部位于杭州，海港租赁总部位于宁波，另有舟山的浙江海洋租赁，杭州的创力租赁、浙商租赁、建设租赁，宁波的香溢租赁等优质企业。航运产业投资基金方面，目前浙江省内专门的航运产业投资基金仅有强港基金。航运价格衍生品方面，浙江省内主要的期货公司如永安期货、南华期货等总部均位于杭州。上海开展航运金融业务的银行有 35 家，排名世界第二。中国建设银行、交通银行、中国银行等多家中资银行均在上海成立了航运金融部或航运金融服务中心，提供专业的国际航运金融服务，全球前五的航运融资机构有 2 家在上海设立分支机构，此外还有 200 多家外资银行

① 周尔双、韦译捷：《船舶行业深度报告：大周期已至，关注量利齐升的中国造船产业链》，东吴证券，2024 年 06 月 08 日。

及金融机构入驻上海港。在伦敦，世界上近20%的船级管理部门常驻于此，从事航运业务并在伦敦设立办事处的企业和机构有1750多家，海运专业投资银行有50多家，每年为航运方面提供的贷款高达150亿~200亿英镑。新加坡大力发展航运金融服务业，不仅涉及资金结算、船舶融资及航运保险，还发展了基金管理、外汇兑换等管理业务，形成了为航运公司提供多种金融选择和鼓励措施的环境。新加坡已有超过20家本地及外国银行提供各种海事金融服务。

航运保险产业方面，航运保险是指以海上财产，如船舶、货物以及与之有关的利益，如租金、运费等作为保险标的的保险，包括船舶险、货运险、海事责任险、离岸能源险、保赔保险五类。从航运保险的生命周期来看，主要包括产品设计、销售承保、理赔三大环节。

航运保险领域，目前浙江宁波、舟山两地共集聚了30家航运保险经营主体，其中宁波17家，舟山13家，并拥有全国唯一以航运保险为主业的机构——东海航运保险。从市场份额来看，人保财险、太平洋财险、平安财险、东海航运保险拥有了绝大部分业务。上海先后吸引了58家财产保险公司经营航运保险业务，其中包括全国唯一航运类自保公司和全部11家航运保险营运中心，此外还有176家保险中介机构以及大量航运法律、海损理算机构提供中介咨询服务，拥有上海保险协会、中国船东互保协会两大组织，基本形成了“经营机构 + 专业中介 + 服务机构”的完整航运保险产业链。伦敦航运保险市场是国际航运保险与再保险业务的运作中心，其保险机构（组织）大致分为保险公司、劳合社和保赔协会。新加坡是东盟地区保险业领先的国家，已成为亚洲再保险中心，世界上主要的保险和再保险公司都在新加坡设立办事处。目前，新加坡有30家保险公司经营船舶及其责任保险业务、35家保险公司经营货运保险业务、19家保险公司经营航运相关再保险业务。

航运法律[①]是指专门针对海事商事活动为个人或企业提供的法律与仲裁服务，包括但不限于在涉及港口、船舶买卖、租赁、海上货物运输、海上保险等方面的商事诉讼、仲裁、海事争议解决、法律咨询，制定和完善法律风险防控系统、调查和取证支持、危机管理、合同服务等。

航运法律领域，目前浙江海事法律仲裁机构主要分布在宁波和舟山两市，宁波司法机构主要有宁波海事法院、宁波国际航运仲裁院；律所有浙江共业律所、北京炜衡（宁波）律所等；高校有宁波大学。舟山司法机构有中国海事仲裁委员会（浙江）自由贸易试验区仲裁中心、中国海事仲裁委员会计量争议仲裁中心、“一站式”海事商事法律服务中心；律所有浙江京衡（浙江自贸区）律所等；高校有浙江海洋大学。上海聚焦面向全球的亚太仲裁中心定位，积极推动本土仲裁机构实施体制机制改革，依托自贸区、新片区等“特定区域”汇聚了境内外丰富、优质的仲裁资源，并有上海海事法院、中国海事仲裁委员会上海总部、上海国际航运仲裁院、中国贸促会海损理赔中心上海中心等专门机构。伦敦是解决国际航运争议机构的集聚地，伦敦的航运法律机构、仲裁机构和律师事务所等提供了全面的法律服务，涵盖航运合同的起草、争议解决、海事保险等多个方面。新加坡法律沿袭英美法系框架，同时具备费用、效率、队伍等优势，成为仲裁与解决海事诉讼纠纷的首选地之一。新加坡拥有新加坡国际仲裁中心、新加坡海事仲裁商会、伦敦海事仲裁院协会、国际商会等重要的海事仲裁机构，被誉为亚洲船东最佳仲裁地。

教育文化是指在航运海事领域开展的专业技术高等教育以及通过多元化形式传播的知识型普适教育，主要包括航运院校人才培育和航

① 周尔双、韦译捷：《船舶行业深度报告：大周期已至，关注量利齐升的中国造船产业链》，东吴证券，2024 年 06 月 08 日。

运文化传播及品牌建设，例如涉海类院校专业建设及人才培养，以及依托海丝国际论坛、海事沙龙、航海日活动、港口博物馆等载体开展的一系列航运文化活动。

教育文化领域，浙江航运教育基础良好，在海事人才培养方面，浙江大学海洋学院、浙江海洋大学、浙江国际海运职业技术学院培养驾驶、轮机、物流、机械、规划等各类人才。航运会展业发展较好，宁波、舟山打造了若干具有一定国际影响力的航运品牌论坛，成功举办海丝港口国际合作论坛、中国航海日、中国港航发展论坛、中国（宁波）航运物流交易会、舟山国际船舶装备展览会暨海事服务论坛等国际航运品牌论坛。上海是航运教育资源最为集中的城市，包括上海海事大学、上海海事职业技术学院、上海长航职业技术培训中心、上海港教育培训中心、中国船级社上海培训中心等教育培训机构，上海船舶运输科学研究所、上海航道勘察设计研究院等主要海事相关研究性机构。上海拥有"北外滩国际航运论坛"品牌，举办中国国际海事会展、海贸国际海事颁奖典礼、中国航海日等活动，形成多层次、多领域的航运会展品牌。新加坡注重培养航运实践型人才，新加坡海事及港务管理局设立 8000 万新加坡元的海事培训基金，支持各海事企业的人员培训以及兴办海事教育。注重打造各类航运会展品牌，新加坡航运会展的品牌主要包括新加坡航运周、亚洲国际海事防务展、新加坡国际海事论坛等，为促进全球航运业的交流与合作提供了渠道和方式。

（三）产业发展趋势及重点

1. 当前处于航运发展上行长周期，航运服务仍有较大发展空间

世界经济中心加速东移，亚太地区航运中心快速崛起。我国集装箱港口在全球十大港口吞吐量排名中占据七席。但是，我国现代航运

服务业与英国、新加坡等现代航运服务强国相比仍有较大差距，国际影响力、配置航运资源能力相对较弱，在海事金融、法律与海事技术等领域国际话语权不高。

航运业是国际贸易发展的重要保障，航运服务产业是航运经济的重要组成部分。当前，我国已成为世界第一货物贸易大国。2023 年，我国货物贸易进出口额实现了 5.9 万亿美元，连续七年位居全球第一。其中，中国船队规模达 2.5 亿总吨，居世界第一，海运贸易量约占全球的 1/3。航运业承担 95% 进出口运输量，把中国制造的优势商品与世界各国共享，贸易伙伴与航运线路同步增加。中国是 140 多个国家和地区的主要贸易伙伴，带动 100 多个国家和地区建立航线联系。

当前造船市场处于上行周期过程，长周期的指标主要为新船供给①，2008—2016 年受上一轮订单高峰交付影响，周期持续下行，2016 年船厂手持订单占现有运力比例从高峰时的 60% 下滑至 15% 以下，叠加大量新船拆解，周期底部确认，2016 年至今处于复苏周期。2020 年以来集装箱船、干散货船盈利上行，新造船订单意愿有望上涨。

中国造船业有天然优势。中国船厂竞争力大幅提升，份额居全球第一，占 39%。主机与设备领域，中国制造业崛起、国产比例提升巩固竞争优势。劳动力及设计方面，劳动力和管理、设计费用占比 44%，中国比起日韩也有较强优势。目前，中国船舶公司强大的技术与品牌壁垒正推动订单结构向高利润船型迁移。

2. “双碳”要求不断趋严，要求航运服务产业加快绿色转型

随着国际法规和区域性法规对航运温室气体减排要求不断趋严，各个国家与地区加快制定与碳排放要求相关的战略目标②。例如，从

① 周尔双、韦译捷：《船舶行业深度报告：大周期已至，关注量利齐升的中国造船产业链》，东吴证券，2024 年 06 月 08 日。

② 毛诗倩：《航运行业低碳转型发展现状、挑战及建议》，高金智库，2024 年 08 月 15 日。

2024 年 1 月起，欧盟将航运业纳入碳排放交易体系，要求所有进入欧盟港口的 5000 总吨及以上的客运和货运船舶监测和汇报排放量，要求船舶公司为其排放的每吨二氧化碳当量缴纳一定的碳配额；中国发布《减污降碳协同增效实施方案》《绿色交通“十四五”发展规划》《关于加快推进现代航运服务业高质量发展的指导意见》《船舶制造业绿色发展行动纲要（2024—2030 年）》等政策文件，全面推动港航绿色低碳发展；新加坡海事及港务局发布《新加坡海事脱碳蓝图：迈向 2050 年》，围绕港口码头、国内港口船舶、未来船用燃料、加油标准和基础设施、新加坡船舶登记处、国际海事组织及其他国际平台、研发和人才、碳意识、碳核算与绿色融资等多方面提出绿色转型要求。总体来看，全球目标旨在 2030 年前将全球可再生能源产能增加两倍、将全球能效提高一倍，同时部署新兴技术，如低排放的氢和碳捕获技术以及建立环境检测中心等。

实现航运业脱碳转型包括三种路径：一是源头控制，即从燃料着手采用低碳或零碳燃料作为传统燃料的替代品；二是过程控制，即提高船舶能效，减少燃料消耗，控制排放规模，例如优化船体型线设计、使用节能减排设备等；三是排后处理，即采用碳捕捉等技术实现碳的再利用。从三种路径来看，到 2050 年要实现净零排放，行业的解决方案集中在源头控制方面。

从替代能源使用情况来看，天然气、氨、甲醇等清洁燃料被广泛使用。为满足碳排放相关目标要求，全球集装箱班轮公司纷纷建造清洁能源船舶，马士基、中远海运大力推广甲醇燃料船，达飞则倾向综合考虑液化天然气和甲醇燃料船，地中海航运侧重于建造液化天然气燃料船。整体来看，集装箱手持订单中 53% 的订单船舶采用替代燃料，其中甲醇预留船舶占比最高，达到了 17.3%，氨预留船舶占比达到 12.8%。港口方面同步推动能源转型，包括提升低碳能源使用比重、加强绿色电力应用以及保证绿色燃料供应等。全球港口能源使用结构逐渐从化石能源向电能、氢能等低碳能源转变，例如鹿特丹港、上海港、新加坡港等积极推动清洁能源加注设施建设，实现船到船甲醇燃料加注；另外，上海港、深圳港等实现液化天然气加注。通过光伏发电、风力发电技术提升绿色电力的占比，利哈佛港内已建立离岸风力发电制造厂，进行叶片、机舱和发电机的制造和组装作业。

3. 全球科技数智化、智慧化发展加快，推动航运服务产业高质量发展

全球信息科技的高速发展带动了港口、港航信息化变革的持续推进[①]。航运数字化转型本质是追求数字技术创造的业务价值，是沿着航运业务全链条的体系化转变，是立足于航运实际经营场所、设备、载具的物联升级。未来港航业信息化发展将继续深化三大趋势，即从智能化到智慧化、从系统化到生态化、从垂直化到融合化。未来港航服务数智化发展主要呈现以下特征。

一是港口自动化与数智化改造热潮持续。利用物联网、人工智能、5G 网络、大数据等信息技术，自动化正成为港口发展的新动能。集装箱码头主要在岸桥、轮胎吊、运输车辆以及码头设备控制系统等方面进行自动化改造，如上海港启动的智能指挥控制系统；上海港、深圳港和日照港研发无人驾驶运输车，并探索无人集卡和人工驾驶车辆混行模式。散货码头主要在卸船、装船、物料混配、清舱设备远程控制等方面进行自动化改造，如烟台港研发干散货码头控制方案，包括卸船、装车、混配、清舱等自动化控制；青岛港研发了装载机远程控制技术，实现干散货作业中远程操控装载机清舱作业。

二是数字孪生助力港口运营和决策优化。越来越多港口在生产作

---

① 王有哲、张优扬：《智慧航运以“新”致远》，中国水运网，2024 年 08 月 11 日。

业中探索结合数字孪生技术，构建全景化的管理平台。通过构建的数字孪生三维模型，结合大数据分析能力，实现港口船、货、车、人及环境等各要素的全面感知，辅助管理者全面掌控港口运行态势，同时还可以对码头作业计划的验证和机械故障预判等方面业务进行优化。如上海洋山港四期上线数字孪生系统，实现虚拟空间码头作业构建，通过对当前码头操作系统的模拟，提前预判可能出现的问题，并及时作出调整；广州港研发全景数字孪生管理平台，结合石油化工码头生产特点，构建三维实景模型，融合多种感知数据，实现港口作业实时可视；天津港研发的综合能源管控平台也应用了数字孪生技术，以提高港口能耗监测、管理和控制水平。

三是港口物流持续推进一站式服务。新加坡推出“SmartBooking”集成平台，将港口物流作业流程、船舶时刻表、堆场信息、运输事件和计划活动等信息进行集成，实现数据无缝交换；圣彼得堡海港构建了“ILSAR”统一物流信息系统，包括港内铁路物流、公路运输物流、服务功能、仓储物流、港口调度、集装箱搬运、关区货物运输以及与其他系统的自动数据交换等模块，实现与客户之间多业务板块的数据交换。

四是船舶服务逐步趋于集约、高效、及时。对维修、检测、运营等服务进行数字化转型，其转型的核心是为船舶领域相关群体节约时间和维修成本、提高检测和运营效率。例如，网络管理系统使船东和船队运营商能够获得例行维护工作的即时报价，实时了解船厂的可用性，并获得对干船坞位置的优先访问权和预订船位权；中国船级社广州分社上线的“国内船舶检验信息在线服务”微信小程序，可为广东14000多艘国内航行船舶提供更加便捷、高效的营运检验服务；英国劳氏船级社在航海业首次推出了一套标准化数字人工智能服务注册系统，分类提供航海事业相关人工智能解决方案。

四、枢纽通道经济

（一）内涵范围

1. 基本概念

枢纽通道经济（亦称“枢纽经济”）是一种通过综合交通节点网络、交通物流枢纽等集聚资源要素，在特定空间范围内，以技术变革和制度创新，优化区域经济要素时空配置的经济形态。它是交通枢纽、交通通道与文化旅游、现代农业、枢纽园区、数字经济、金融商贸等关联产业的跨界融合、综合开发，是助推交通运输转型发展的新路径，也是一个城市或区域将综合交通资源优势转化为经济社会发展动力的战略工具。枢纽经济并非新事物，早期的驿站、漕运码头、航运海港等交通枢纽节点带动了周边沿线餐饮住宿、商贸流通等产业的发展[①]，就是枢纽通道经济的表现。2022 年，国务院办公厅印发《“十四五”现代物流发展规划》，提出到 2025 年基本建成现代物流体系，并提出建设 20 个左右国家物流枢纽经济示范区，体现了国家战略层面对枢纽经济发展的高度重视。随着现代交通方式在效率及辐射能力方面的跨越式发展，枢纽经济现象变得更加明显，尤其是在高速公路（服务区）、高铁、航空、海运等领域。

2. 主要特征

枢纽通道经济呈现六方面特点。一是功能聚疏性，枢纽通道经济是一种规模经济，遵循“集聚—增值—扩散”的运行模式，枢纽地区以运输业、物流业为先导，通过经济要素的集聚形成完整的产业链、供应链和价值链，持续实现价值增值。二是空间开放性，枢纽通道经济是一种开放型、辐射型经济，在“互联网 +”背景下，“通

---

① 向爱兵、黄征学：《枢纽经济：内涵特征、发展逻辑与演化趋势》，《理论与现代化》2022 年第 5 期。

道＋枢纽＋网络”的运营模式进一步强化了枢纽通道经济的外向发散功能，不断扩大经济“朋友圈”[①]。三是多维融合性，枢纽通道经济是交通、产业、人口、城市多维融合发展的重要动力，其发展促进了不同领域、不同产业之间的深度融合和协同发展。四是形态多样性，枢纽通道经济形态经历了从单一性向多重性的演变，依托铁路、公路、机场、港口、航道等交通枢纽和交通通道，逐渐衍生出铁路经济、港口经济、航空经济、轨道经济、路衍经济、内河经济等多种类型。五是迭代周期性，枢纽通道经济的规模、能级与产业发展密不可分，产业有序发展会提升枢纽通道所处地区能级，同时会壮大枢纽通道经济规模；枢纽通道能级提升和经济规模扩大会吸引更多产业入驻，从而使枢纽通道经济呈现规模递进规律。六是主体多元性，枢纽通道经济的发展离不开政府、市场和技术的共同参与。政府统筹力、市场驱动力和技术支撑力共同推动了枢纽通道经济的有序运行。

3. 产业类型

枢纽通道经济包含多种产业类型。例如，依托高速公路、内河航道等交通物流通道，可发展风景廊道、特色旅游专线、房车露营等“快进慢游”文化旅游业，商业宣传、文化宣传、公益宣传等广告业，交通装备制造、工业原材料、建材、固废利用等相关路衍制造业，油气服务、新能源充换电、光伏发电等“交通＋绿色能源”产业，打造文化型、商业型、旅游型、乡村型、物流型、驿站型特色服务区[②]。依托空港、陆港、内河及沿海港口等交通物流枢纽，可因地制宜谋划枢纽偏好性产业，拓展多式联运、大宗配送以及冷链、危化等专业型物流服务业，发展电子信息、智能装备、生物医药、新能源汽车、交

① 尹芳芳：《长三角一体化背景下无锡枢纽经济发展对策》，《现代企业文化》2022 年第 25 期。

② 陈博：《国内枢纽经济发展实践及对宁波的思路建议》，《宁波经济（三江论坛）》2022 年第 7 期。

通装备制造维修、农产品深加工等产业，谋划引入总部经济，聚焦国际贸易、金融租赁、商务会展等现代服务业，创新发展供应链管理、贸易融资、文化旅游、跨境支付等产业。

（二）产业链创新发展模式

枢纽通道经济主要根据不同交通方式的技术经济特征、枢纽通道区位条件、产业基础和发展方向，围绕所处城市的地位量级、层级体系、辐射范围，结合城市资源禀赋条件和发展目标导向，聚焦交通枢纽通道相关偏好性产业体系，甄选发展基础条件优越、区域特色鲜明、交通与经济耦合、发展潜力较大的产业，来加快产业链条化和集聚化发展[①]，具体包括上游的规划建设、金融服务、信息服务、建材能源等产业，中游的交旅融合、交能融合、服务区经济、枢纽生产制造、枢纽商贸服务等产业，下游的设施养护、设施运营、综合开发等产业（见图 3-6）。

1. 产业链上游

枢纽通道经济产业链上游聚焦交通基础设施枢纽网络“建管养运”中的“建”和“管”，主要涉及规划建设、建材能源、金融服务、信息服务等领域。

规划建设方面，设施规划建设是发展枢纽通道经济产业的基础，涵盖公路、内河航道、轨道交通等综合交通网络，港口码头、铁路场站、物流枢纽等交通枢纽节点，以及桥梁、隧道、服务区等配套设施，包括对应工程项目从工程前期筹备到项目完工全周期的规划建设、技术研发、工程咨询、工程建设等服务。

规划建设领域，中国交建是全球领先的特大型基础设施综合服务

① 陈博：《国内枢纽经济发展实践及对宁波的思路建议》，《宁波经济（三江论坛）》2022 年第 7 期。

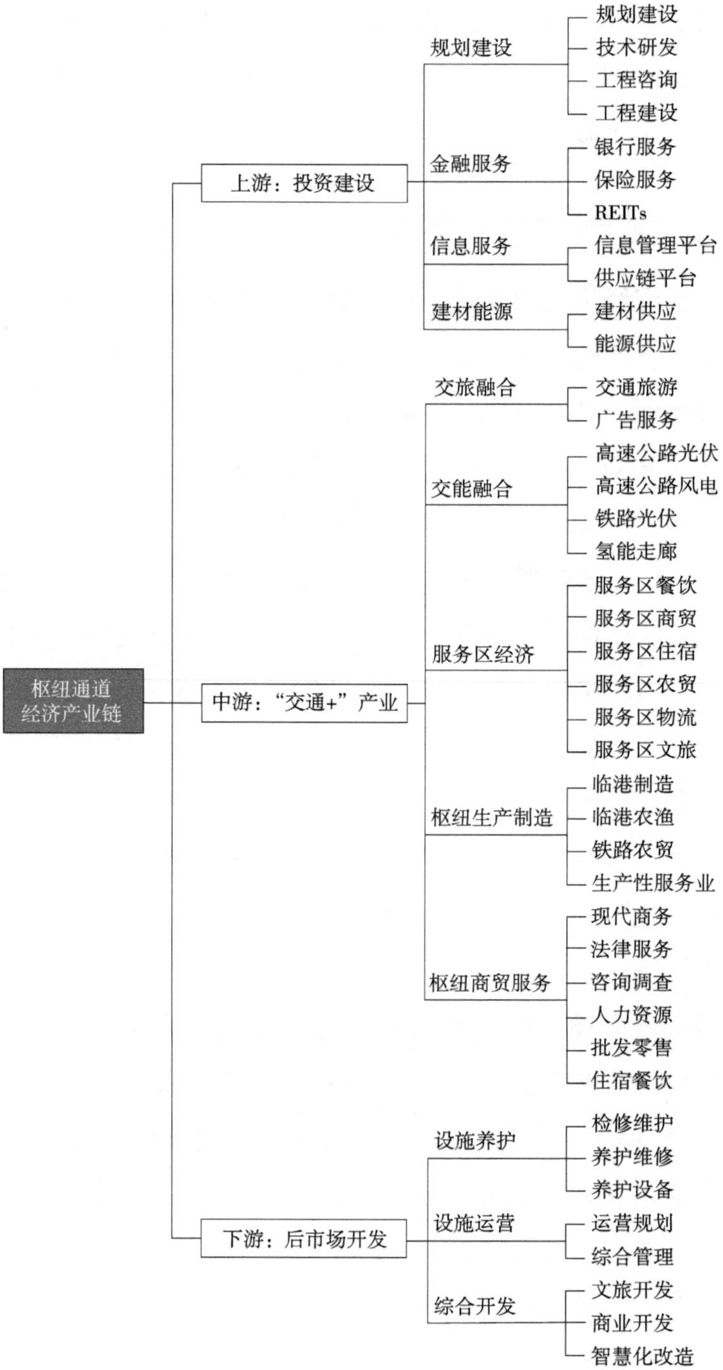

图3-6 枢纽通道经济产业链

资料来源：笔者绘制。

商，主要从事交通基础设施的投资建设运营、装备制造、城市综合开发等，承建了苏通长江大桥、杭州湾跨海大桥、上海洋山深水港等代表世界最高水平的重大工程，是全球交通建设领域的重要力量。中国中铁是全球领先的特大型综合建设集团之一，先后修建了77925公里的铁路，占全国铁路总里程的2/3以上；参与建设的公路超过13781公里，高速公路超过7708公里，约占全国高速公路总里程的1/10；参与建设全国3/5的城市轨道工程。中国铁建施工地域遍及全国31个省份以及科威特、安哥拉、马来西亚、尼日利亚等国家，参建沈大、沪蓉西、太旧、京福、京沪等100多条高速公路，建设桥梁实现“十二跨黄河”“八跨海湾”“四跨长江”“四跨乌江”“四跨松花江”等。民航建工是国内基建行业唯一能够为民航机场建设提供全方位、一条龙服务的企业，完成了40余个机场与多个民用建筑的工程监理以及近30项机场的工程承包及项目管理任务，并创造了一批优秀工程设计项目，获得多项国家及省部级科技进步奖。中交水运规划设计院是新中国成立后组建的第一个水运建设行业规划、设计勘察机构，承担了国家各个时期水运发展的战略研究、全面建设布局规划、区域和流域规划及港航等枢纽工程主体规划，曾获得国家科学技术进步奖特等奖1项、一等奖1项，省部级科技进步奖27项，詹天佑奖5项，鲁班奖2项，国家优秀设计金、银、铜奖14项。中咨是国内规模最大的综合性工程咨询机构，业务领域覆盖国民经济主要行业，承担了西气东输、西电东送、青藏铁路、京沪高速铁路、上海国际航运中心、南水北调、长江口深水航道整治、国家大剧院、国家储备粮库等一大批世人瞩目、影响重大、意义深远的重大项目的咨询服务，为国家经济建设作出了贡献。

建材能源供应方面，建材业是枢纽通道经济产业链上游的支撑性产业，建材供应服务主要包括交通基础设施建设中所需水泥、钢材、沥青等原材料的加工制造、采购、供应链管理等服务。可按照“永临结合”模式，项目建设期间就近、高效提供建材供给。项目建成后将依托便捷的交通网络进一步拓展业务网络。能源供应聚焦交通枢纽通道配套的供电、充能需求，提供燃油、天然气等传统能源燃料供应服务。

在建材能源供应领域，中国建材是全球最大的综合性建材产业集团、世界领先的新材料开发商和综合服务商，连续13年荣登《财富》世界500强企业榜单，水泥、商混、石膏板、玻璃纤维、风电叶片、水泥玻璃工程技术服务等业务规模居世界第一。东方雨虹是集防水材料研发、制造、销售及施工服务于一体的中国防水行业龙头企业，产品广泛应用于房屋建筑、高速公路、城市道桥、地铁及城市轨道、高速铁路、机场、水利设施等众多领域，已由局部市场向全国市场乃至国际市场稳步渗透。中国宝钢是中国最大的以钢铁制造业为基础的超大型现代化的钢铁联合企业，具备强大的生产能力，钢年产量已突破1亿吨，成为全球规模较大、具有重要影响力的钢铁企业，业务涵盖钢铁制造、新材料、产业金融等。安徽海螺水泥是全球最大的水泥生产商之一，业务涵盖水泥及商品熟料的生产和销售，产品广泛应用于铁路、公路、机场、水利工程等国家大型基础设施建设项目。隆基绿能致力于成为全球最具价值的太阳能科技公司，拥有单晶硅片、电池组件、工商业分布式解决方案、绿色能源解决方案、氢能装备等五大业务板块，以及支撑全球零碳发展的“绿电”+“绿氢”产品和解决方案能力。

金融服务方面，立足枢纽通道经济项目投资规模大、回收期长的特征，依托银行、保险公司及各类投资基金提供多样化融资渠道和金融产品服务，为项目顺利实施提供资金保障，具体包括建设期融资、投资、咨询，以及运营资金周转的短期贷款、用于设施维护和更新的中长期贷款等。

金融服务领域，中国交建是全球领先的特大型基础设施综合服务商，在交通金融服务领域同样具备重要影响力，通过其金融服务平台提供融资、投资、咨询等服务，支持交通基础设施项目的建设和运营。国家开发银行是全球最大的开发性金融机构，中国最大的对外投融资合作银行、中长期信贷银行和债券银行，主要通过开展中长期信贷与投资等金融业务，为国民经济重大中长期发展战略服务。随着不动产投资信托基金（Real Estate Investment Trusts，简称 REITs）在国内发展日益成熟，其应用领域也逐渐向公路、铁路、机场、港口、物流等项目延伸，成为交通基础设施项目投融资渠道拓展的重点方向之一。代表性企业为招商基金，经营范围包括发起设立基金、基金管理业务等，以国际化和规范化作为鲜明特色，努力为投资者提供投资理财服务，参与首单公募不动产投资信托基金项目“招商基金招商公路高速 REITs”。

信息服务方面，围绕枢纽通道经济产业发展在信息获取、储存、处理、发布等方面的需求，以实时准确高效的大数据与信息技术以及供应链管理系统可推动人流、物流、商流、信息流等集聚和管理，为枢纽通道经济提升产业链运作效率，主要包括信息管理平台、供应链平台等。

信息服务领域，G7 物联以物联网技术为核心，涵盖车队管理平台、主动安全服务、数字能源结算、智能挂车租赁、金融保险、卡车后市场等一系列业务，先后服务了 7 万家货主和物流公司，已发展成一家连接超过 180 万重卡、数据类型丰富的全球领先的商用车物联网平台。易流科技是中国领先的供应链物流数字化服务运营商，致力于构建供应链物流行业数字化的基础设施，助推物流产业数字化转型，已为全国 40000 余家物流企业和 5000 余家货主企业提供物流透明服务，在制造、冷链、快递、新零售、餐饮、商超等多个细分领域占据行业重要地位。满帮是互联网 + 物流的平台型企业，以金融、能源、车后、基础设施、智能驾驶、国际业务为拓展方向，从公路运输服务扩展至综合性物流服务，为物流企业提供包括税务管理、财务管理、运输管理、车辆管理、调度管理等各项交易管理服务。

2. 产业链中游

枢纽通道经济产业链的中游产业涵盖与交通枢纽、交通通道等紧密相关的中间环节和产业类型，该部分产业既承接了上游的基础产业和原材料供给，又为下游交通基础设施枢纽网络的“管养运”创造产业需求，是枢纽通道经济产业链中业态模式最丰富、附加值最高、创新发展空间最大的产业环节，是“交通 +”产业发展理念的最集中体现。

交旅融合方面，依托高速公路、乡村公路、水上航道等交通通道资源优势，聚焦旅游公路、旅游风景道、观光航线等特色化建设，“以通道聚流量”打造交旅融合发展新场景，构建“景道互联”“客源互送”“快进慢游”的旅游交通网络。充分挖掘交通通道沿线景观空间资源，适当拓展商业广告、公益广告等现代化广告服务业，结合传统文化、当地文创等要素创新一批特色交通文旅产品。

交旅融合领域，常州溧阳“一号公路”通过串联多个景点和乡村旅游区，建成集自驾游、骑行游等多种旅游方式于一体的公路，极大提升游客的旅游体验。该公路建设不仅改善了交通条件，还带动了周边地区的旅游发展，促进了当地经济的增长和居民收入的提升。无锡古运河水上巴士全程 8 站，运行时间约 1 小时，该线路的开通不仅缓解了交通压力，还形成了颇具特色的运河游景观，途经大运河、梁溪河、太湖，最后抵达鼋头渚，一路“穿越”无锡诸多历史人文景观。该项目为市民和游客提供一种兼具城市交通和旅游观光双重功能的水上交通方式，既方便了市民的日常生活，又促进了无锡全域旅游发展。苏州美食观光巴士实现特色文旅和当地美食与巴士观光旅游的创新结合，游客可以在巴士上品尝苏式美食，同时游览苏州的经典地标[①]。巴士内部设有博物馆主题文创展示区，陈列了多种文创产品，让游客在品尝美食的同时，领略苏州深厚的文化底蕴。这种旅游方式不仅满足了游客的味蕾，还让他们更加深入地了解了苏州的历史和文化。

交能融合方面，立足能源体系"供给、输送、存储、利用"与交通行业"建、管、养、运"协同融合发展理念，充分发挥交通通道沿线空间资源，创新构建"高速公路 + 光伏""高速公路 + 氢能""铁路 + 光伏"等交能融合创新应用场景，推动建设一批分布式"新能源 + 储能 + 微电网"项目，在就地利用新能源资源基础上拓展新的盈利模式。

交能融合典型场景及案例包括三个。一是高速公路光伏应用场景。利用高速公路边坡、收费站等空地建设分布式光伏，将太阳能转化为电能，为高速公路沿线的设施提供绿色电力。该类项目既能减少碳排放，又能降低用电成本，提高能源利用效率，例如荣乌高速公路边坡光伏项目、山东高速鲁南高新物流产业园零碳冷链试点项目等代表性项目。二是高速公路氢能走廊。氢能车辆具备补能速度快、在长途重载上具有优势，但是多年来受限于加氢站网络和续航能力，氢能交通仍局限在一省或一域。为了实现长距离、跨区域氢能运输，中国石化依托传统加油站网络优势，布局加氢站网络。此前已初步实现京津、成渝、沪嘉甬、济青和汉宜高速氢能通车，最长距离约 350 公里。三是铁路光伏应用场景。英利集团承建的"光伏 + 铁路"示范项目是我国铁路系统首个柔性支架光伏示范项目，与以往在铁路系统车站屋顶和闲置空地建设光伏电站不同，该项目选择铁路边坡和沿线夹心地两种典型地块，尝试应用新材料支架部署多种光伏系统配置方

① 澎湃新闻：《上车享美食，下车逛博物馆，苏州推博物馆美食专线巴士》，澎湃新闻网，2021 年 03 月 18 日。

案，日均可为国家铁道试验中心提供1000千瓦时清洁电力[①]。

服务区经济方面，依托高速公路服务区汇聚人流、物流以及客群停留优势，积极打造商贸、特色农产品、驿站住宿等消费场景以及现代物流等服务功能，打造一批主题特色服务区，完善服务设施、拓展特色业态、融入县域经济，因地制宜推动服务区向多业态商业综合体转型，将服务区打造成为宣传地域文化和城市形象的微窗口。

服务区经济主要类型及典型案例包括以下五个。一是文化型服务区。结合历史、人文、神话、艺术等要素，展示传统文化，提升社会形象，推动消费升级，助力乡村振兴。代表性服务区有山东曲阜儒家文化服务区、安徽香铺戏曲文化服务区、广东雅瑶功夫文化服务区、广西那文化服务区等。二是商业型服务区。依托旅游景区、特色美食、都市郊区，布局商业综合体，打造消费新标杆。代表性服务区有浙江西湖服务区、山东昆仑服务区、江苏阳澄湖服务区、江苏仙人山服务区、陕西子午南服务区、广东恩平大槐服务区等。三是旅游型服务区。依托生态资源、文化名人、自然科学、建造工艺、民族风情等，打造网红服务区。代表性服务区有黑龙江日月峡服务区、贵州天空之桥服务区、重庆冷水服务区、湖北安陆服务区、云南大板桥服务区、新疆塔城裕民服务区等。四是物流型服务区。依托周边物流产业发展需要，布局仓储物流设施，着力打造物流枢纽。代表性服务区有从化南服务区，服务区内设置必要的货物中转、临时存放仓库等设施，可实现“大型货车不下高速”即可完成货物转运。五是驿站型服务区。为高速公路沿途货运车辆司机群体提供驿站式特色休息服务。代表性服务区有广东圣堂服务区，服务楼分为上下两层，一楼设有餐厅、便利店、母婴室等；二楼为休闲专区，配备24小时热水淋浴区、

① 《全国首个“光伏＋铁路”示范项目顺利并网发电》，金融界，2022年07月19日。

胶囊休息舱、自助洗衣房、医务室等[①]。

枢纽生产制造产业方面，根据陆港、海港、内河港、铁路枢纽、物流园区等交通物流枢纽节点所在地产业禀赋，充分发挥交通物流枢纽资源配置优势，依托制造业基地、产业集聚区、大型厂矿、农业主产区等发展特色化制造业和现代农业，同时不断延伸产业链价值链，立足现代服务业与先进制造业、现代农业深度融合发展需求，拓展原材料供应、中间产品和产成品储运分销、检验检测、大宗交易等一体化现代化生产性服务。

枢纽生产制造产业领域典型做法及案例包括以下三个。一是依托临港优势推动制造业发展。新加坡港地理位置优越，新加坡政府积极推动港城关系的良性发展，依托新加坡港海运优势，积极发展芯片、集成电路等高科技产业，炼油及船舶修造等支柱部门，以及纺织、食品、交通设备、建筑等适港工业体系，制造业与现代航运双向赋能，巩固了新加坡在全球航运和制造业领域的地位，推动了经济的持续增长。二是依托铁路优势推动农业发展。中国铁路西安局集团有限公司通过优化铁路运输服务，积极支持陕西地区的农业发展，在春耕生产关键时期，铁路部门与化肥、农药、农机、种子等企业对接，合理安排运力，确保春耕物资的快速运输。农产品收获后，通过铁路运输将陕西地区的农产品运往全国各地甚至国际市场，拓宽了农产品的销售渠道。三是依托临空优势推动先进制造业发展。杭州临空智能制造园充分发挥临空区域商务资源、物流资源集聚优势，根据细分产业首批谋划了 6 个专业化园区并采取“一办多园”模式，开展“招、投、管、服”一体化运作，重点聚焦精密制造、集成电路、新材料和新能源等领域。目前，示范区正瞄准以集成电路为核心的半导体产业链中

---

① 王丹阳、沈高、王勇：《全国首个货运主题服务区来了！开阳高速圣堂服务区主体工程完工》，金羊网，2022 年 04 月 28 日。

的设计、制造、封测等关键环节，打造高端芯片全产业链。

枢纽商贸服务产业方面，依托交通枢纽区位优势，通过打造商贸集聚区、大型专业市场、大城市消费市场等产业集群，为临港生产制造、国际国内商贸活动、城市大规模消费需求提供企业管理、法律服务、咨询调查、广告、人力资源、批发零售、住宿餐饮等增值服务。

枢纽商贸服务产业领域典型做法及案例包括以下三个。一是依托沿海港口打造航运服务集聚区。依托上海市航运优势，上海市将北外滩航运服务集聚区打造为重点发展的现代服务业集聚区之一，目前已经集聚了 2000 余家航运服务类企业和众多功能性机构，涵盖了航运金融、航运保险、海事法律、航运信息等多个领域，形成了完整的航运服务产业链。区域内还建有高档商业、商务楼群和国际化社区，为航运业的发展提供了良好的商务和生活环境。二是依托临空枢纽打造国际商务服务区。简阳临空经济产业园在距成都天府国际机场最近的城市建成区打造临空国际商务区，区域内包含商业街区用房 2.2 万平方米，写字楼 2 万平方米，全季、智选假日、汉庭等 6 家酒店入驻，正积极推动天府临空产业创新中心、民航创新服务中心、西部生鲜港线下体验店等项目落地，全力服务保障成都天府国际机场中转客流、商务人群和目的地旅客，助力成都国际门户枢纽建设。三是依托高铁枢纽打造高端商贸集聚区。南京市以南部新城为核心，规划建设高铁枢纽经济区，打造高端商务商贸集聚区，着力引进高端商务商贸、文化创意、信息技术咨询、健康服务、旅游服务等产业集群，加快构建南站商务商业圈，大力发展总部经济和楼宇经济，打造具有枢纽特色的长三角北翼现代服务业平台。

3. 产业链下游

枢纽通道经济产业链的下游产业主要涉及交通基础设施枢纽网络“建管养运”中的“养”和“运”方面。“养”即养护，包括预防性养护、修复性养护和养护技术创新等领域，重在延长交通设施使用寿命、提升使用状态；“运”即运营，涉及交通流量的组织、运输服务的提供以及相关服务设施的运营等方面，包括设施养护、设施运营、综合开发等。

设施养护方面，面向公路、桥梁、隧道、港口、航道等交通基础设施，提供检查、维护、修复和升级等服务，是保障交通基础设施长期稳定运行的关键环节，通过及时的养护和维修，可延长交通基础设施使用寿命，降低维修成本，提高交通系统的整体效能和服务质量，保障交通安全。

设施养护领域，招商公路旗下的综合性公路投资运营服务商背靠招商局的央企资源，是中国投资经营里程最长、覆盖区域最广、产业链最完整的综合性公路投资运营服务商。截至 2023 年底，招商公路投资经营总里程达 14745 公里，覆盖 22 个省、自治区和直辖市；参股 26 家优质收费公路公司，其中 16 家为 A、H 股收费公路上市公司；管理的收费公路项目共计 26 条，管理里程达 2008 公里，分布于 15 个省、自治区和直辖市。中国中铁是铁路运输龙头企业，不仅负责全国的铁路运输管理工作，其业务还涉及铁路工程的建设与维护。作为中国铁路系统的代表，中国中铁在全球范围内也具有广泛影响力，其高效的运营模式和技术创新能力为全球铁路运输提供了宝贵的经验。国创高新是国内交通养护领域具有重要地位的企业，专注于养护材料的研发、生产和销售以及养护工程的施工，在养护材料领域拥有多项核心技术和专利产品，能够满足不同交通基础设施的养护需求。同时，公司还积极参与养护工程的施工和项目管理，为客户提供全方位的养护解决方案。森远股份是国内提供公路养护技术和除雪技术总体解决方案的服务型制造企业，能够提供全系列沥青路面再生技术解决方案，生产制造多品类预防性养护设备。公司生产的大型沥青路面就地再生设备和厂拌再生设备是我国节能环保和资源循环利用领域的重点产品。

设施运营方面，主要涉及交通基础设施（如公路、铁路、航空、水运等）的日常运营、维护、管理以及提供相关的运输服务，包括制定运营计划、管理交通流量、确保交通安全、提供客运和货运服务等，是保障交通运输系统高效、安全、顺畅运行的关键环节，是交通基础设施运营投产后进一步优化运营流程、提高运营效率、降低运营成本、提升服务质量的有效助力。

设施运营领域，山东路桥集团是国内较早进入道路养护施工领域的企业之一，以打造国内领先的基础设施综合养护服务商为发展目标，积极研究应用绿色低碳养护技术，具备科研、设计、施工、养护、投融资等完善的业务体系和管理体系。2023 年，公司营业收入为 730.2 亿元，同比增长 3.29%；其中路桥养护和施工业务收入为 44.69 亿元，同比增长 0.23%。浙江交科主要从事交通基础设施的投资、设计、施工、养护及工程项目咨询与管理业务，公司业务遍布海外近 20 个国家以及国内 20 多个省、自治区、直辖市，具备较强的施工行业实力和市场竞争力。重庆高速集团作为重庆市主要的高速公路运营商，负责多条重要高速公路的建设和管理工作，在推动市内外交通一体化发展的同时，积极探索智慧高速公路和绿色交通系统的建设，适应并抢抓未来交通发展机遇。

综合开发方面，以交通枢纽基础设施为核心，通过商业、智慧、绿色等多元化综合开发模式，实现交通资源的最大化利用和价值的最大化提升。

综合开发领域，甘肃省公路航空旅游投资集团负责甘肃省高等级公路、通用航空、文化旅游的投融资建设、管理运营和开发，拥有张掖七彩丹霞、崆峒山 2 个国家 5A 级旅游景区，天池、焉支山、遮阳山、贵清山 4 个国家 4A 级旅游景区，以及汉唐天马城、天水古城等知名景区和“明珠”系列酒店，实现融资担保、小额贷款、产权交易、供应链金融、融资租赁、商业保理、金融仓储等金融业务全牌照布局。义乌市交通旅游产业发展集团布局交通上下游产业、文体旅产业、房产置业及管理产业，整合义乌文化旅游资源，完成企业重组，由融资平台公司向实体化经营转型，打造服务基础设施建设、特色产业开发平衡发展的现代基础产业集团。大华股份在智能交通监控系统中占据重要地位，提供从前端采集到后端处理存储的全套解决方案，广泛应用于多个城市的交通管理中，获“2012 年智能交通科技创新型企业奖”与“2012 年最具影响力电子警察品牌奖”等奖项。千方科技定位为交通新基建的推动者和践行者、车路协同技术路线的发起者和引领者、人工智能物联网领域全球排名前列的全栈式能力提供商，积极推动多源异构数据在交通运输、交通管理、城市管理与服务等领域的汇聚、融合与应用，致力于以数字技术推动交通数字化升级、城市数字基础设施建设。皖通科技是安徽省高速公路信息化建设龙头企业，从事高速公路信息化建设领域的系统集成、应用软件开发及运行维护业务，是我国专业化从事高速公路信息系统集成的一流综合性企业之一，是我国少数拥有高速公路信息系统建设高端核心软件的企业之一，具有丰富的高速公路信息系统开发和建设经验。

（三）产业发展趋势及重点

1. 构建高能级交通物流枢纽网络，打造枢纽通道经济发展坚实载体

《“十四五”现代综合交通运输体系发展规划》提出，要完善结构优化、一体衔接的设施网络，扩大多样化高品质的服务供给，培育创新驱动、融合高效的发展动能，强化绿色安全、开放合作的发展模

式，构建现代综合交通运输体系。枢纽通道经济本质上是以地理环境和综合交通枢纽通道相联结为前提，以经济合作为纽带，在交通干线的各省之间、城乡之间、各产业之间建立密切经济联系的一种经济发展模式。立足“十五五”期间综合交通发展从“基本适应”向“适度超前”的转变，交通对经济社会发展的战略性支撑引领作用日益突出，需不断提升交通物流枢纽网络服务能级和建设水平，更好推动枢纽通道经济发展。

一是加强基础设施建设与互联互通。随着全球化和区域经济一体化的深入发展，枢纽通道经济对交通基础设施的依赖性日益增强，便捷、高效的交通设施网络成为枢纽通道经济发展的关键基础。加强交通基础设施建设、提升互联互通水平，成为推动枢纽通道经济发展的首要任务。一方面，要加快交通枢纽、交通通道建设，推动铁路、公路、航空、水运等多种交通方式的综合发展，形成立体化的交通网络。另一方面，要提升物流效率，建设现代化物流园区和配送中心，优化物流网络布局，提高物流信息化水平，降低物流成本。

二是推动基础设施区域协同和跨境协作。在全球化背景下，枢纽通道经济的发展需积极依托开放合作与制度创新，通过加强与国际市场的联系和合作，进一步拓展经济发展空间，提高市场活力。一方面，要进一步推动区域经济一体化，立足构建全国统一大市场、适应国内大循环形势需求，加强区域合作与协调机制建设，推动区域经济一体化进程，积极依托数字交通枢纽等建设，通过区域合作平台的建设和运作机制的创新推动区域经济协同发展。另一方面，要大力扩大跨境交通基础设施合作网络，依托跨境航线、中欧班列、海外仓等，积极参与国际经济交流与合作，加强与沿线国家和地区的贸易往来与投资合作。

三是推进交通基础设施智慧绿色发展。智慧公路、智慧航道、智慧物流枢纽等交通运输领域新型基础设施以及零碳交通枢纽等绿色交通基础设施不仅是促进交通运输提效能、扩功能、增动能的重要抓手，也是创新发展枢纽通道经济新模式新业态、打造枢纽通道经济新增长点的重要平台。一方面，要加快推动新技术融合应用，利用大数据、云计算和人工智能等新一代信息技术赋能交通枢纽网络，通过基础设施的提能升级，进一步提高枢纽通道经济运营效率和服务质量。另一方面，要积极打造环保技术应用场景，在枢纽规划和设计阶段就融入生态保护理念，确保项目建设与当地生态环境和谐共存；要在建设和运营中应用更多的环保技术和材料，积极使用低碳绿色化交通设施设备，探索优化能源使用结构和提升效率。

2. 培育壮大枢纽偏好型产业，推动枢纽通道与高端制造业、现代服务业等产业深度融合

《国家物流枢纽布局和建设规划》提出，引导地方统筹城市空间布局和产业发展，充分发挥国家物流枢纽辐射广、成本低、效率高的优势，带动区域农业、制造、商贸等产业集聚发展，打造形成各种要素大聚集、大流通、大交易的枢纽经济，不断提升枢纽的综合竞争优势和规模经济效应。集聚培育枢纽通道相关偏好型产业，对发挥枢纽通道经济优势、促进经济提质提速意义重大。

一是筛选相关偏好型产业。根据不同交通方式的技术经济特征、枢纽通道区位条件、产业基础和发展方向，筛选出发展基础条件优越、区域特色鲜明、交通与经济耦合、发展潜力较大的产业，更高水平、更深层次地融入区域和全球产业链分工体系。

二是围绕枢纽通道城市定位，推动产业链式集聚发展。根据枢纽通道所在城市的地位量级、层级体系、辐射范围，结合城市资源禀赋条件和发展目标导向，加快产业链条化和集聚化发展，打造枢纽通道相关偏好型产业集群。

三是推进产业深度融合，形成枢纽通道产业生态群落。完整的枢纽通道经济体系离不开相关产业的集聚和深度融合，必须打破枢纽通道相关产业“集而不群”的割裂现象，扭转“重流通、轻制造”的产业发展格局，深化现代物流业和先进制造业、现代服务业有机融合与联动协同，促进其产业转型升级，避免落入“枢纽陷阱”。同时通过推进枢纽通道所在城市的产业链高效整合，打造一个或多个处于全球领先地位的产业集群，以及由该产业集群所形成的生态群落。

四是培育产业发展载体，打造一批枢纽经济先行区。坚持突出重点、先行先试、示范引领，统筹全省开发区、国家物流枢纽、综合交通枢纽等布局建设，围绕机场、铁路、港口、物流枢纽等重大交通物流基础设施，在合理的边界范围内开展枢纽通道经济先行试点。重点在产业布局、体制机制、项目建设、绩效评估等方面进行探索，打造一批集聚辐射能力强、产业规模效益优、发展生态环境好的交通枢纽通道经济先行区。

3. 推动用地、投融资等方面的制度创新，夯实枢纽通道经济发展要素支撑

中央财经委员会第十一次会议强调，要强化基础设施建设支撑保障。在党中央统一领导下，建立重大基础设施建设协调机制，统筹协调各领域、各地区基础设施规划和建设，强化用地、用海、用能等资源要素保障。要适应基础设施建设融资需求，拓宽长期资金筹措渠道，加大财政投入，更好集中保障国家重大基础设施建设的资金需求。当前，交通基础设施投资建设仍存在要素保障短板制约。以物流枢纽建设为例，由于项目投资规模大但盈利能力偏弱，地方政府“邻避效应”突出，且因物流营运主体普遍缺少确权手段，投融资渠道有限，项目建设面临“拿地难”“用地贵”“融资难”问题。立足下一步交通基础设施网络优化存量、挖掘增量发展趋势，需进一步通过模式创新、机制优化等手段，强化用地、资金等方面要素支撑保障。

一是优化土地资源配置。制定差异化用地政策，根据不同地区的地理特点、经济发展水平和环境保护需求，制定差异化的用地政策。例如，对于城市群和都市圈的中心区域，可优先保障交通枢纽通道用地，以促进经济集聚和高效发展；对于生态敏感或农业重点保护区域，则适当限制工业和建设用地的开发。推行土地综合开发，鼓励围绕交通枢纽进行“站城一体”的综合开发，将交通枢纽与周边区域的居住、商业和办公功能有机结合，提高土地使用效率并带动周边经济发展。例如，可借鉴 20 世纪 80 年代日本通过城市再造，依托交通枢纽发展的成功经验。建立健全土地使用的监管机制，确保土地资源配置符合国家发展规划和地方实际需求。通过科学规划和动态监控，避免土地资源的闲置和浪费，提高土地利用效率。

二是创新投融资机制。引入多元化投资主体，鼓励各类社会资本参与交通枢纽通道项目的建设和运营，通过政府和社会资本合作项目模式，吸引民间投资参与基础设施项目。拓宽融资渠道，探索通过银行贷款、债券发行、资产证券化等多种融资方式，降低融资成本并提高资金使用效率。同时，加强与国际金融机构的合作，引入低成本的国际资金。完善风险管理机制，建立完善的风险评估和管理体系，对投资项目进行全面的风险评估，并通过保险、担保等方式分散和转移风险。此外，可探索设立专项基金应对突发风险，确保投融资安全。

三是构建协同发展机制。建立区域协同机制，通过区域协调发展的政策框架，促进不同地区之间的合作与资源共享。例如，长三角、京津冀等城市群可以通过互联互通的交通网络实现协同发展，提升整个区域的竞争力。推动中央与地方合作，建立协同推进机制，确保政策的顺利实施和资源的有效配置。通过明确中央和地方的责任分工，形成推动交通枢纽通道建设的合力。搭建多方参与平台，包括政府部门、企业、社会组织和公众，共同参与交通枢纽项目的规划、建设和监督。通过广泛听取各方意见，保证决策的民主化和科学化。

五、交通建筑工业化

（一）内涵范围

1.基本概念

交通建筑业是专门从事交通基础设施建设的行业，涉及公路、铁路、桥梁、隧道、港口、机场等各类交通设施的规划、设计、施工和维护等。过去几十年，交通建筑业存在资源消耗多、环境污染大、科技水平低、质量和性能差、产业收益率低等问题。随着交通建筑业逐渐向绿色化、智能化转型，交通建筑工业化应运而生，此过程涉及大量的新模式、新材料、新设备，将为交通建筑业发展注入新动能。

发展交通建筑工业化产业，将有助于推动交通建筑全产业链、全生命周期的质量和效益提升。实施交通建筑工业化后，产业链中将出现大量的预制构件产品，如箱梁、铁路铁轨等。预制构件的生产将从现场转到工厂，施工方式由现场浇筑变为现场装配，推动交通建筑产业内涵、运营范式、业务模式的转变。

当前阶段，我国交通建筑工业化是指通过标准化设计、工厂化生产、装配化施工、信息化管理、商品化销售，完成公路、铁路、城市轨道交通、综合管廊等交通基础设施建设的方式。其中，标准化设计是指在工程中尽量使用相同规格、尺寸、精度的构件，为工厂重复生产提供必要条件，以实现从单个加工到大规模工厂化生产的转型。工厂化生产需要考虑场地规划、预制构件生产加工、模具选择、钢筋加工、混凝土养护和质量控制等方面的问题。装配化施工是将预制构件进行现场拼装的施工方式。信息化管理是指运用建筑信息模型、物联网、人工智能、5G 等信息化技术，进行多方面集成化管理。商品化销售是指预制构件等交通建筑工业化产品在一定市场范围内销售。

2. 主要特征

在新形势下，交通建筑工业化呈现新特征。一是智能化转变，交通建筑工业化与智能制造协同发展，推动交通建筑业从劳动密集型制造向智能化制造转变，从传统构件向智慧化产品转变。二是产业链协同，交通建筑工业化通过与行业原有的生产制造单位协同，整合产业链、价值链和创新链，使资源获得高效统筹利用。三是系统化集成，交通建筑工业化通过数字化设计手段，推进建筑、结构、设备管线、装修等一体化集成设计，提高建筑整体性。

3. 发展阶段

我国交通建筑工业化的发展经历了四个阶段。一是起步阶段。1959 年，我国引入苏联深梁式大板装配式建筑，预制装配桥梁结构开始发展。为解决现场加工困难的问题，在一些小型的桥梁结构中，施工单位开始采用预制钢桁架、预制空心板梁、预制 T 梁等，利用小型机械设备完成运输和吊装。二是停滞阶段。伴随着改革开放大潮，大量务工人员为城市建设提供了丰富的劳动力资源，同时随着商品混凝土的兴起、现浇技术的进步，预制装配技术逐渐失去优势，交通建筑工业化发展基本停滞。三是重新崛起阶段。2000 年后，随着大型跨海桥梁的建造需求增多，预制装配技术重新受到关注。预制节段梁、预制钢箱梁、预制小箱梁和海上湿接头桥墩等构件得到广泛应用。四是快速发展阶段。2010 年以来，劳动力成本逐渐上升，工程建设行业利润不断下降，同时伴随着业主需求增加、环保要求升级，预制装配技术得到了快速发展，干接头预制桥墩、盖梁、防撞墙等得到广泛应用。

（二）产业链创新发展模式

交通建筑工业化产业链是一个涵盖从设计、原材料供应、制造、施工到后期销售和维护管理的完整体系，具体包含上游的研发设计、原材料供应，中游的产品制造、装配施工，下游的销售交易和维护管理（见图 3-7）。每个环节都是相互依赖和相互促进的，通过整合上中下游的资源和能力，实现整个产业链的高效运作和持续创新。

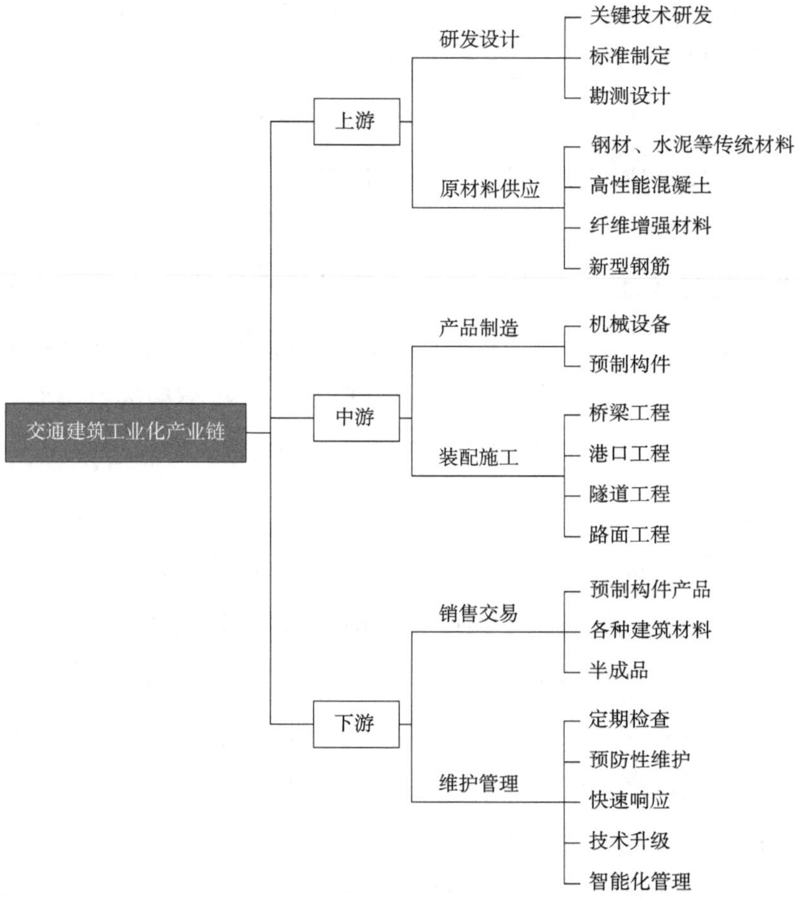

图3-7 交通建筑工业化产业链

资料来源：笔者绘制。

1. 产业链上游

产业链上游主要包括研发设计和原材料供应。

研发设计方面，包括关键技术研发、标准制定、勘测设计。关键技术研发涉及建筑信息模型、智能制造、自动化控制等技术的创新研发。标准制定是指预制构件、装配式建筑等原材料、试验方法、储存及厂内运输等方面的技术标准制定。勘测设计即通过地理信息系统收集基础地理和环境信息，然后应用建筑信息模型和其他设计软件来实现精确设计，同时进行工程的系统集成设计，确保设计的标准化和模块化，以适应后续工业化生产需求。

在研发设计领域，浙江交工作为浙江交通集团下属企业，自2017年成立建筑工业化事业部以来，致力于桥梁快速拼装技术研发，推动施工模式转变，实现设计、工厂制造、现场装配的高效流程。其在建筑工业化领域拥有42项省部级工法、90项专利，以及16项主、参编标准规范（导则），在行业内发挥了显著的示范引领作用。在标准制定方面，国内一些地方已经形成区域范围内的预制构件标准化、通用化设计，但尚未形成行业、国家标准。如上海市住房城乡建设管理委员会等相关主管部门积极推进标准化设计、装配式建筑标准规范的制定，标准化技术支撑力度位居全国前列。浙江省多家企业联合发布了预制混凝土小箱梁、T梁、盖梁、立柱的标准规范，让标准预制构件可以在整个市场内流通。

原材料供应主要涉及钢材、水泥、沥青、砂石骨料、预应力材料、混凝土添加剂等传统材料，和高性能混凝土、纤维增强材料、新型钢筋等用于提高建筑构件性能的材料。原材料供应需要高效的供应链管理，确保原材料的质量和供应的及时性，并建立高效的物流配送系统，采用现代化物流技术确保原材料快速安全运输到工厂。

在原材料供应领域，潍坊恒泰路桥是一家集商砼、沥青、水稳混凝土及桥梁装配式梁板生产、销售、运输、工程施工于一体的现代化绿色环保企业。企业拥有国际先进的自动化搅拌站生产线、沥青混凝土自动拌合设备等，年产商品混凝土150万立方米，沥青混凝土50万吨。位于佛山高新区顺德园的华运通达，通过研发高性能沥青材料和超薄路面技术，实现了在行业中的异军突起。其技术成功填补了行业空白，达到了国际先进水平，打破了国外垄断，为广州白云机场、深圳宝安机场等300多个大型项目提供关键技术支撑。

2. 产业链中游

交通建筑工业化产业链中游包括产品制造和装配施工。

产品制造主要包括生产和装配所需的机械设备的制造以及预制梁、板等预制构件的生产。机械设备制造指为满足工业化生产需求开发专用的机械设备，如自动化钢筋加工设备、预应力张拉设备等，并根据客户具体需求，提供定制化的机械设备设计和制造服务以满足不同生产场景的要求。预制构件制造指按照标准化、模块化的原则生产预制构件，提高其通用性和互换性，便于大规模生产和应用，并根据市场需求开发多样化的预制构件产品。

在预制构件加工领域，发达国家很早就采用了工业化生产方式，预制构件生产企业除加工预制混凝土构件外，还有一大部分上下游延伸业务。例如，砂石集料、沥青、商品混凝土生产以及现场施工服务。例如，美国著名企业奥尔德卡斯尔公司，构建了以预制构件生产为核心的上下游产业链，年产集料1.36亿吨、沥青3800万吨、预拌混凝土660万立方米，其技术创新和产品开发能力在业界处于领先地位。远大住工作为国内生产预制混凝土构件的龙头企业，拥有丰富的产品线，包括预制叠合楼板、预制墙板、预制楼梯等全品类预制混凝土构件，其产品广泛应用于装配式建筑，以16.5%的市场份额成为行业龙头。

装配施工是指将预制构件进行现场拼装。在桥梁工程中，主要构件为承台、立柱、盖梁、箱梁、防撞墙等；在隧道工程中，主要构件为盾构管片；在水运、港口工程中，主要构件为桩基以上的预制构件。装配施工将现场浇筑混凝土等湿作业转变为拼装干作业，构件生产和组装由串行顺序向平行设计和生产转变，现场施工时间大大缩短，城市施工引起的拥堵问题得到明显改善，施工噪声、粉尘等环境污染大大减少，因而特别适合城市、景区等环境要求高的场景。

目前，美国、日本等国家装配式建筑市场渗透率均超过 70%，在装配施工领域展现出较高的工业化和产业化水平。随着现代工业技术的发展，国内装配施工呈现快速发展的态势。中交装配式建筑科技公限公司致力于装配式建筑科技全产业链条的打造，在装配式路面板方面成绩显著。以雄安新区装配式道路工程为例，该公司在接到中标通知书后，仅用 10 天时间便完成了所有的施工任务，比合同工期缩短了一半以上，其自主研发的混凝土路面板先后获得 3 项国家实用新型专利。与此同时，该公司正在加大科研力度，已启动路面板智能铺装机器人的研发，将实现公司自产路面板的全自动铺装，推动铺装作业自动化、机械化、信息化、智能化升级。

3. 产业链下游

交通建筑工业化产业链下游主要包括销售交易和维护管理。

销售交易指预制构件产品、各种建筑材料及半成品等作为商品在一定市场范围内出售交易。目前，小型预制构件、商品混凝土、机制砂石等已经以商品的形式在市场销售，通过销售交易可以实现产品的市场渗透，为企业创造收入和利润，并通过市场反馈促进产品和服务的持续改进。

目前，部分地方已经形成多样化的市场销售模式。在上海，预制构件市场销售模式主要为直接采购，即总包单位根据自身项目需求，直接与生产企业建立合作关系进行采购。这种模式有助于提高供应链的效率，确保预制构件的及时供应，并使总包单位能够更直接地参与到产品质量的监督与管理中。在浙江绍兴，预制构件市场则采取了一种更为市场化和标准化的生产与监管方式。预制构件生产企业需发布其产品标准，并在政府管理部门进行备案，以确保产品符合行业规范和质量要求，形成了政府监管与市场机制相结合的管理模式。

维护管理是确保基础设施长期稳定和高效运行的关键，涵盖从定期检查、预防性维护、快速响应、技术升级到智能化管理的全过程。这一环节需要定期对交通基础设施进行检查和监测，根据检查结果，制订科学的维护计划，部署日常保养、定期维修、大修和改造等不同级别的维护工作。同时，建立快速响应机制，一旦发生故障或紧急情况，能够立即启动应急预案，快速进行修复和处理。此外，物联网、大数据、人工智能等利用信息技术，实现交通基础设施的智能化管理，提高维护效率和管理水平。

在维护管理领域，国内很多企业通过智能化管理系统、物联网、大数据和人工智能等技术手段，提高了交通建筑的维护管理效率，降低了运营成本，提升了服务质量。其中，达实智能和延华智能是智能建筑行业的龙头企业，它们基于自主研发的人工智能物联网管控平台和智能终端产品，为智能建筑市场提供定制化的综合解决方案，服务覆盖全国多个省级行政区。

（三）产业发展趋势及重点

1. 交通建筑业工业化、低碳化发展向纵深推进

交通建筑业正通过工业化生产方式，如预制构件和模块化施工，提高建设效率和质量。同时，产业低碳化发展向纵深推进，强调绿色建材的使用、节能减排施工技术的应用以及全生命周期环境保护措施

的落地，以实现可持续发展目标。

一是交通建筑工业化持续推进。交通建筑业工业化转型主要体现在生产方式的变革上，通过引入预制构件和模块化施工技术，实现了建筑生产流程的标准化和规模化。在未来进一步深化过程中，应不断研发和采用新技术，如建筑信息模型技术、机器人施工、3D 打印等，以进一步提高设计和施工的精确性和效率。通过集成智能监控、自动化控制和人工智能系统，实现施工过程的智能化管理，提高决策支持和风险管理能力。加强国际合作，引进国外先进的工业化建筑技术和管理经验，提升国内产业的国际竞争力。

二是交通建筑低碳化深度转型。在"双碳"战略引领下，交通建筑低碳化发展着重于降低建筑活动对环境的影响，包括在建筑材料的选择上优先考虑绿色、环保的建材，如使用再生材料或低碳排放材料。在施工过程中，采用节能减排的技术和设备，减少能源消耗和温室气体排放。在建筑的全生命周期中，实施有效的环境保护措施，如废物回收利用、水资源管理和生态保护等。通过这些措施，交通建筑工业化产业致力于实现低碳、环保的可持续发展目标。

2. 向交通新基建及融合性交通设施延伸

随着经济的快速发展和城市化进程的加速，为应对未来人口增长和全球化带来的挑战，满足多元化出行需求，促进区域协调发展，交通新基建及融合性交通设施建设将成为交通建筑工业化产业发展的新方向和重点。

一是加快交通新基建工业化发展。新基建涵盖智能交通系统、高速铁路、城市轨道交通等前沿领域。新基建的推进将为交通建筑业带来技术创新和模式创新的机遇，促进行业转型升级。应鼓励新基建项目采用模块化和预制化设计，使建设过程更加高效，缩短施工周期，降低成本。采用全生命周期管理方法，从规划、设计、施工到运营和维护，实现全过程的流程优化和成本控制。

二是促进融合性交通设施建设。融合性交通设施侧重于不同交通模式之间的无缝衔接和协同运作，例如综合交通枢纽和多模式联运系统。这类设施的建设旨在打破不同交通方式之间的壁垒，实现资源和信息的共享，提高换乘效率和乘客的出行体验。一方面，要优化交通网络的布局和运营管理，通过融合性交通设施的建设形成更加高效、灵活和可持续的交通系统，满足日益增长的多元化出行需求。另一方面，要加强组织领导和规划设计，完善政策标准和协同推进机制，确保区域、路段之间的兼容性和服务的连贯性。

3. 交通建筑业向国际化迈进

随着交通建筑业"走出去"战略不断推进，企业积极参与国际市场竞争和工程项目，通过国际化发展扩大业务范围、提升影响力。同时，加强国际合作，引进先进技术和管理经验，提升国内交通建筑工业化产业的国际竞争力和创新能力。

一是强化国际市场参与。国内交通建筑工业化相关企业应积极响应共建"一带一路"倡议，通过参与海外工程项目，拓展国际市场和优化全球业务布局。通过这些项目，树立中国交通建筑工业化产业的良好国际形象，打造国际知名品牌，从而提升整个产业的全球竞争力。在跨国经营过程中，国内企业应不断积累宝贵的国际市场经验，提升项目管理、风险控制和资源整合能力，加深对国际工程标准和实践的理解。基于这些经验，企业可以更好地适应不同国家和地区的市场需求，提供符合当地标准的交通建筑解决方案。同时，企业应积极参与国际标准的制定和修订，使企业产品和服务符合国际标准，增强国际市场的竞争力。

二是注重国际交流与合作。通过与全球行业领导者的战略合作，引进高端制造技术和智能化施工方案，推动产业的技术革新和产品线的现代化升级。同时，通过学习国际成熟的工业化建筑管理和运营模式，快速提升管理效率和市场适应能力。此外，加强与国际专业机构和学术界的合作，在促进专业知识和技能交流的同时，培养一大批熟悉国际规则、具备跨文化沟通能力的人才，为交通建筑工业化产业的创新发展和全球竞争力的提升奠定基础。通过参与或主导国际合作项目，国内企业可以实现资源共享和优势互补，加强与国际市场的互联互通，促进产业的互利共赢和可持续发展。

六、新能源汽车

（一）内涵范围

1. 基本概念

新能源汽车是指使用非常规的车用燃料作为动力来源（或使用常规的车用燃料但采用新型车载动力装置），综合利用车辆动力控制和驱动方面的先进技术，制造的具有新技术、新结构的汽车。作为传统燃油汽车的重要替代产品，新能源汽车近年来在全球范围内得到广泛关注并快速发展。随着技术的进步和政策的推动，新能源汽车在市场份额、技术创新和产业链建设等方面取得了显著进展。

2. 发展阶段

我国新能源汽车的发展历程可以追溯到 20 世纪 90 年代。1991 年，电动汽车被列入“八五”重点科技攻关项目。此后，清华大学、上海交通大学等高等院校和科研机构开始进行电动汽车技术的研究与开发。虽然当时技术水平较低，但这些早期的努力为我国新能源汽车产业的发展奠定了重要基础。进入 21 世纪，随着技术的不断进步和国际市场需求的增加，我国新能源汽车产业进入快速发展阶段。2001 年，科技部启动“863 计划”电动汽车重大科技专项，财政和政策支持力度不断加大。2009 年，科技部等多部委联合启动“十城千辆”节能与新能源汽车示范推广应用工程，在北京、上海等 10 个城市推广新能源汽车，并为购车者提供补贴。这一工程极大地激发了市场需求，推动了新能源汽车的普及。21 世纪第二个十年是我国新能源汽车产业飞速发展的黄金时期。2012 年，国家发布《节能与新能源汽车产业发展规划（2012—2020 年）》，明确提出到 2020 年，纯电动汽车和插电式混合动力汽车生产能力达 200 万辆、累计产销量超过 500 万辆。为了实现这一目标，政府加大了对新能源汽车产业的支持力度，包括提供购车补贴、减免购置税和加快充电基础设施建设等措施。同时，企业如比亚迪、北汽新能源、蔚来汽车等国内企业积极加大研发投入，推出了一系列具有竞争力的新能源汽车产品。随着市场需求的增加和技术水平的提升，我国新能源汽车产业在全球市场中占据了重要地位。截至 2020 年，我国新能源汽车保有量已超过 500 万辆，成为全球最大的新能源汽车市场。这一时期，我国新能源汽车产业链已基本形成，从上游的电池材料供应到下游的整车制造，各环节都有大量企业参与，并在国际市场中展现出较强的竞争力。近年来，随着“双碳”目标的提出，我国新能源汽车产业迎来了新的发展机遇。政府持续加大对新能源汽车产业的政策支持力度，推动新能源汽车向智能化、网联化方向发展。同时，充电基础设施建设进一步提速，新能源汽车的使用便利性显著提升。2023 年，我国新能源汽车产销分别完成 958.7 万辆和 949.5 万辆，同比分别增长 35.8% 和 37.9%，市场占有率达到 31.6%。

3. 主要特征

新能源汽车产业呈现四个特点。一是信息化，也称共享化。信息化的交通工具能够收集并汇总用户的各项数据，通过分析数据，为用户提供传统汽车行业所不能提供的定制化服务。二是智能化。现代汽车搭载的智能化模块能够为用户提供个性化服务，并有效实现智能互动，从而带来不同于传统汽车的舒适体验。三是电动化。不同于电驱动化，电动化是汽车整体架构的升级与优化，而非直接替换供能设备。相较于传统的汽车结构，电动化的汽车取消了以机械作为控制主体的工作方式，转而使用自动化电子设备进行控制，是汽车产业全面升级的基础。四是物联网化。物联网化实现了汽车信息化、智能化与电动化的深度革命，彻底改变了智能设备的孤立运作模式，使新能源汽车能够与手机、数据中心、卫星等连接成有机整体，从而与传统汽车形成本质区别。

4. 产业类型

按动力类型分，新能源汽车主要包括纯电动汽车、混合动力汽车、插电式混合动力（含增程式）汽车以及燃料电池汽车等类型。目前全球新能源汽车市场主要由纯电动汽车和插电式混合动力汽车两大类产品组成，此外，氢燃料汽车、醇类燃料汽车、生物柴油汽车等新型燃料汽车，以及以太阳能、风能、核能等新型能源为驱动力的新型汽车，仍在加速探索应用中。按使用场景分，新能源汽车包括用于城市公共交通、区域接驳交通等领域的新能源客用车，用于城市物流配送等领域的新能源商用车，针对干线重载运输、港区园区作业等场景研发制造的新能源专用车，以及私家车、网约车、出租车等大众日常生活使用的新能源乘用车。

（二）产业链创新发展模式

新能源汽车产业链既保持了传统汽车产业链条长的特征，又新增了电池、电机和电控等重要产业环节，具体包括上游的原材料及组件、中游的核心部件与整车制造以及下游的汽车服务与应用（见图 3–8）。由于太阳能、核能等新型能源驱动的汽车仍在研发探索中，

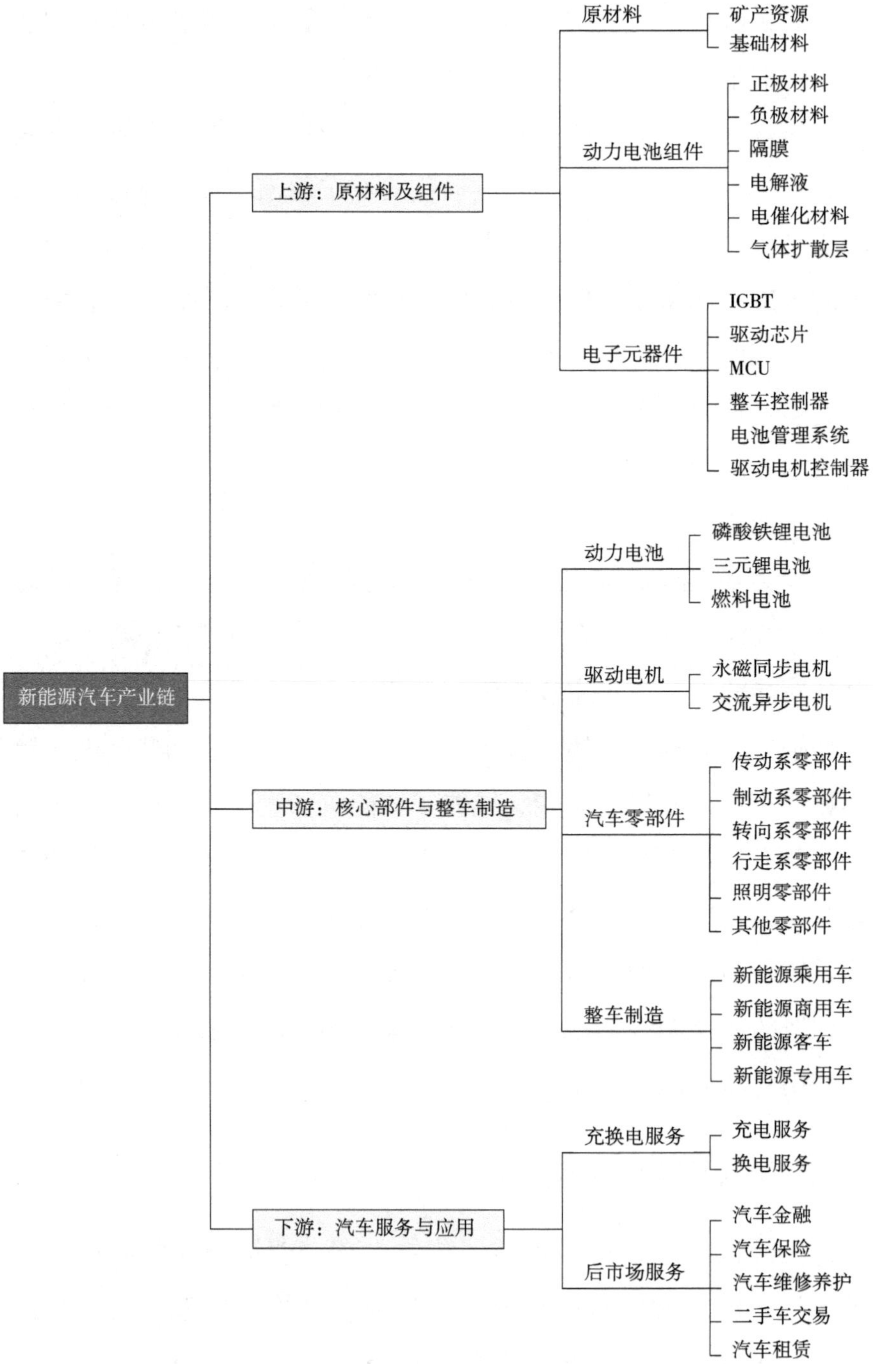

图3-8 新能源汽车产业链

资料来源：笔者绘制。

本部分重点聚焦当前市面上常见的电动汽车开展产业链分析。

1. 产业链上游

新能源汽车产业链上游产业主要为新能源汽车生产制造提供原材料、组件等生产供应服务，对于新能源汽车产业链后续环节的性能和质量具有重大影响，是新能源汽车产业链中技术密集、价值密集的环节之一。

原材料方面，一方面是矿产资源，主要涉及铬、铝、锗、钴、锡、铁、铟、锌、锰、锆、银、金、镍、铜、镓、稀土、石墨、硒、镁、硅、铂、钛和锂等23种，其中锂、钴、镍、铂、稀土、石墨等是新能源汽车制造中最关键的矿产资源，这些矿产资源是电池制造的重要原材料，直接影响电池的成本和性能。另一方面是聚烯烃等基础材料，这些材料在电池、电机等核心零部件的制造过程中发挥着重要作用。

在原材料领域，国外跨国企业在新能源材料领域不断拓展，尤其在高附加值的关键战略材料产品市场中占据主导地位，通过技术和市场垄断实施产品封锁或倾销，遏制竞争对手的发展。材料技术的进步是动力电池水平提升的基础，以三元电池为例，其目前正处于从低镍向高镍的转型期。美国少数企业垄断了高容量富锂和低钴 / 无钴正极材料的专利，德国、日本和韩国少数企业在高镍低钴三元电池材料方面占据优势地位，日本信越化学工业株式会社、美国3M公司等拥有硅基负极材料的关键专利。我国正负极材料和电池产能已居世界第一，但核心技术仍然缺乏。

动力电池组件方面，作为新能源汽车能量存储与转换的基础单元，动力电池是新能源汽车的核心零部件。在锂离子电池中，具体有正极材料，包括三元材料、锰酸锂正极材料、磷酸锂正极材料、钴酸锂正极材料等；负极材料，包括高端人造石墨、天然石墨、硅碳负极等；用于分离电池正负极材料的隔膜，包括聚乙烯醇、聚甲基丙烯酸甲酯等；作为电池中离子传输载体的电解液，包括锂盐、有机溶剂、添加剂等。在氢燃料电池中，关键组件包括双极板材料、质子交换膜材料、电催化剂材料和气体扩散层材料等。

在动力电池组件领域，厦钨新能主要从事钴酸锂、锂二氧化锰三元材料等锂离子电池正极材料的研发、生产和销售。2020 年，厦钨新能钴酸锂正极材料产销量居国内行业首位，锂二氧化锰三元材料产销量居国内行业前五，锂离子电池正极材料总体产销量居国内行业首位，是全球锂离子电池正极材料领域的重要制造商之一。容百科技主要从事锂离子电池正极材料及其前驱体的研发、生产和销售。相较于国内外同行业公司，其产品具有高容量和循环性能优异等特点，相较于同行业同类型产品价格竞争力突出。贝特瑞为新三板挂牌公司，是中国宝安的控股子公司，产品系列包括天然石墨、人造石墨、复合石墨、合金及硬炭等。贝特瑞凭借产业链的优势及高自动化水平的生产设备，产品质量及价格具有较强竞争力，已经成为三星 SDI、LG 化学、SK 集团、松下等国际大客户的第一大供应商。

电子元器件方面，核心电子元器件包括：绝缘栅双极型晶体管（IGBT），负责控制并提供大功率的电力设备电能变换，有效提升设备的能源利用效率、自动化和智能化水平；驱动芯片，包括控制芯片、计算芯片、传感芯片、通信芯片、存储芯片、安全芯片、功率芯片、电源管理芯片；微控制器单元（MCU），负责实现终端控制的功能；整车控制器，作为电控系统的核心，负责协调管理整车运行状态，接收加速和制动踏板信号，并综合驾驶员意图，监控各部件控制器动作；电池管理系统，负责监控电池状态以确保安全和性能，实时监测电池的物理参数，进行在线诊断与报警，控制充放电以及电池均衡管理和热管理；驱动电机控制器，控制电机转速和转动方向，管理能量回收，在能量回收时整流交流电回充给动力电池。

在电子元器件领域，宁德时代作为全球动力电池龙头企业，在电池管理系统方面具有强大的技术实力，拥有较高的市场份额。该公司的电池管理系统可实时监测电池电压、电流、温度等状态参数，确保电池的安全、高效运行。此外，宁德时代还通过算法优化，提高电池的能量利用效率和循环寿命，为新能源汽车提供可靠的动力支持。汇川技术是工业自动化控制领域的佼佼者，也是新能源汽车电机控制器的重要供应商。其电机控制器具有高效、稳定、可靠的特点，能够精确控制电机的转速和扭矩，实现车辆的动力输出和能量回收。汇川技术通过不断创新和技术升级，提高电机控制器的性能和效率，为新能源汽车的普及和推广作出了重要贡献。比亚迪半导体的绝缘栅双极型晶体管模块具有高可靠性、高效率和低损耗的特点，能够满足新能源汽车对电机驱动系统的高性能要求。此外，比亚迪半导体不断研发新技术，提高绝缘栅双极型晶体管模块的性能和可靠性，为新能源汽车产业的发展提供有力支撑。国芯科技于 2014 年实现车规级微控制器单元量产，2018 年搭载国芯 CCFC2002BC 芯片产品的国产乘用车成功下线，实现了国产汽车电子车身控制 32 位微控制器单元上车应用零的突破。后续该公司将持续在车身与网关控制、安全气囊、线控底盘、域控制器、车联网安全、动力总成、仪表等中高端车规级微控制器单元领域实现量产，填补国内高端车规级微控制器单元市场空白。

2. 产业链中游

新能源汽车产业链中游是新能源汽车产业的核心环节，是技术创新和产品开发的核心，直接关系到整车的性能和成本，主要涉及新能源汽车的动力电池、驱动电机、汽车零部件和整车制造。

动力电池方面，作为新能源汽车的能量储存装置，动力电池是新能源汽车产业链中的核心环节之一，通常由电池盖、电池壳、正极材料、负极材料、隔膜、电解液等构成。目前市场上主流的动力电池包括磷酸铁锂电池和三元锂电池，燃料电池等其他新型动力电池的应用仍在持续深化。为推动动力电池发展与创新，国家陆续出台了多项政策，例如《新能源汽车动力蓄电池梯次利用管理办法》《关于印发制造业设计能力提升专项行动计划（2019—2022年）的通知》《新能源汽车产业发展规划（2021—2035年）》等政策为动力电池行业的发展提供了明确、广阔的市场前景，为企业提供了良好的生产经营环境。

在动力电池领域，2019年9月，宁德时代全球首款CTP（Cell To Pack）电池包正式发布。相比传统电池包，采用全新CTP技术的电池包体积利用率提高15%~20%，零部件数量减少40%，生产效率提升50%，系统成本降低10%。CTP电池包能量密度可高达200瓦时/千克，相比传统结构高30%以上，可以大幅提升电动汽车续航能力。2020年"电池日"活动上，特斯拉首次公布CTC（Cell To Chassis）技术，埃隆·马斯克表示，CTC技术配合前后车身一体化压铸技术，使电池包兼具能量提供装置和整车结构部件的双重功能，可减少约370个零部件，实现车身减重10%，每千瓦时电池成本降低7%。2021年1月8日，国轩高科在合肥召开第十届科技大会，会上发布了210瓦时/千克磷酸铁锂软包电芯及JTM技术。据称，采用JTM技术可将模组成组效率提升至90%以上，搭配高比能磷酸铁锂电池，模组能量密度可接近200瓦时/千克，系统能量密度可达180瓦时/千克，超过了锂二氧化锰622三元体系水平，可满足高端乘用车的续航需求。2021年3月10日，广汽埃安发布全球首创第一代弹匣电池系统安全技术。因其采用类似弹匣安全舱的设计，故简称"弹匣电池"，首次实现行业内三元锂电池整包针刺不起火，重新定义了三元锂电池主动安全标准。通过优化设计和生产工艺，弹匣电池系统体积能量密度提升9.4%（302瓦时/升），系统质量能量密度提升5.7%（185瓦时/千克），成本降低10%。

驱动电机方面，新能源汽车驱动电机作为将电能转换为机械能，驱动车辆行驶的关键部件，其性能直接影响车辆的动力性、经济性和用户的驾乘体验。目前新能源汽车驱动电机主要分为永磁同步电机和交流异步电机两大类，其中永磁同步电机因其高效率、高功率密度、高可靠性以及优异的调速性能，在新能源汽车领域得到广泛应用。

在驱动电机领域，汇川技术是我国微特电机行业的龙头企业之一，也是国内规模领先的新能源车用驱动电机供应商。公司专注于工业自动化和新能源汽车领域，致力于提供高性能、高可靠性的驱动电机产品，服务客户主要是以理想汽车为代表的新势力车企、以广汽集团为代表的国内车企（从燃油车向新能源汽车业务转型的厂商）以及海外车企。方正电机是一家以加工、制造、销售新能源汽车电机及控制器为主的 A 股上市公司，致力于新能源汽车驱动电机的研发和生产，其凭借驱动电机系列产品已与多家国内头部传统自主品牌整车厂、造车新势力及国际一级供应商等客户建立配套合作关系，客户包括吉利汽车、上汽集团、奇瑞汽车、蜂巢传动、蔚然动力、小鹏汽车、理想汽车等。弗迪动力于 2019 年成立，为比亚迪子公司，由原负责电机、电控、电源三大核心部件研发生产的第十四事业部与负责发动机、变速器、减速器和车桥研发生产的第十七事业部重组而成。弗迪动力业务涵盖乘用车动力部件、商用车动力部件、轨道交通、充电、零部件配套服务等五大领域，拥有电机、电控、电源、发动机、变速器、车桥等核心技术，并提供全擎汽车动力平台产品及全域软件控制系统匹配标定服务。

汽车零部件方面，汽车零部件是构成汽车配件整体的各个单元及用于汽车配件加工的产品，是汽车工业发展的基础。具体可分为齿轮、减速器、变速器等传动系零部件，刹车片、压缩机等制动系零部件，转向机、转向节等转向系零部件，轮胎、空气悬架等行走系零部件，前照灯、尾灯、转向灯等照明零部件，以及车身、底盘、汽车玻璃等其他零部件。全球汽车加工零部件产业逐渐呈现出模块化和采购全球化等特征。

在汽车零部件领域，华工科技持续推进技术创新和产品研发，成功打破高端激光切割装备技术封锁，自主研发的三维五轴激光切割装备实现包括三维切割头、核心光源以及操作系统等在内的关键核心部件 100% 国产化，自主研制出国内首条新能源汽车全铝车身激光焊装生产线、首套半导体晶圆激光切割机、最新激光清洗技术等一批行业领先的技术及应用，创造了 60 多项国内纪录。亚太股份是国内少数专业研发生产整套汽车制动系统的一级零部件供应商，是我国汽车制动系统行业的龙头企业。公司拥有完整的汽车制动系统主导产品链，涵盖了汽车基础制动系统、汽车电子辅助制动系统、汽车新材料制动部件等 100 多个系列、500 多个品种。科力装备主营汽车玻璃总成组件产品，如风挡玻璃安装组件、侧窗玻璃升降组件等，这些组件是车身的重要组成部分。虽然其主营业务非直接涉及车身制造，但其产品广泛应用于汽车玻璃领域，为电动汽车车身的完整性提供了重要支撑。科力装备已被评为工业和信息化部专精特新“小巨人”企业，是汽车玻璃总成组件领域产品种类最全、覆盖车型最多的供应商之一。

整车制造方面，新能源汽车整车制造是指对各种零部件进行采购、加工、组装，最终形成完整的汽车的过程，不仅包括整车的设计和生产，还涉及生产设备的选购、生产工艺的设计、生产线的调度等一系列工作，覆盖汽车的设计、总装和测试等全生命周期。在总装过程中，需要将各种零部件按照设计要求组装成完整汽车。此外，整车制造企业还需要进行质量控制和性能测试，确保汽车的质量和性能符合标准。

在整车制造领域，比亚迪成立于 1995 年，是我国新能源汽车技术综合实力领先的企业，拥有庞大的技术研发团队和强大的科技创新能力，拥有领先的电池、电机、电控等核心技术，以电池技术和成本控制为核心竞争力，通过提供高性价比的产品和拓展海外市场提高市场份额。同时，公司还积极推动产业链上下游的整合与合作，打造完善的产业生态体系。吉利汽车拥有多个先进的生产基地，专注于新能源汽车的整车制造。这些基地配备冲压、焊装、涂装、总装四大工艺生产线及配套设施，实现高度自动化和智能化生产。以吉利汽车晋中基地为例，其凭借先进的生产设备和工艺，能够生产多种新能源汽车产品。特斯拉成立于 2003 年，是全球最大的新能源汽车制造商之一。公司专注于电动汽车的研发、生产和销售，产品线主要包括 Model S、Model 3、Model X 和 Model Y 四种电动汽车，整车制造工厂分布在美国、中国、德国、墨西哥等国家。我国新能源汽车整车制造企业也在不断发展壮大，如蔚来汽车、小鹏汽车、理想汽车等。这些企业各具特色，在技术研发、产品创新、市场布局等方面都有所建树，共同推动了新能源汽车整车制造产业的繁荣发展。

3. 产业链下游

新能源汽车产业链下游主要涉及后市场服务及充换电服务，这两部分共同构成了新能源汽车产业链的重要末端环节，是新能源汽车应用的重要保障。

充换电服务方面，充换电服务是新能源汽车产业链下游的核心组成部分，直接关系到新能源汽车的能源补给和日常使用便利性。充电服务主要包括充电设施的建设、运营和维护，以及换电设施和换电服务的提供。

在充换电服务领域，特来电首创电动汽车群智能充电系统，技术达到了国际领先水平，依托设备层、控制层、调度层、平台层四层结构，通过功率可灵活调节的充电设施、智能调度控制系统及大数据和云计算平台，在提高充电安全性的同时，为用户提供便捷高效的充电服务，实现了居民用电优先、剩余负荷汽车有序充电、低谷充电及安全用电。安徽奥动是一家专业从事新能源汽车充换电基础设施建设与运营的科技型服务公司，拥有全国领先的多品牌车型智能共享换电机器人，实现多品牌车型共享 20 秒极速换电，为用户提供共享、极速、安全、友好的服务体验，极大提升了土地及电力资源的利用效率。安徽奥动目前已在合肥建设运营 10 座换电站，服务超 400 辆新能源车辆，与安徽中石化、安徽中石油、长安新能源、新亚出租等生态企业建立了紧密的合作关系。

后市场服务方面，后市场服务涵盖新能源汽车使用过程中的各种服务需求，具体包括：汽车金融，主要为用户提供购车贷款等金融服务，帮助用户解决购车资金问题；汽车保险，主要为新能源汽车设计的保险产品，针对新能源汽车的特点和风险进行保障，不仅涵盖了传统燃油车的保险项目，还增加了针对电池、电机等核心部件的保障内容；汽车维修养护，主要为用户提供新能源汽车的日常保养、故障维修等服务，由于新能源汽车的结构和技术与传统燃油车存在较大差异，其维修养护也需要专业的技术和设备支撑；二手车交易，为用户提供了一种将旧车变现或购买二手车的方式，促进了新能源汽车市场的循环发展；汽车租赁，为用户提供新能源汽车的短期租赁服务，满足用户在不同场景下的用车需求，提高新能源汽车的利用率。

在后市场服务领域，瑞科恒能搭建起全面系统的新能源后市场服务资源平台，形成了为新能源场站后期服务提供系统解决方案的业务体系，其业务内容涵盖新能源场站运维、技术服务与工程、部件再制造、备品备件供应、项目后评估等新能源后市场技术服务。途虎养车通过与产业链上下游协同合作，加速体系内的工场店转型升级，利用现有工场店的条件适当改造新能源汽车工位，建立“新能源汽车 + 传统燃油车”的“油电兼修”模式，目前已与13家动力电池公司和6家保险公司开展电池售后维保合作。华胜科技专注于新能源汽车销售及后市场服务全产业链，依托全面的主机厂资源链接能力、全球布局的供应链能力，在海外建立新能源汽车的服务网络，发展以海外新能源汽车为重点的服务及衍生业务，客户遍及南美洲、中东、东南亚及非洲。

（三）产业发展趋势及重点

2020年10月，国务院办公厅印发《新能源汽车产业发展规划（2021—2035年）》，进一步提出坚持电动化、网联化、智能化发展方向，深入实施发展新能源汽车国家战略，以融合创新为重点，突破关键核心技术，提升产业基础能力，构建新型产业生态，完善基础设施体系，优化产业发展环境，推动我国新能源汽车产业高质量可持续发展，加快建设汽车强国。

1.能源多元化，形成以纯电驱动为主、其他新型能源快速发展新格局

2023年6月7日，在寰球汽车主办的“同行·善见·科学——中国新能源汽车多元发展论坛”上，多位行业专家达成共识：新能源汽车多元技术路线将成为“新常态”。时任中国电工技术学会秘书长韩毅认为，从国家的战略政策来看，纯电驱动无疑是最为重要的技术路线。然而从市场的实际发展来看，除纯电之外，国家也同样为混合动力、增程式、燃料电池等一系列创新技术路线的发展留有足够大的空间，这是汽车行业拥抱变化的必然结果。随着能源开采、转化技术和节能技术的快速发展，全球能源供需矛盾有所缓解，使得进一步推进低碳化、电能化、氢能化等能源战略转型成为可能。车用能源与动力呈多元化、电动化、低碳化发展趋势，氢内燃机、柴油机、甲醇燃料、合成零碳燃料等都具备很大的技术提升潜力。

一是纯电动汽车电池技术进一步革新。一方面，随着电池技术不断进步，纯电动汽车续航里程将得到显著提高，电池单体能量密度和安全性能提升成为发展重点，这将使得车辆在不增加电池体积和重量的前提下，能够储存更多电能。另一方面，快速充电技术，特别是800伏高压快充技术进一步普及，将大幅缩短电动汽车的充电时间，缓解用户的续航焦虑，同时推进充电基础设施的建设和升级。

二是燃料电池汽车商业化应用加速推进。我国氢能与氢燃料电池汽车产业体系建设取得显著成效，已建成涵盖制、储、运、加的全产业链，以及氢燃料电池汽车和关键零部件研发制造等各环节较为完善的产业生态，正加速从技术研发阶段向商业化发展阶段迈进。我国氢燃料电池汽车应用场景已从早期单一的公交领域向城市公交、客运班车、城市物流、冷链运输等多场景拓展，牵引、物流、环卫、自卸等细分领域的产品矩阵、吨位结构、车辆用途将进一步丰富和完善。

三是直接甲醇燃料电池汽车相关技术不断完善。直接甲醇燃料电池汽车通过电化学的方式实现发电，能量转换效率高，且我国甲醇产量居全球第一，在能源供给上具有先天优势。下一步，随着低温冷启动、专用添加剂开发、耐甲醇材料开发、排放控制、甲醇电喷控制系统、甲醇发动机开发等相关技术不断完善，甲醇燃料电池汽车将在物流车、重卡、公共汽车等领域得到更广泛应用。

2. 车辆智能化，智能网联汽车进入全面应用新阶段

我国已建立较为完整的智能网联汽车产业政策体系。在全球贸易竞争加剧的新形势下，基础元器件、核心操作系统、底层设计工具等产业链制约瓶颈越发凸显，亟待体系化推进智能网联汽车商业运营政策的突破创新。未来，智能网联汽车的发展将逐步从技术验证阶段走向大规模商业化应用阶段。随着技术的不断进步和政策的持续支持，智能网联汽车的市场份额将不断扩大，对交通系统和城市管理产生深远影响。

一是智能驾驶技术进一步突破。随着人工智能技术的不断进步，尤其是深度学习、计算机视觉、自然语言处理等技术的成熟，智能驾驶技术正逐步实现从辅助驾驶到自动驾驶的跨越。这既包括高级辅助驾驶系统的广泛应用，如自适应巡航控制、车道保持辅助、自动紧急制动等，也包括向更高级别的自动驾驶（如 L3、L4 级别）迈进。未来，随着技术的成熟和成本的降低，智能驾驶功能将逐渐普及到更多车型。

二是智能座舱个性化与互联化。智能座舱将更加注重用户的个性化需求，通过语音识别、手势控制、面部识别、AR-HUD 等技术，实现车内环境的个性化设置和交互体验。同时，智能座舱将与智能家居、交通网络等系统实现互联互通，通过数据交互与传输，为用户提供更加便捷、智能的出行体验。例如，用户可通过智能手机远程控制车辆启动、空调开启等；在行驶中，车辆可实时获取路况与导航信息，并通过车路协同技术与其他车辆通信，提高道路通行效率和安全性。

三是智能服务场景加速创新。2022 年 11 月，工业和信息化部与公安部联合发布《关于开展智能网联汽车准入和上路通行试点工作的通知（征求意见稿）》，对智能网联汽车的发展给予了多项具体政策支持。在多项政策叠加支持下，智能网联汽车应用场景也越发广泛。从城市服务应用类场景看，涵盖无人车驾驶、无人车配送、无人车零售、自动驾驶出租车（环卫车、微循环接驳车、公交车、物流车等）、智慧交管解决方案、云平台智能交通数据分析、自动泊车等。从跨界融合创新类场景看，涵盖各类创新自动驾驶测试、网络安全与智能网联汽车融合应用、智能网联汽车数据与区块链技术融合、卫星互联网与汽车网联技术融合等。

3. 服务多样化，新能源汽车下游产业形成庞大市场

随着全球对环保和可持续发展的重视，以及新能源汽车技术的不断成熟和消费者接受度的提高，新能源汽车的市场需求将持续增长。未来几年内，新能源汽车的产销量将保持快速增长态势，并直接推动下游产业的发展。

一是销售与服务模式创新发展。一方面是新能源汽车销售渠道多元化，除了传统的4S店外，线上销售、直营模式等新兴渠道将占有更大市场份额，有助于降低销售成本，提高销售效率。另一方面是服务模式升级，新能源汽车的售后服务模式也将不断升级，包括电池回收与梯次利用、智能网联服务等，进一步提升用户体验，促进新能源汽车的普及。

二是充换电服务覆盖广度和渗透深度持续提升。随着新能源汽车的普及，政府和企业将加大投入力度，加快公共充电桩、换电站等基础设施建设，以满足新能源汽车的充换电需求。一方面，充电站网络将进一步完善，实现更广泛的覆盖和更高的兼容性。另一方面，换电模式将不断创新和发展，“电池银行”服务模式的推广应用将为车主提供更多元化的选择。同时，随着电池技术进步和成本持续下降，换电模式的经济性和可行性将得到进一步提升。

七、航空航天

（一）内涵范围

1. 基本概念

航空航天产业是以航空航天飞行活动为核心，涵盖航空器、航天器研发制造、维修运营、综合保障以及延伸服务等全产业链的战略性新兴产业体系，是高端装备制造业的重要组成部分、一个国家工业实

力的重要体现，也是全面维护国家安全的战略基石和推动科学技术进步、服务经济社会发展的重要力量。

航空航天产业的发展可以追溯到19世纪末到20世纪初，当时的技术进步推动了固定翼飞机的发展。随着喷气式飞机的问世，航空产业迅速发展，并分化为军用和民用两个方向。1957年苏联发射第一颗人造卫星“斯普特尼克1号”，开启了人类的航天新纪元。近年来，我国高度重视并高位部署航空航天产业发展。习近平总书记指出，探索浩瀚宇宙，发展航天事业，建设航天强国，是我们不懈追求的航天梦[①]。我国“十四五”规划中把航空航天产业定位为战略性新兴产业，并将航空航天产业创新发展作为培育先进制造业集群的重点，提出在载人航天、探月工程等领域取得一批重大科技成果，要求打造全球覆盖、高效运行的通信、导航、遥感空间基础设施体系，建设商业航天发射场。目前，我国已取得了诸如北斗卫星导航系统建成开通、探月工程取得阶段性突破以及空间站建设全面开启等伟大成就。

2. 发展特征

航空航天产业主要具备四方面特征。一是体现战略性、重大性。一方面，作为科技创新和经济社会发展的战略性领域，航空航天产业是国家综合国力的集中体现。另一方面，航空航天产业与国防军工紧密相连，在科技创新、经济发展等方面都具有重要意义。二是技术的交叉性、密集性。一方面，航空航天产业涉及机械设计、电子技术、通信技术、控制技术、材料科学等众多学科。另一方面，作为高技术密集型行业，由于技术门槛高，航空航天产业需要投入大量的研发资源，吸引世界顶尖的科学家和工程师参与研发工作。三是研发的长周期、高风险。一方面，研发周期长，从研发到应用可能需要数年时间

① 《探索浩瀚宇宙 建设航天强国（奋进强国路 阔步新征程）》，《人民日报》2024年09月10日。

甚至更久。另一方面，由于技术复杂，开发过程中可能遇到各种未知的风险和挑战，项目不确定性高，一旦失败，所耗费的资金和精力将付诸东流。四是应用的商业化、社会化。在卫星互联网建设浪潮下，商业卫星互联网受到大量关注，例如商业航天公司 SpaceX 的可回收运载火箭技术的成熟与完善直接重构了国际商业卫星发射的市场竞争格局。

3. 产业类型

以国际航空联合会 100 千米高度的“卡门线”作为分界线，航空航天产业具体可分为航空与航天两大领域。航空产业主要涉及航线飞机、无人机、电动垂直起降航空器（eVTOL）等在大气层内开展载人载货作业的飞行器。民用航空产品类型主要有三类，一是民用客机、货机等航线飞机，可进一步划分为干线飞机和支线飞机；二是以涡桨及活塞固定翼飞机、直升机等为代表的传统通用航空飞行器，主要用于公共航空运输以外的民用航空活动，如农业作业、航空救援等；三是以无人机、电动垂直起降飞行器、飞行汽车为代表的新型低空飞行器。航天产业是由导弹、火箭、卫星、空间飞船以及深空探测器等航天装备构成的高科技产业，除军工外，商业航天也逐步成为航天产业快速发展的重要驱动力。

（二）产业链创新发展模式

航空航天产业链主要包括上游的研发设计、航空材料、航空燃油等产业，中游包括组件及零部件、整机制造、通用航空飞行器制造、航天装备制造等产业，下游包括航空航天运营、航空航天应用、维修保养等产业（见图 3–9）。

1. 产业链上游

航空航天产业链上游是航空航天装备制造的前道环节，主要为航空航天装备制造提供研发设计、航空材料、航空燃油等支撑。

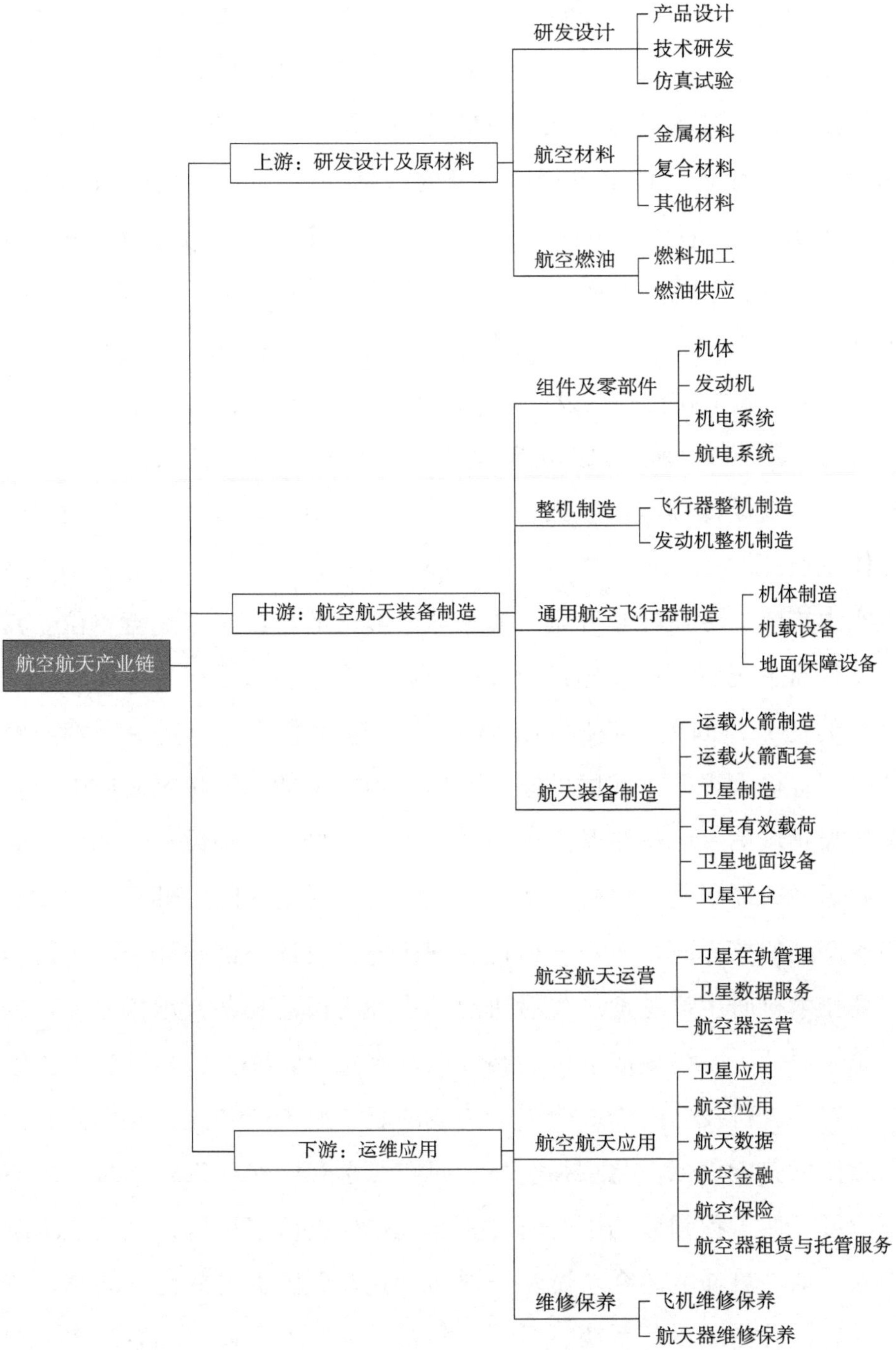

图3-9　航空航天产业链

资料来源：笔者绘制。

研发设计方面，航空航天研发设计产业是航空航天产业链的核心环节，对整个产业链的技术水平和产品竞争力起决定性作用，具体包括产品设计、技术研发、仿真试验等领域。产品设计主要是根据市场需求、应用场景、技术可行性以及安全标准等，综合考虑气动布局、结构强度、飞行性能等方面，进行产品的概念设计、初步设计和详细设计。技术研发主要涉及航空航天装备相关新材料、新技术、新工艺的研发和应用，例如新型轻质高强度材料、新型推进技术、新型能源系统等。仿真试验主要在产品设计阶段对其性能进行模拟和验证，减少实物试验的次数，其试验结果的准确性对于产品设计的成功至关重要。

在研发设计领域，航天科工四院四部是最早通过 ISO9001 质量管理体系认证的军工企业之一，是我国航空航天领域创新能力突出、技术实力雄厚、专业配套齐全、质量体系健全的科研生产经营单位。其在飞行器系统研制中承担系统架构设计、型号总体设计与协调、技术抓总的任务，创造了我国国防武器装备建设史上一个又一个辉煌的“第一”，极大提升了我国的国防实力。中国运载火箭技术研究院是我国航天领域第一个研制基地，也是我国历史最久、规模最大的导弹武器和运载火箭研制、试验和生产基地。航天科工三院三部是我国重要装备产品的核心研发单位，也是我国研究、设计、试制和生产飞行器的高技术科研生产基地，先后研制了多种飞行器装备，承担相关产品的总体设计、系统集成、试验验证以及服务保障任务，累计获得国家级、省部级科技奖励 360 余项，为我国航空航天装备建设和国民经济发展作出突出贡献。北京强度环境研究所是我国航天系统结构强度与环境可靠性工程领域的中心研究所和权威检测认证机构，主要从事结构静、动、热强度研究、试验与评估，其业务涵盖可靠性试验与检测服务、振动测试设备系统、机电设备系统和试验专业产品系统集成四大板块。

此外，为占领低空经济高地，全国各地加紧布局、大力引进低空领域研发设计机构。例如，福田区政府与深圳机场集团签署战略合作协议，引进低空领域研发机构，包括中国民航科学技术研究院设立的“低空经济研究院”，将开展低空领域科研项目、标准制修订、能力验证等研究及科技成果转移转化工作；中国民航管理干部学院设立的“低空经济发展研究中心”，将开展科研成果应用推广、运行技术开发验证、低空飞行服务培训体系构建、学术成果与管理经验交流等方面业务。

航空材料方面，航空材料生产制造是航空航天产业链上游的另一个重要环节，直接关系到产品的质量和成本，主要有三大类型。金属材料：轻金属材料如铝合金、镁合金等，具有质量轻、强度高、耐腐蚀等优良性能，广泛应用于航空航天领域；难熔金属材料如钛合金、高温合金等，具有耐高温、耐腐蚀、高强度等特性，是航空发动机、高温部件等的关键材料。复合材料：树脂基复合材料具有比强度高、比模量高、抗疲劳性能好等优点，广泛应用于飞机机翼、机身等结构件；陶瓷基复合材料、碳基复合材料和金属基复合材料，主要用于制造热防护系统、发动机部件等。其他材料：包括碳纤维、航空陶瓷、橡胶、密封材料等。

在航空材料领域，中国铝业是全球最大铝产品生产供应商，是全球铝行业唯一拥有完整产业链的国际化大型铝业公司，主要从事铝土矿开采、氧化铝生产、电解铝冶炼以及铝加工产品的研发、生产和销售，产品广泛应用于航空航天、交通运输、建筑、电力、包装等多个领域。南山铝业主营铝及铝加工业务，自成立以来，公司不断向上下游双向延伸产业链，逐渐形成了国内重点发力航空板和汽车板等高壁垒产品、海外主要聚焦上游氧化铝和电解铝的发展格局。日本的 Nippon Carbon 和 Ube Industries 是国际市场上最主要的碳化硅纤维生产厂家，该材料可承受航空航天发动机、燃气轮机热端部件 600~1200 摄氏度的高温以及复杂应力的交互作用，其密度仅为高温合金的 1/4~1/3，这意味着发动机重量可以进一步减轻，相同载油量情况下，大幅提升飞机的航程及载弹量。沈阳第四橡胶厂是全国最大橡胶制品企业之一，主要从事胶布制品、模压制品、橡胶板棒型材、胶黏剂、高压钢丝胶管及总成的研究、开发、制造与销售，承担着航空航天领域的配套生产任务。

航空燃油方面，航空燃油别名无臭煤油，是根据飞机发动机的性能和飞机的安全性要求特别研制的航空燃料，具有密度适宜、热值高、燃烧性能好、清洁度高、硫含量少、对机件腐蚀小的特点，能够迅速、稳定、完全燃烧，满足寒冷地区和高空飞行对油品流动性的要求。目前最常用的航空煤油是以煤油为基础的 JET A–1，按国际标准规格生产，国内航空煤油牌号主要有 RP–1、RP–2、RP–3 等。

在航空燃油领域，国内主要供应企业为中国航油，该公司是以原中国航空油料总公司为基础组建的国有大型航空运输服务保障企业。该公司是国内最大的集航空油品采购、运输、储存、检测、销售、加注于一体的航油供应商。此外，近年来生物煤油等绿色航空燃料研发应用在世界范围内加速推进，2009 年，中石化启动生物航煤的研发工作，成功开发出具有自主知识产权的生物航煤生产技术。2024 年 4 月，总部位于法国的跨国能源石油公司道达尔能源与中石化签署了一份框架协议，将在中石化的一个炼厂利用废弃油脂开发 23 万吨 / 年可持续航空燃料产能。该合作将为我国乃至世界提供更好的绿色低碳解决方案。

2. 产业链中游

航空航天产业链中游在产业链中属于承上启下的重要角色，将上游的原材料、零部件和技术转化为具体的产品和服务，并为下游的应用领域提供支持和保障，主要为航天装备制造、整机制造等相关产业。

组件及零部件方面，主要为航空航天飞行器生产制造需要的机体、发动机、机电系统、航电系统等。其中，机体作为飞行器的骨架，包括机身、机翼、起落架、短舱、内饰等；发动机为飞行器的动力核心，包括高低压机匣、高低压转子、燃烧室、尾喷管等。机电系统负责支撑并执行飞行器的机械动作，包括环控件、液压件、刹车件、燃油件等。航电系统负责飞行器的集成管理，包括显控系统、雷达系统、大气系统等。

在组件及零部件领域，中航机载是航空电子系统的专业化整合和产业化发展平台，提供综合化的航空电子系统解决方案，业务涵盖防务航空、民用航空、先进制造业三大领域，主营业务为航空电子系统产品的研发、生产和销售，主要产品包括航空航天等领域的机械电子、航空电子、自动控制、仪器仪表、惯性导航、电子信息系统、雷达与火控系统及基础元器件等。航亚科技从事航空发动机和燃气轮机关键零部件的研发、生产及销售，主要产品包括压气机叶片、转动件及结构件等高性能零部件。公司服务于全球航空发动机制造商，包括法国赛峰、中国航发、美国通用电气、英国罗尔斯·罗伊斯等公司，并在医疗骨科关节领域与多家知名企业合作。新研牧神采用“航空航天＋农机”双主业经营模式开展生产经营活动，在航空航天飞行器、航天发动机、无人装备等大型装备的零部件加工业务方面具备行业优势，主要为无人机整机企业、低空飞行器整机企业提供结构类零部件的配套服务，主要产品为航空飞行器结构件、航天飞行器结构件、发动机和燃气轮机结构件等。

整机制造方面，主要指将各种零部件、系统和技术集成起来，生产出完整的机械设备或航空器。整机制造因其在技术上的继承性、复杂性以及对精度、可靠性、安全性的极严要求，成为航空航天装备制造链条中最稀缺、技术壁垒最高的环节。在航空航天领域，整机制造产业包括飞机、直升机、航空发动机等整机的制造。

在飞行器整机制造领域，中航沈飞是我国主要的大中型运输机、特种飞机等航空产品的制造商。在民用产品方面，该公司研制的飞机零部件产品已覆盖所有国产民用大中型飞机主力型号，承担了新舟系列飞机、C919大型客机等的机身、机翼等核心部件研制工作，是上述飞机型号最大的机体结构供应商。中航西飞是中航工业大飞机整机制造重点平台，是国内重要的运输机供应商之一。其飞机起落架系统、飞机刹车制动系统在国内居核心主导地位，目前已形成由军用飞机整机、民用飞机整机以及飞机零部件三大板块构成的核心航空制造业务。中直股份是当前国内直升机制造业中规模最大、产品系列最全的领军企业，是国内领先的直升机和通用飞机系统集成和整机供应商。核心产品既涵盖直升机零部件制造业务，又涵盖直升机整机、航空转包生产及客户化服务，形成了系统的解决方案。洪都航空主要从事教练机系列产品的设计、研制、生产、销售、维修及服务保障等业务，主要产品包括CJ6初级教练机、K8基础教练机、L15高级教练机等，业务覆盖亚洲、非洲和美洲等多个地区，成为我国教练机、农林飞机的科研生产基地和航空外贸的主要出口基地之一。

在发动机整机制造领域，技术壁垒高、研制周期长、准入门槛高等特点导致航空发动机整机环节的切入难度极大。当今世界能够独立研制航空发动机并形成产业规模的仅有中、美、俄、英、法五国，其中，美、英、法等西方国家通过其寡头企业，垄断了世界航空发动机市场。美、英、法寡头企业及其合资公司占领了世界航空发动机市场70%的市场份额，其中新机市场的价值份额更高达90%。近些年来，随着我国加大在航发领域的投资与研发力度，国产发动机不断攻克难关。在“十四五”规划的100项重点项目中，航空发动机名列首位，体现了国家大力发展航空发动机的决心。我国航空发动机整机制造代表性企业为中国航发，该公司是目前我国航空发动机整机及零部件的主要研制、生产、试验基地之一，为我国航空发动机产业的发展作出了重要贡献。其产品在军用和民用领域均有广泛应用，基本覆盖了当前主要在研或已服役的先进发动机型号。

通用航空飞行器制造方面，主要指为通用航空活动提供所需的各种设备、部件和整机的制造，包括但不限于通用飞机、直升机、无人机及其配套的发动机、机载设备、地面保障设备等。随着全球经济的增长和通航政策的放宽，通用航空市场需求持续增长，通用航空设备制造产业作为通航产业的基础支撑，在我国以及其他新兴市场的大力推动下，正迎来快速发展机遇期。

在通用航空飞行器制造领域，万丰奥威是全球固定翼通用飞机制造三强之一，其下品牌万丰钻石拥有18款机型的全部知识产权，研发能力全球领先，目前大力开发固定翼纯电动飞机，并在电动垂直起降航空器领域深度推进商业化布局，成为全球通用航空设备制造的佼佼者。西锐公司是全球最畅销的SR系列活塞飞机和“愿景”喷气机（世界上第一款私人驾驶单发喷气机）的制造商，也是全球公认的私人航空领导者。该公司从事通航产品的设计、开发、制造和销售，在安全、技术、连接、性能及舒适度等方面处于行业领先地位。广联航空以航空工装业务为基础，以航空、航天复合材料产品为核心，以无人机整机结构研制为目标，拥有以卡普勒广联、广联航宇、自贡广联、天津广联为代表的无人机及复合材料产品研发制造基地，客户覆盖中航工业、中国商飞、中国航发、航天科技、航天科工、中国兵工、中国兵装、中国船舶等单位。西安嘉业主要从事航天、航空、高速铁路、城市轨道列车等金属零件、复合材料制品的设计及生产制造，以及航空航天地面设备工装模具的设计制造，已开发出高原无人机、短距起降风斗叶栅无人机、高速靶机、翔雁无人机、炮射无人机等机型。

航天装备制造方面，主要指各类航天器（如卫星、火箭、探测器等）及其相关装备的设计、生产、集成和测试等，涵盖从原材料选择、零部件加工、整机组装到系统测试等多个环节，属于高度技术密集型和资本密集型产业。具体来说，其包括运载火箭整箭、运载火箭配套、卫星平台、卫星有效载荷、卫星制造、卫星地面设备等制造。

在航天装备制造领域，航天科技是中国航天科技工业的主导力量，从事运载火箭、卫星、载人飞船等航天产品和战略、战术导弹武器系统的研究、设计、生产、试验。主要产品有货运飞船、深空探测器、空间站等。星河动力航天是我国目前成功发射火箭次数最多的民营火箭公司，其核心产品包括“谷神星”系列小型固体运载火箭和“智神星”系列中型可重复使用液体运载火箭，并提供相关发射服务，在四川简阳（谷神星一号固体运载火箭智能制造基地）、山东海阳（商业固体运载火箭创新研发制造基地）、安徽池州（新一代可重复使用液体运载火箭产业化基地）、四川资阳（新一代固体飞行器研发生产基地）及江苏太仓（大型可重复使用液体运载火箭创新研发、制造生产基地）均拥有生产基地。国星宇航是国内领先的人工智能卫星互联网科技公司，该公司已成功研制并发射多颗人工智能卫星，包括全球首颗人工智能卫星、四川省首颗自主研发的商用卫星等，已顺利完成多次太空任务，构建了低成本快响应卫星研制技术体系、全栈人工智能卫星网络技术体系、高机动快速重访卫星技术体系，形成了面向不同应用场景的 B 端、G 端、C 端卫星互联网解决方案。

3. 产业链下游

航空航天产业链的下游主要涉及航空航天运营、航空航天应用和维修保养，是航空航天产业链中价值实现的关键部分。随着技术的不断进步和市场需求的日益增长，航空航天产业链下游将迎来更加广阔的发展前景。特别是随着商业航天的兴起和低空经济的开放，航空航天产业链下游的市场规模将进一步扩大，商业模式也将不断创新。

航空航天运营方面，主要包括卫星运营和航空器运营。其中，卫星运营指对卫星进行在轨管理、数据收集、处理和分发等活动，包括卫星轨道控制、姿态调整、数据传输、数据处理、数据存储以及为用户提供数据服务等；航空器运营指对飞机、直升机等航空器进行商业运营的活动，涉及客运、货运、通用航空，包括航班计划制定、航空器维护、机组人员培训、客户服务等。

在航空航天运营领域，中国卫通是航天科技从事卫星运营服务业的核心专业子公司，是我国唯一拥有通信卫星资源且自主可控的卫星通信运营企业，被纳入国家应急通信一类保障队伍。截至 2023 年底，公司运营着 17 颗商用通信广播卫星，其中包含 4 颗高通量卫星。中国国航是世界最大航空联盟星空联盟的成员，是我国唯一载国旗飞行的民用航空公司，承担着国家领导人出国访问的专机任务，拥有以波音、空客为主的各型飞机 902 架，平均机龄 9.05 年。通过与星空联盟成员航空公司的合作，中国国航将服务进一步拓展到 180 多个国家（地区）的 1200 多个目的地，在国际航空运输领域发挥着重要作用。中信海直主要业务是为国内外用户提供勘探、开发海洋石油及其他领域的直升机飞行服务，具有通用航空全业务运营资质和能力，是我国规模最大的通用航空运营企业。

航空航天应用方面，主要包括卫星应用和航空应用，其中卫星应用具体包括遥感应用、通信应用和导航应用，航空应用具体包括客运服务、货运服务、通航服务等。此外，随着航空航天应用的商业化发展，近年来逐步涌现出航天数据、航空器租赁与托管服务、航空金融、航空保险等增值服务，为航空航天产业链下游带来更多商业契机和价值增长点。

在航空航天应用领域，航天宏图是国内领先的遥感和北斗导航卫星应用服务商，主要面向政府、特种用户、企业等客户，提供软件产品销售、系统设计开发和数据分析应用服务。浦银金租是国内唯一具有民用航空制造企业和航空服务业股东背景的金融租赁公司，具备为飞机制造商、运营商等各类客户及航材、配件等上下游产业提供全产业链、全方位融资租赁服务的独特功能和优势，机队规模达到 76 架（含在建订单飞机），其中 66 架为经营租赁，10 架为融资租赁。航联保险主要从事高风险及特殊风险保险经纪服务，业务涵盖风险顾问、信息中介、保险助理、谈判代表等，在我国民航业内的保险及风险管理领域具备市场和技术领先优势，拥有国内 50 余家航空公司、近 200 家大中型机场及所有空管单位等民航客户，并在通用航空、航空制造等领域大力拓展市场。

维修保养方面，主要包括飞机维修保养、航天器维修保养等，是确保航空航天器安全、可靠运行的重要环节。其中飞机维修保养具体包括日常检查、A 检查、B 检查、C 检查和 D 检查等。航天器维修保养一般在太空中进行，需要使用专门的工具和设备，并由经过特殊训练和认证的人员来操作。具体任务包括设备更换或修理、电路和电子设备检查、液体或气体更换加注，以及航天器外壳检查维修等。

在维修保养领域，广州飞机维修工程有限公司主营飞机大修、航线维护、附件维修、客改货、起落架翻修、复合材料修理、工程服务、零部件制造、航材管理等业务，维修范围覆盖全球主流机型，年维修能力超过 250 架次，客户遍及国内外 40 多家航空公司，承担南方航空主要的飞机维修业务。德国汉莎航空技术公司依托先进工艺、技术和全球网络，具备飞机复合材料结构部件、各系统部附件以及发动机的维修能力，覆盖空客系列、波音系列和 CRJ 系列全机型。AAR 集团是全球规模最大的独立维修及运营企业之一，仅在北美地区就拥有 5 家机体修理厂，除此之外还有 3 家部附件修理厂（其中一家为起落架大修厂）。

（三）产业发展趋势及重点

1. 新型太空基础设施加速布局，商业化、智慧化、交互式设施设备深化应用

随着太空探索的深入推进以及航天技术的不断迭代创新，卫星、空间站、火箭发射场、深空探测器等一系列新型现代化设施设备投入应用，商业化应用、人工智能应用、空地实时交互等基于新型太空基础设施的创新应用场景不断涌现，成为下一步发展航空航天增值产业的重点方向。

一是巨型卫星星座布局与直连技术拓展。一方面，低轨卫星星座加速布局建设，其具有低时延、高速率和大容量的特点，是未来卫星通信网络建设的重要方向。同时，卫星互联网将逐渐与地面网络融合，形成天地一体化的通信网络。这种融合将提升网络的可靠性、扩大网络的覆盖范围，为用户提供无缝的通信体验。另一方面，手机直连卫星技术路径不断多样化，目前存在基于在轨卫星的定制手机直连、基于存量手机直连卫星和基于 3GPP NTN 标准的手机直连三种技术路径，同时商业化应用加速推进，华为、苹果等多家手机厂商已推出支持卫星通信的手机产品。

二是高频稳定的火箭发射能力及商业化发射服务。一方面，火箭发射技术不断完善，发射频率持续增加，带动应用场景不断拓展。2023 年全球火箭发射次数超过 220 次，其中中国长征二号丁运载火箭发射 41 颗卫星，创造了国内航天单次发射卫星数量新纪录。此外，

可重复使用运载火箭、商用火箭技术路线不断完善，依托卫星发射等需求，商业化服务市场动能强劲。根据已公开的星座计划，国内商业微小卫星需求达 12820 颗，国外需求达 53000 颗。2021—2027 年是微小卫星组网的爆发期，成为发射市场的主力需求。

三是深空探索技术融合创新。立足科研探测、技术试验等需求，深空探索技术正在向多元化发展，涵盖探测器设计、推进系统、通信导航、生命支持等多个领域。同时，不同技术的融合也成为趋势，如人工智能与航天技术的结合，提高了探测任务的自主性和效率。美国发射“灵神星”探测器，将对“灵神星”金属小行星开展探测和成像任务；OSIRIS-Rex 探测器的样本舱携带“贝努”小行星样本成功返回地球，将为科研人员研究行星起源提供支持。

2. 低空经济形成万亿级市场，技术变革牵动多领域应用

2021 年 2 月，中共中央、国务院印发《国家综合立体交通网规划纲要》，首次将低空经济纳入发展规划。2023 年 12 月，中央经济工作会议首次提出打造低空经济等若干战略性新兴产业。2024 年《政府工作报告》中，明确提出积极打造低空经济等新增长引擎。从产业基础来看，我国在无人机领域的竞争力与美国并驾齐驱，且凭借后发优势能够针对低空飞行的独特需求迅速构建完善的基础设施网络。作为新质生产力的代表，低空经济市场潜力大、经济带动力强、场景应用广，具备五年打造一个万亿级产业潜能，被誉为下一个“新能源汽车产业”。据预测，中国低空经济市场规模将呈现井喷式增长，预计到 2026 年将跨越万亿元门槛，而到 2035 年更将超过 6 万亿元。下一步，重点要把握空域资源的开放、关键技术的突破、适航标准的建立以及基础设施的完善四大核心驱动力，占领低空经济市场高地。

一是电动垂直起降航空器相关低空经济新场景建设。电动垂直起降航空器有望成为最适合城市环境的低空经济形态，是未来低空经济发展的重要趋势。2023年，受到低空经济政策驱动以及电动垂直起降航空器商业化进程提速的影响，我国电动垂直起降航空器产业规模达到9.8亿元，同比增长77.3%。从区域分布来看，产业规模主要集中在中南和华东两地，华北、西南、东北、西北地区以相关整机试验及关键系统配套为主，四个区域总体产业规模在3亿元左右。下一步，电动垂直起降航空器发展将从初期主要面向政府服务，逐步拓展至商业领域，并最终全面进军消费市场，持续拓展工业巡检等作业类场景、应急通信等安全类场景以及空中的士等出行类场景。

二是无人机制造及多场景综合应用。无人机具体包括民用和军用两种类型。从民用无人机看，随着空域、航线规划进一步落实，现有农林牧渔、测绘、应急等主要应用需求将进一步释放，民用无人机产业链将是低空经济发展重要受益领域，下一步重点是推动小型化、长续航、智能化和网络群体化发展，拓展城市物流、载货、载人等新型应用场景。从军用无人机看，与传统的有人驾驶飞机相比，现代军用无人机的任务范围由传统的空中侦察、战场观察和毁伤评估等扩大到战场压制、对地攻击、拦截巡航导弹、空中格斗等领域，具有价格更低、部署更易等优势。未来，侦察无人机、战斗攻击无人机、电子对抗无人机、多旋翼无人机将在国防安全领域占据更重要地位。

三是通航文旅产业。通航文旅产业是通用航空与文化旅游相结合的产物。随着国家对通用航空产业的支持力度不断加大，通航文旅产业也迎来了快速发展时，国内外许多地区开始规划和建设通航文旅项目，如低空旅游、航空主题公园、航空博物馆、通航研学等。这些项目不仅丰富了旅游市场的供给，也促进了当地经济的转型升级。例如长岭通用航空产业园将航空产业资源与旅游资源相融合，构建了一个集通航运营保障、青少年航空教育、航空文化主题公园等功能于一体的综合性园区。

四是通航培训产业。随着通用航空产业的快速发展，通航培训产业也呈现出蓬勃发展的态势。一方面，国家出台了一系列政策措施，鼓励和支持通航培训机构的发展；另一方面，市场需求的不断增长也为通航培训产业提供了广阔的发展空间。目前，国内已经涌现出了一批具有一定规模和实力的通航培训机构，主要涉及通用航空器驾驶、无人机操控、航空器维修等领域，它们为通用航空领域输送了大量专业人才。未来该产业上下游各环节预计也将蓬勃发展。

3. 航空航天制造工艺持续升级，高性能材料及高效能技术加速迭代

时任上海市航空学会常务副理事长徐庆宏在 2023（第九届）航空材料与制造工艺国际论坛上提出，先进航空材料技术的重要性已仅次于航空动力系统，成为保障航空装备发展的第二大关键技术，也是实现飞机结构减重、长寿命及发动机高推重比的基础和先导技术。目前，航空航天制造市场经过新冠疫情冲击后逐步回到正轨，但仅恢复到 2006 年的水平。下一步推动行业进一步提升效能、降低成本的重要路径是以可持续生产为核心的材料变革和工艺创新。

一是航空航天高性能结构材料研发生产。“一代材料，一代装备”是对航空航天技术发展与其关键材料间相辅相成关系的真实写照。面对当前航空航天材料技术在轻质高强度、耐温耐蚀、低成本、复合化、多功能等方向的新一轮发展机遇，我国亟须打破国外技术封锁和市场垄断，形成体系化自主研制和保障能力，满足航空发动机、重载火箭、国产大飞机等航空航天重大装备对关键结构材料的需求。主要方向包括高性能高分子材料、高性能纤维、高温与特种金属结构材料、轻质高强度金属及其复合材料、先进结构陶瓷及其复合材料等。

二是零件加工生产整体解决方案。与过去只聚焦一台机床不同，如今的工程师要同时操作四到五台机床，在此趋势下，逐渐衍生出利用计算机辅助制造编程技术，为高精度复杂生产加工过程提供解决方案的服务需求。例如，瑞典山特维克可乐满为航空航天业客户提供解决方案，除了实现良好的切削控制，还使生产周期缩短 80% 且刀具寿命延长了一倍。

三是精细化切削技术和 3D 打印工艺。一方面，聚焦可持续车削加工，通过提升刀片强度、改善刀片涂层等综合手段，进一步提升车床加工速度与作业效率。另一方面，利用 3D 打印实现航空航天材料及零部件复杂结构设计及高精度、高强度制造。例如，波音多向制造工艺引入了钛 3D 打印结构部件，在不影响安全或性能的情况下大幅节省了成本。

八、轨道交通

（一）内涵范围

1. 基本概念

轨道交通产业是围绕铁路、地铁、轻轨等传统铁路系统和新型轨道系统建设运营活动形成的产业，是一个复杂的综合性产业系统，在满足人民群众出行需求、优化城市结构布局、缓解城市交通拥堵、促进经济社会发展等方面发挥着越来越重要的作用。

轨道交通产业呈现链条式组织结构，主要分为施工准备、开工建设和通车运营，包含科技研发、规划设计、工程建设、装备制造、运营维保和增值服务等主要产业环节。其中，科技研发是轨道交通产业发展的基础环节；规划设计是工程开工前期的设计和可行性咨询环节，包括咨询、规划、勘察、测量和设计等；工程建设指轨道交通项目施工环节，分为工程建设总承包、土建施工和机电安装等；装备制造处于整个产业的核心环节，主要指轨道交通的车辆系统和机电系统的制造；运营维保指轨道交通的运营管理及维修保养；增值服务包括物业、广告、媒体商业、资源开发等。

2. 基本特征

轨道交通产业具有显著经济意义和产业特征。一是轨道交通产业兼具公共服务属性和网络化特征，其提供的产品服务面向广大群众，并形成了覆盖广泛的交通网络。二是轨道交通产业属于环境友好型产业，通过提供高效、低碳的交通解决方案，有效缓解城市拥堵并降低汽车尾气排放问题。三是轨道交通产业兼具政策驱动和资本密集型特征，其发展受到政府政策的较大影响，同时需要巨额投资用于基础设施建设和技术研发。四是轨道交通产业对经济发展具有显著的带动作用，能够促进相关产业链的发展，改善城市结构，促进区域互联互通。

3. 发展阶段

世界上第一条地铁诞生于英国伦敦。为缓解严重拥堵的交通状况，皮尔逊提议修建一条地下铁道，并于 1863 年修建完成，由此开启了城市轨道交通的发展历程。随着工业革命推动城市化进程加速，城市人口爆发式增长，交通需求也随之增加。相较于其他国家，我国城市轨道交通起步较晚，但发展迅速。目前，我国已经成为全球城市轨道交通最发达的国家之一，拥有世界上最长、最快、最多的城市轨道交通线路。

我国轨道交通产业发展主要经历了四个阶段。一是 20 世纪 50 年代的起步阶段。北京首先提出修建地下铁路并于 1965 年正式动工建设，1970 年天津开始进行地铁建设，我国城市轨道交通建设开始起步。二是 20 世纪 80 年代到 20 世纪末的初步发展阶段。改革开放的推进使我国经济发展水平迅速提高，上海、广州开始推动以解决交通问题为主要目的的城市轨道交通建设，随后内地省会城市开始进行地铁项目规划。三是 21 世纪初的有序建设阶段。尤其是 2003 年《国务院办公厅关于加强城市快速轨道交通建设管理的通知》发布，提出量力而行、有序发展的发展方针，确保城轨交通建设与城市经济发展水平相适应。四是2008年至今的突飞猛进阶段。受到全球金融危机影响，我国推出“四万亿”投资计划，同时在经济条件以及城市化发展的要求下，城市轨道交通建设进入突飞猛进的发展时期。目前，我国城市轨道运营里程全球排名第一。

（二）产业链创新发展模式

轨道交通产业是具有完整产业结构的综合性产业。产业链上游主要包括科技研发和规划设计，中游主要包括工程建设和装备制造，下游主要包括运营维保和增值服务。上中下游相互依赖、相互促进，上游的创新推动着中游的技术进步和产业升级，中游的工程建设和装备制造质量直接影响下游的运营效率和服务质量，下游的市场需求反馈又可以指导上游的研发。只有上中下游高效协同，才能确保整个轨道交通产业的持续健康发展（见图3-10）。

1. 产业链上游

产业链上游主要包括科技研发、规划设计等。

科技研发是整个产业链的创新引擎和发展先导，它涉及多个方面，包括但不限于新技术的研究、新材料的开发、新工艺的探索以及新装备的设计。其中，新技术的研究包括对轨道交通系统的物理原理及力学特性、电气工程等的深入研究，以及能源管理系统、再生制动技术、清洁能源利用等节能环保技术研发。新材料的开发包括对轻质高强度、耐腐蚀材料的研发，以显著提高轨道交通设施的耐久性、安全性和能效。新工艺的探索包括超导磁悬浮技术、真空管道交通等前沿工艺的研究。新装备的设计重点是高速列车、地铁车辆、信号系统、自动售检票等设备的研发设计。

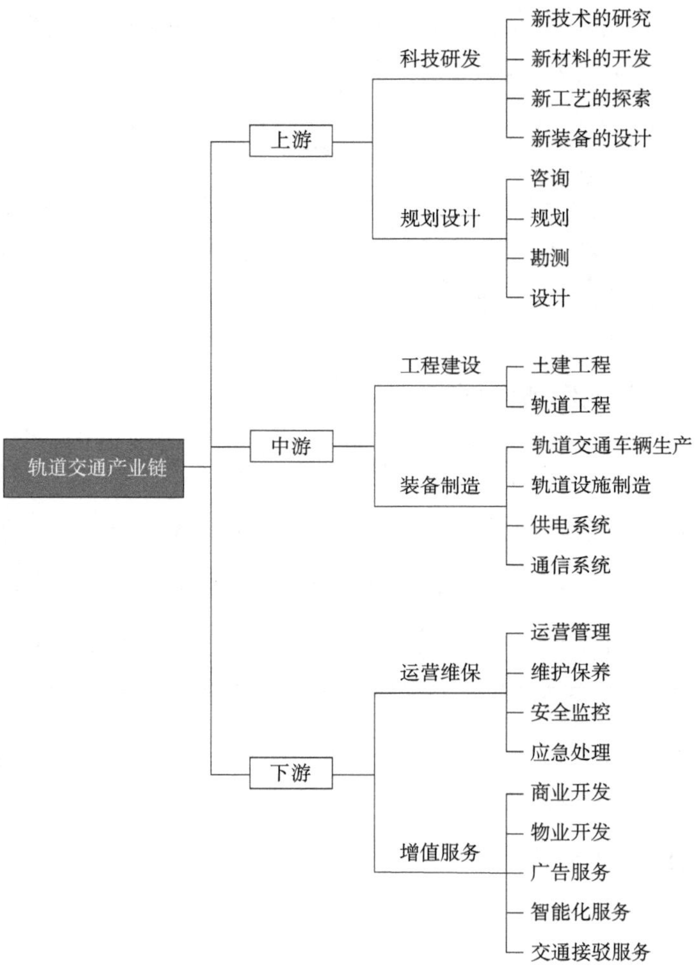

图3-10　轨道交通产业链

资料来源：笔者绘制。

在科技研发领域，国内西南交通大学、北京交通大学、同济大学、中南大学、中铁科研院、中车株洲所等一批院校和研究所发挥着重要作用，并取得了一系列突出成就。其中，西南交通大学是轨道交通特色鲜明的综合性研究型大学，西南交通大学科学技术发展研究院积极推动轨道交通科技创新，成立了轨道交通运载系统全国重点实验室，为轨道交通行业提供了重要的科技支撑。北京交通大学作为轨道交通领域的顶尖院校，从科研项目合作、人才联合培养到教育赞助，在轨道交通领域的科研和人才培养方面发挥着重要作用。中车株洲所拥有强大的研发团队和国家级科研创新平台，在轨道交通、新材料、新能源等领域取得了显著成就，特别是在永磁牵引系统、智轨快运系统等关键技术方面实现了自主创新，大大推动了轨道交通产业的技术进步。

规划设计主要包括咨询、规划、勘测和设计。其中，咨询是轨道交通项目初期阶段至关重要的环节，由专业咨询公司或团队提供市场研究、技术评估、财务分析和政策建议等服务，以确定项目的可行性和必要性以及评估潜在的风险。规划是将咨询成果转化为具体的轨道交通网络布局，包括确定线路走向、站点位置、换乘节点以及与其他交通方式的衔接方案。规划还涉及预测未来的交通需求，制订相应的服务频率和运营计划以及土地使用和城市发展规划，确保轨道交通与城市总体规划相协调。勘测是收集地形、地质、水文等自然条件和现有建筑物、基础设施等人工条件等详细信息的过程。勘测数据对于确定工程的规模、成本和设计方案至关重要。设计是将规划和勘测成果转化为详细的工程图纸和规范。设计工作涵盖了轨道、车辆、信号、供电、通信、车站建筑、安全系统等技术要素。

在规划设计领域，国内外的轨道交通规划都强调以需求为导向，结合城市总体规划和交通需求预测，合理规划线路布局和站点设置，以满足不同区域的出行需求。国内北京城建院、中铁一院、中铁二院、中铁四院、中铁六院等院所在规划设计方面实力领先。其中，北京城建院专注于城市交通规划与设计、城市及交通数字化转型等领域。该院拥有丰富的实践经验，参与了国内外多个城市的轨道交通规划设计，并主编和参编国家和行业标准规范，拥有数十项专利技术。中铁一院则拥有多项国内首创和国际领先的铁路设计成果，在高速铁路设计领域保持领先地位，全面掌握时速350公里的高速铁路综合设计技术，城市轨道交通综合设计实力跻身全国一流行列。

2. 产业链中游

产业链中游主要包括工程建设和装备制造等。

工程建设方面，其内容包含土建工程和轨道工程等。其中，土建工程涵盖地下隧道工程、桥梁工程、车站与车辆基地建设和路基工程。轨道工程则涵盖钢轨、轨枕、扣件、道床以及道岔等轨道结构部件。工程建设的产业规模比较大，占轨道交通产业总产值的45%~50%，其中土建工程占工程建设产值的70%左右，但其整体的附加值较低。目前，我国工程建设技术已比较成熟，具备工程总承包能力，并着力提供工程总承包“一站式”综合服务，在国际工程建设领域有一定的影响力。

在土建工程领域，中国铁建和中国中铁是该行业的龙头企业。中国铁建的地铁建设业务不仅包括工程承包，还延伸至勘察、设计、咨询和建造工具制造，业务覆盖多个领域。中国中铁作为特大型企业集团，在高铁建设、地铁建设、桥梁建设、隧道建设、铁路电气化、盾构及高速道岔研发制造、试车场建设等方面积累了丰富的经验，特别是地下和水下工程建设、磁悬浮工程建设、四电系统集成等技术达到行业领先水平。同时，中国中铁积极参与“一带一路”建设，驻外机构及项目遍及全球近百个国家和地区。

装备制造涉及轨道交通系统中所需的各种设备和车辆的生产制造，包括地铁、轻轨、有轨电车、城际列车、高速列车等多种轨道交通车辆生产，钢轨、轨枕等轨道设施制造，以及供电系统、通信系统等制造。装备制造产业与工程建设不同，其具有较高的产业附加值，是整个产业链中技术密集和处于价值链高端的环节，在轨道交通产业总产值中的占比达到30%~35%。其中，高技术和高附加值的车辆系统、牵引供电系统和车辆电子系统是轨道交通装备制造的核心。

装备制造产业已形成一批具有国际领先水平的装备制造基地，其产业规模位居世界前列，主要分布于吉林、河北、山东、江苏、湖南等地，同时形成了以长春、唐山、青岛、南京、株洲为核心的五大产业集群，集聚了中车株洲所、中车株机、中车唐山公司、中车青岛四方机车车辆公司和中车长春轨道客车公司等我国轨道交通装备制造领域的领军企业，占据了我国整车产能的 50% 以上。其中，中车株洲所拥有强大的研发团队和国家级科研创新平台，其自主研制的全球首列氢能源智轨电车，成为东南亚的“网红”车型，展示了其在轨道交通领域的创新实力和国际影响力。中车株机拥有业内型谱最全、品种最多的产品体系。公司形成了以电力机车、城轨车辆、动车组三大主业为核心，重要零部件、维保及机电总包服务等新产业协调发展的“3+X”产业格局。中车株机研制出各型干线电力机车 60 余种，累计 1 万余台，引领了我国电力机车的转型。中车唐山公司是我国轨道交通工业的发轫之地，拥有国家级企业技术中心等创新平台。中车唐山公司在轨道交通装备的研发、制造、检修、服务方面具有深厚的实力，成功研制出 CRH380BL 型高速动车组、复兴号系列动车组等 20 余种新产品。

3. 产业链下游

轨道交通产业链下游主要包括运营维保和增值服务。

运营维保是确保轨道交通系统长期稳定、安全高效运行的关键环节，主要包括运营管理、维护保养、安全监控和应急处理等环节。运营管理包括列车运行调度、车站管理、票务管理、乘客服务等，这需要高效的信息系统支持，以实现对运营过程的实时监控和指挥。维护保养是指定期对轨道交通设施进行检修和保养，包括轨道、车辆、信号系统、供电系统等，以预防故障发生，确保设备处于良好运行状态。安全监控是通过安装监控设备和系统，实时监控轨道交通系统的运行状态，及时发现并处理安全隐患。近年来，运营维保产业快速发展，其产值占轨道交通产业总产值的 10%~20%。

运营维保主要由大型铁路公司或政府机构负责，同时逐步引入市场化运作机制并推动民营部门参与。国铁集团作为国家铁路的运营主体，负责全国铁路的运输组织、设备管理和维保工作。随着铁路系统的发展，其在运营维保方面逐步引入了第三方服务，采用外部委托模式，将车辆检测检修及部分维护保养专业工作委外实施，由市场化第三方专业公司提供相关服务，以提高效率和服务质量。香港地铁市场化在运营维保方面走在前列，积极探索智能化无人服务和综合能源管理等新型服务模式，不仅在香港本地成功运营多条线路，还将业务拓展到欧洲市场。北京地铁在运营维保方面采取了自主维保模式，下设的机电公司负责运营线路所有运营设备设施的维保。北京地铁 4 号线作为内地城市轨道交通领域的首个政府和社会资本合作项目，采取了完全委外模式，由京港地铁负责运营管理、设施维护和更新，以及站内商业经营。广州地铁积极引入社会资本，对多条线路进行市场化和商业化运营。广州地铁在维保方面采取了政府和社会资本合作模式及项目融资模式，为市场化专业公司参与维保服务创造了新的可能，有效提高了运维效率，减轻了地方政府的财政压力。

增值服务主要是指在基础轨道交通运营服务之外，为了满足乘客多样化需求、提升运营效率和效益、增强企业竞争力而开展的一系列向后市场延伸的附加服务。其目的在于构建资源共享、协同创新、绿色可持续的轨道交通产业新关联经济形态。增值服务主要包括商业开发、物业开发、广告服务、智能化服务、交通接驳服务等，如利用轨道交通站点和车厢内的空间进行商业开发，为乘客提供便利的购物和信息服务；在轨道交通站点周边进行住宅、写字楼、商场等物业开发，形成以站点为中心的综合开发模式，提高区域经济活力。

在增值服务领域，国内外已形成一些先进经验。日本东急电铁作为民营企业，结合铁路建设与沿线土地开发，形成了依托铁路建设运营，并集合房地产开发、商业零售等多元化业务的综合性企业集团。日本东急电铁的公共交通导向型开发模式，围绕轨道站点进行商业、住宅和生活服务业的布局，成功打造了具有魅力的沿线街区，并吸引了大量乘客和居民。其中，涩谷站作为公共交通导向型开发模式的典型案例，通过高密度开发和多功能混合利用，形成了集工作、商业、文化、教育、居住于一体的城市中心，增强了区域的活力和吸引力。国内的深圳地铁案例被纳入《G20/OECD 政策工具：动员融资机制以加强经济复苏期间地域和城市基础设施融资》报告，其“轨道 + 物业”（R+P）模式为人口密集城市的地铁建设和运营提供了有效的解决方案。该模式通过综合开发地铁车站空间和沿线物业，获取土地增值收益，用于支持地铁建设和运营的融资，实现了财务收支的自我平衡和可持续发展。

（三）产业发展趋势及重点

轨道交通产业正迎来智能化和绿色发展的新时代，通过融合新兴技术如 5G 和人工智能，提升运营效率和乘客体验。随着国内外市场需求的增长，该产业将注重技术创新和产业链协同，实现高质量发展。同时，我国轨道交通产业将加强国际合作，提升全球竞争力，为世界轨道交通发展贡献力量。

1. 数字化转型和智能化发展催生轨道交通新技术

轨道交通产业正处于技术革新的前沿，智能化发展成为关键方向。利用人工智能、物联网、大数据分析等技术，可实现对轨道交通系统的全面监控和自动化管理，提高运营效率和安全性。例如，智能信号系统可以优化列车运行间隔，实施预防性维护降低故障率，以及部署自动驾驶技术提升乘客和货物运输的效率。

一是致力于智能系统与自动化技术的深度集成，以打造更加智能化的轨道交通网络。通过部署综合监控系统，实现对轨道交通关键基础设施的全面实时监控，确保系统的稳定运行。通过自动驾驶和无人驾驶技术的应用，提升列车运行的安全性和效率，减少人为操作错误，同时提高运营速度和频率。利用先进的算法和数据分析工具，优化智能调度系统，对列车运行计划进行优化，实现更高效的运输组织和资源配置，从而缩短列车间隔，提高线路容量，确保乘客享受到更快捷、更可靠的服务。

二是加速推进信息化与数字化技术在轨道交通中的应用，以实现服务和运营的全面升级。利用移动互联网、电子显示屏及其他智能终端，为乘客提供实时、准确的列车运行信息、换乘指南和预计到站时间，确保乘客能够作出更加明智的出行决策。此外，通过收集和深入分析轨道交通的运营数据，包括但不限于乘客流量、列车运行状态和设施健康状况，更准确地预测客流趋势，及时优化运营策略，实现运力与需求的精准匹配。同时，这些数据也为风险评估和管理提供了有力支持，提前识别并应对潜在的运营挑战，确保轨道交通系统的长期稳定和可持续发展。

三是积极推进新技术和新材料的研发与应用，以推动轨道交通产业的技术进步和环境友好型发展。应加快研发新能源技术，如电动列车和氢能源列车，减少轨道交通对化石燃料的依赖，降低温室气体排放。此外，开发先进的基于通信的列车控制系统，通过提供更精确的列车定位和控制，不仅可以提高信号系统的灵活性和可靠性，还允许列车以更短的间隔安全运行，从而提高线路的运输能力和效率。同时探索轻质高强度的新材料，以减轻车辆重量并提高能效，这些创新将共同推动轨道交通车辆向更高效、更环保的方向发展。

2. 多元化与可持续发展

随着城镇化进程的加快，轨道交通产业正朝着多元化和可持续方向发展，以满足不同规模和特点城市的需求。

一是轨道交通类型的多元化发展。在城市化快速发展的今天，轨道交通系统的多元化发展成为满足日益增长的多样化城市交通需求的关键。从地铁高效深入城市各个角落，到轻轨和有轨电车的便捷服务，再到单轨系统的创新应用，每一种轨道交通模式都在其特定的应用场景中发挥着重要作用。这种多元化的轨道交通网络不仅扩大了城市交通的覆盖范围，而且通过提供个性化的出行解决方案，增强了城市交通的适应性和灵活性。此外，优化不同轨道交通模式之间的换乘衔接，能够更有效地整合城市交通资源，实现交通网络整体效率和服务质量的提升，进而推动城市交通向更高效、更环保、更人性化的方向发展。

二是公共交通导向型开发模式引领创新发展。公共交通导向型开发模式通过功能融合和空间集约发展，提供多样化的交通和生活服务，在优化土地利用的基础上，提升站点周边地区的活力和吸引力。未来的公共交通导向型开发模式应更加注重与城市规划的深度融合，实现轨道交通站点与城市空间的无缝对接。一方面，强化不同交通模式的整合，包括地铁、公交、自行车和步行等，提供便捷的换乘设施和信息服务，以促进交通系统的互联互通。另一方面，鼓励社区居民参与公共交通导向型开发项目的规划和实施过程，确保开发项目满足当地居民的需求和偏好。此外，提供定制化服务，如社区活动、健康生活计划等，增强社区归属感。

三是环保技术的推广助力绿色化发展。积极践行绿色出行和可持续发展的理念，采用清洁能源和环保技术减少对环境的影响。一方面，采用轻量化材料、节能设计和高效能源管理系统，减少轨道交通系统的整体能耗，提高能源使用效率；在轨道交通站点和车辆基地推广太阳能、风能等可再生能源的使用。另一方面，在轨道交通建设中采取生态补偿措施，恢复和增加轨道周边的绿地，提升城市生态景观；加强对轨道交通项目的环境影响评估，确保从规划到建设的每个阶段都符合环保标准和可持续发展原则。

3. 服务创新与国际合作

轨道交通产业的服务创新不断涌现，满足了乘客个性化、多样化的出行需求。增值服务如移动办公、在线娱乐、定制化旅行方案等，为乘客提供更加丰富和便捷的出行体验。同时，国际合作在轨道交通产业发展中发挥着越来越重要的作用。通过技术交流、市场拓展、标准制定等，我国轨道交通企业正积极参与全球竞争和合作，推动产业的国际化发展。此外，国际合作还有助于引进先进的技术和管理经验，提升国内轨道交通产业的整体水平。

一是通过服务创新满足乘客的个性化和多样化需求。引入创新增值服务，例如为商务旅客提供的移动办公环境、互动式的在线娱乐内容，以及根据乘客偏好定制的旅行方案，极大地丰富了乘客的出行选择。此外，通过智能化和数字化技术的运用，如直观的智能导航系统、多语种的虚拟助手以及用户友好的智能票务解决方案，进一步提升乘客出行的便捷性和满意度。这些创新不仅可以优化乘客的出行流程，还能提高轨道交通的整体运营效率和服务质量，展现轨道交通产业在新时代背景下的发展活力和创新精神。

二是轨道交通产业应重视国际合作与技术交流。通过积极参与国际项目，我国轨道交通企业不仅有机会展示自身的技术和服务，还能直接参与全球竞争，与国际同行同台竞技。一方面，与海外合作伙伴开展技术交流和联合研发，及时引入国际先进的技术和管理经验，提升国内轨道交通产业的创新能力和运营效率。另一方面，发挥我国轨道交通企业在国际标准制定中的作用，通过分享专业见解和实践经验，促进国际标准的完善和发展，增强我国在全球轨道交通领域的影响力和话语权，鼓励我国轨道交通产业向更高层次的开放合作和国际一体化迈进，为全球轨道交通的发展贡献中国智慧和中国方案。

三是提供跨文化服务，适应不同国际市场需求。在全球化的大背景下，轨道交通企业应积极提升跨文化服务能力，以更好地适应不同国家和地区的市场特点。这要求企业不仅要深入理解并尊重目标市场的文化特性和社会习俗，还要灵活调整服务内容和运营策略，以满足当地乘客的特定需求和期望。同时，为了推动国际项目的顺利开展，企业应积极探索和创新合作模式，例如通过建立政府和社会资本合作等多元化的合作框架，整合各方资源和优势，共同推进项目实施。

第四章　方法创新：综合交通产业地图

为系统展示、全面分析浙江省综合交通产业发展情况，应用大数据、人工智能等新一代技术手段，赋能政府决策、行业发展、企业交流，课题组广泛借鉴了各地先进经验，按照“一次规划、分期实施”的原则，研究开发浙江省综合交通产业地图。浙江省综合交通产业地图作为全国首个综合交通产业领域的数字地图，自 2019 年发布以来，经过 5 年的迭代升级，已开发至 4.0 版本，后期仍将不断优化提升。

一、总体设计

（一）建设意义

产业地图是基于物理地图的产业信息集成系统，通过图形化、可视化的形式，提纲挈领地呈现社会经济各产业、行业和子门类的发展脉搏与轨迹，包括产业分布、企业位置、产业链条、发展优势等信息，以便城市规划者、投资者、企业家以及政策制定者等用户能够直观便捷地了解、考察产业发展现状。绘制开发产业地图，不仅可以展示现有产业布局，也有助于展望未来产业发展趋势，对指导产业合理布局、促进区域经济协调发展具有重要意义。

随着数字化技术的普及，产业地图的表现形式、可视效果、功能模块也与时俱进，逐渐从图表形式转变为网页数字化平台形式，展示维度更加丰富，信息更新更加高效，招商属性更加鲜明。产业地图逐渐演变为成果宣传平台、信息发布平台、产业招商平台、企业对接平台等，产业地图平台功能也从展示当地产业经济情况升级为支撑招商决策。产业地图能够向政府传递重要的产业与技术信息，为区域产业规划和科学招商决策提供具有可操作性的有效支持，对于促进区域发展和提升产业竞争力具有重要的现实意义。浙江省综合交通产业地图作为培育发展综合交通产业的重要抓手，建设意义如下。

1. 推动产业现代化转型

国家多次强调“数字产业化”和“产业数字化”的重要性。2024年7月5日召开的国务院常务会议指出，推进数字产业化、产业数字化，全面赋能经济社会发展。近年来，国家加快推进“上云用数赋智”行动，推动数据赋能全产业链协同转型，产业发展和数字技术融合成为大趋势。长期以来，浙江省在综合交通产业领域相关课题研究、规划编制、工程咨询及交通工程建设等方面，存在数据支撑偏弱、分析论证量化依据不足等问题。浙江省综合交通产业地图作为交通产业数字化转型的重要载体，通过整合综合交通领域海量数据资源，推动交通产业数据的采集、处理、分析与应用全链条数字化转型。在此基础上，通过运用大数据、云计算、人工智能等先进技术进行相关数据的深度挖掘，浙江省综合交通产业地图将成为政府招商引资和企业投资决策的新工具，有助于推动综合交通产业现代化转型和高质量发展。

2. 推动行业数字化治理

2016年10月9日，习近平总书记主持中共中央政治局第三十六次集体学习，重点关注“实施网络强国战略”议题，提出要深刻认识互联网在国家管理和社会治理中的作用，以推行电子政务、建设新型智慧城市等为抓手，以数据集中和共享为途径，建设全国一体化的国家大数据中心，推进技术融合、业务融合、数据融合，实现跨层级、跨地域、跨系统、跨部门、跨业务的协同管理和服务[①]。数字化改革是浙江省立足新发展阶段、贯彻新发展理念、构建新发展格局、推动高质量发展的重要抓手。随着浙江省数字经济不断发展，政府对行业发展、综合治理、项目监测等相关数据的需求日益增加，有必要对交通行业大数据进行汇总梳理，满足数据跨部门、跨行业交换共享的需求。浙江省综合交通产业地图可以提供相关企业、园区、平台、项目等多维数据，有助于行业管理部门对行业主体及重点项目进行跟踪监测和及时管控，保障交通行业的健康有序发展；同时，浙江省综合交通产业地图还可以对海量数据进行快速处理和预测分析，有助于行业管理部门更好地了解市场动态、行业趋势等，为政策制定等提供依据。

3. 推动政务服务增值化改革

近年来，浙江省加快推动政务服务增值化改革。这项改革通过对政务服务的体制机制、组织架构、方式流程、手段工具等进行变革性重塑，以制度创新和数字赋能促进企业成本降低、收益增加、功能强化以及快速发展，全面提升政府服务能力和优化营商环境。如杭州市临平区推出了企业服务体系下延实施计划（即“星辰计划”），通过靠前服务，将政府侧和市场侧的服务资源整合起来，直接服务于企业及人才，激活企业发展活力。浙江省综合交通产业地图通过整合全省综合交通产业数据资源，特别是企业关注的产业布局、招商政策、配套服务等信息，积极开发企业落地选址、产业配套服务、产销对接撮合等功能，提供精准资源对接服务，打造政府与企业沟通的桥梁。在建设运营过程中，政府部门可以不断探索线上线下融合服务、一站式服务等新的服务模式，以满足企业的多样化需求，不断提升服务效率、优化营商环境、提高企业满意度，让企业“进得来、留得住”。

---

① 《习近平在中共中央政治局第三十六次集体学习时强调 加快推进网络信息技术自主创新 朝着建设网络强国目标不懈努力》，新华社，2016 年 10 月 09 日。

（二）定位及作用

1. 打造汇聚综合交通产业海量信息的数据仓

综合交通产业涉及国民经济 11 个行业门类 40 个大类 259 个小类，内涵丰富、涉及面广，数据复杂多样。浙江省综合交通产业地图以全省和各地市常态化综合交通产业统计监测数据为基础，汇集全省综合交通产业企业及全省和各地市产业规划布局、重点园区、平台和项目，整合全省综合交通产业规划、科技创新、人才引进与培养等方面的支持政策，反映综合交通全产业链细分领域发展情况，致力于建成综合交通产业领域最权威的数据库。

2. 建成浙江省综合交通产业发展的展示窗

浙江省综合交通产业地图汇聚浙江省综合交通产业发展的最新动态、成效与技术创新亮点，全面展示全省及各地市精心布局的产业规划蓝图，全方位呈现综合交通产业发展的立体图景。同时，浙江省综合交通产业地图深度整合全省综合交通产业相关支持政策与资源，通过数据可视化、智能分析等手段，直观展示政策效应、创新成果与人才聚集优势，为政府决策、企业运营、公众参与提供一站式、高效率的信息服务，由此成为推动全省综合交通产业转型升级、促进经济高质量发展的重要窗口，向世界展示浙江交通强省建设的辉煌成就与未来愿景。

3. 搭建综合交通产业政企撮合的大平台

依托浙江省综合交通产业地图，围绕产业链精准招商招展，对接企业需求，搭建产业应用互动、科技成果转化、国际合作交流的平台。围绕产业布局、企业分布及项目信息，实现招商招展活动的精准定位与高效实施，推动产业链上下游的深度合作与协同发展。相关信息为线下产业对接提供支撑，通过产业对接会、技术研讨会等活动，有效对接企业实际需求，促进技术创新与产业应用的紧密结合，加速科技成果向现实生产力的转化，助力企业提升核心竞争力。

4. 打造综合交通产业监管和政策制定的智囊库

依托浙江省综合交通产业地图，以重大产业项目储备库、省级示范园区、现代化交通产业集群试点为抓手，开展全省综合交通产业常态化数字化监管。一是跟踪全省综合交通产业重点项目进展，及时跟进签约落地情况。二是展示综合交通产业发展动态，通过跟踪全国乃至全球综合交通产业的最新动向和发展态势，为决策者提供及时的信息支持。三是反映全省综合交通产业资源的分布和利用情况，为优化资源配置提供科学依据，提高监管水平和政策精准度。同时，浙江省综合交通产业地图也为综合交通领域的课题研究提供强有力的量化依据，助力政府及企业作出更加科学合理的决策。

（三）建设原则

1. 数据为基、需求导向

数据作为浙江省综合交通产业地图的基石和产业数字化发展的核心驱动力，是推动产业智慧化、高效化转型的关键要素。浙江省综合交通产业地图以综合交通产业相关企业、项目、平台数据，交通产业项目招投标数据，及综合交通设施布局数据等为基础，为产业分析、决策支持及战略规划提供了坚实的数据支撑。同时，浙江省综合交通产业地图注重用户体验与功能创新。平台夯实了建库、展示、查询等基础功能，确保用户能够轻松上手、快速获取所需信息。通过直观的界面设计与便捷的查询工具，用户可以迅速定位到感兴趣的企业、项目或设施信息，并进行深入的分析与研究。

2. 一次规划、分期实施

按照“一次规划、分期实施”原则，先期做好浙江省综合交通产业地图整体方案的设计，并按照年度计划安排，结合全省综合交通产业发展形势及浙江省综合交通产业地图开发实际需求，分期实施。整体方案的设计聚焦于明确浙江省综合交通产业发展定位、优化产业布局、构建产业生态体系、强化产业链协同等方面，通过深入调研区域资源禀赋、产业基础、市场需求、技术变革趋势，识别并确定主导产业与潜力产业，绘制清晰的产业价值链图谱。分期实施主要围绕浙江省综合交通产业地图迭代升级，根据政策形势、技术条件、市场需求变化以及外部环境的不确定性，适时调整规划内容，使浙江省综合交通产业地图始终保持前瞻性和指导性，为区域和行业的持续健康发展提供有力支撑。

3. 底层架构、易于拓展

做好浙江省综合交通产业地图的平台底层架构，确保平台能够与现有的数字化平台（如交通管理系统、物流信息平台、产业数据平台等）实现对接，预留互联互通接口。以模块化形式进行嵌入式开发，将应用功能划分为多个独立、可复用的模块，便于后期进行功能拓展。在模块化设计的基础上，注重接口的标准化与规范化，确保各个模块之间的无缝对接与高效协同。同时预留丰富的互联互通接口，以便未来能够接入更多第三方平台，进一步提升平台的综合应用能力与市场竞争力。

4. 企业主体、政府引导

浙江省综合交通产业地图坚持以管促服、管服结合，发挥政府对企业的引导、监管、服务功能。企业侧依托浙江省数字经济与民营经济发展优势，发挥企业科技创新主体作用，以企业数据为核心，跟踪综合交通产业相关企业投资布局，加强在智慧交通、现代物流、新能源汽车等前沿领域的跟踪研究。政府侧依托浙江省综合交通产业地图开展常态化产业跟踪服务，推动政务服务增值化改革，打造线上线下深度融合的产业服务。发挥政府引导作用，鼓励政府与企业联合开展浙江省综合交通产业地图平台建设工作，探索建立“一县一图”产业发展与招商引资专业地图。通过数据共享、资源整合，精准绘制产业发展蓝图，明确产业空间布局、发展路径和支撑体系，为政府决策提供科学依据，为企业投资提供方向指引。

（四）建设思路

充分利用地理信息系统、大数据处理与分析等技术，高质量谋划，搭建系统底层架构，逐步完善数据功能，拓展个性化、定制化应用，形成“1+N”总体建设框架。

1.“1”——一个综合交通产业基础数据库

从交通建筑业、交通装备制造业、交通运输业、交通关联服务业四大领域，以及企业、项目、平台三个维度，搭建综合交通产业基础数据库。

一是综合交通产业统计数据。综合交通产业统计数据来源于浙江省统计局，依托《浙江省综合交通产业统计监测制度（试行）》，每年通过全省国民经济统计工作获得全省及 11 个地市的综合交通产业总产出、增加值等数据。

二是综合交通产业领域企业数据。综合交通领域产业企业数据主要来源于工商部门、政府门户网站、行业协会、企业公开披露的年报。

三是综合交通产业领域项目数据（招投标数据）。综合交通产业领域项目数据（招投标数据）以省内综合交通重点产业链的链主企业为对象，对其招投标数据进行结构化分析。招投标数据主要来源于中国招标投标公共服务平台、浙江政府采购网等网站。

四是综合交通产业平台数据。综合交通产业平台数据由平台类型、平台名称、平台简介等信息构成，数据主要来源于国家及省市政府产业平台公开信息或提供数据。浙江省综合交通产业平台类型主要包括浙江省现代化交通产业集群试点、“万亩千亿”新产业平台、特色小镇等省级产业平台载体。

2. “N”——N个基于大数据分析的功能模块

结合产业发展实际需求，浙江省综合交通产业地图定制出一批大数据分析功能模块。

一是综合交通产业数据展示模块。基于综合交通产业基础数据库，以数字化形式展现全省综合交通产业四大领域相关企业、项目、平台的分布情况；展现各地市综合交通产业发展现状、特色优势、规划目标、主要平台等；对历年全省、各地市综合交通产业及各领域总产出、增加值等主要指标进行统计分析。

二是综合交通产业招投标数据分析模块。以全省及各地市交通工程项目历年招投标数据为依据，分析浙江省综合交通产业相关企业在省内的市场份额，体现浙江省综合交通投资对省内企业发展的产业带动效应，包括直接效应和二次、三次效应分析。

三是综合交通产业优质企业库模块。通过对智慧交通产业等产业链进行研究，形成产业知识和靶向企业。通过对浙江省本地链主企业的深挖，将相关供应链企业、关联企业、战略伙伴等一并收录至优质企业池。

四是综合交通产业对接模块。通过对企业进行画像分析，并进行动态评价，与各地需求进行匹配，最终将企业推荐引进至地方及园区。

（五）版本迭代

浙江省综合交通产业地图作为全国首个深耕综合交通产业领域的

数字地图，于 2019 年 12 月在第二届浙江国际智慧交通产业博览会这一重要平台上首次亮相，较为全面系统地展现了近年来浙江省综合交通产业发展总体情况，标志着浙江省综合交通产业数字化进程迈入了一个崭新的时代。浙江省综合交通产业地图经历 4 个版本的迭代，已经成为浙江省综合交通产业发展的一张“金名片”。

1. 产业地图1.0：建模型、搭框架

浙江省综合交通产业地图 1.0 版本作为首发版本，围绕近年来全省综合交通产业有关数据资源，初步搭建系统框架和功能模块，包括产业规划、企业分布、产业招投标、产业投资、产业项目等五大模块，汇总全省综合交通产业有关企业 3 万余家、招投标数据 2 万余条，系统展示了全省综合交通产业的总体情况。

产业规划模块通过汇集全省及各地市综合交通产业规划、重点平台载体等，展现全省综合交通产业发展蓝图，便于用户快速了解全省综合交通产业布局和重点领域有关政策。

企业分布模块通过地理信息系统技术，将全省 3 万余家综合交通相关企业精准定位于地图上，直观展示了企业的空间分布特征与产业集群态势，为用户提供了便捷的企业查询与对比分析功能。

产业招投标模块汇聚了超过 2 万条招投标数据，涵盖道路建设、轨道交通、智能交通系统等多个细分领域，为相关企业提供了丰富的商机信息与市场竞争情报，促进综合交通产业市场公平竞争与资源优化配置。

产业投资模块聚焦综合交通产业的投融资动态，包括政府资金扶持、社会资本引入、项目融资案例等，为投资者提供了全面的投资指南工具。

产业项目模块展示了全省正在实施或即将启动的综合交通产业重大项目，涵盖了基础设施建设、技术创新研发、产业升级改造项目等多个方面，为用户提供项目概况、进展情况、合作需求等详细信息，促进了项目与资本的有效对接。

2. 产业地图2.0：拓区域、深领域

浙江省综合交通产业地图 2.0 版本在 1.0 版本的基础之上，实现了对关键功能模块的整合提升，通过区域拓展、领域深化，推动对全省综合交通产业的展示、分析、评价向更广区域、更深层次、更多终端延伸。

区域拓展方面，浙江省综合交通产业地图 2.0 版本着重加强了对全省 90 个县域层面综合交通产业现状的细致梳理与深度挖掘。这一工作不仅限于对基础数据的收集与整理，更侧重于对各地平台、园区、重点建设项目等核心要素的深入分析，旨在揭示其发展潜力、面临的挑战及未来方向。基于此，构建省市县三级紧密相连、协同发展的综合交通产业网络，促进了全省综合交通产业发展的上下贯通和资源配置。

领域深化方面，浙江省综合交通产业地图 2.0 版本聚焦轨道交通与智慧交通两条综合交通产业链，进行系统全面的梳理分析。这两条产业链作为浙江省综合交通产业的重点领域，对于引领全省综合交通产业转型升级、链式集成具有重要意义。浙江省综合交通产业地图 2.0 版本通过深入分析全省上下游产业链结构，评估各环节竞争力水平，不仅为政策制定者提供了决策支持，也为市场参与者指明了发展方向。在此基础上，浙江省综合交通产业地图 2.0 版本还建立全省综合交通产业重点企业库，该库收录超过 4000 家具有代表性和影响力的企业，涵盖技术研发、生产制造、运营服务等多个环节，为产业链上下游企业间的合作与交流搭建桥梁。

为了进一步提升用户体验，浙江省综合交通产业 2.0 版本在终端开发方面取得了突破性进展。通过上线手机端应用，用户可以随时随地访问浙江省综合交通产业地图的主要功能模块，享受更加便捷、高效的信息服务，进一步增强了互动性与参与感。在手机端应用中，用户可以轻松浏览全省综合交通产业的分布情况、企业信息、项目进展等内容，还可以通过定制化功能设置个人关注重点，实现信息的精准推送与个性化服务。

3. 产业地图3.0：建链条、强分析

浙江省综合交通产业地图 3.0 版本的迭代升级，紧密契合新时期综合交通产业发展趋势。根据《浙江省综合交通产业发展三年行动方案（2023—2025 年）》规划内容，浙江省综合交通产业地图 3.0 版本对功能与内容进行了全面更新与拓展。此次升级不仅实现了对全省及各地市产业规划的同步更新，更拓展丰富了浙江省综合交通产业地图的展示维度，为新时期浙江省综合交通产业的高质量发展注入了新的活力。

在产业链构建上，浙江省综合交通产业地图 3.0 版本紧跟综合交通产业的最新发展动态，深度解析与全景展示智慧交通、现代交通物流、航运服务、枢纽通道经济、交通建筑工业化、新能源汽车、航空航天、轨道交通等八大核心产业链及细分领域，绘制详尽完整的浙江省综合交通产业链全景图。通过高清晰度、多维度的数据可视化技术，浙江省综合交通产业地图 3.0 版本直观展示了各产业链的发展脉络、关键环节与未来趋势，为用户提供了深度洞察产业生态的窗口。同时，浙江省综合交通产业地图 3.0 版本深度梳理了各产业链上的关键企业、产业园区、创新平台、政策规划等核心要素，运用先进的地理信息系统技术，将这些要素精准定位并嵌入全省的空间布局图中，直观反映综合交通产业空间分布格局与集聚态势。浙江省综合交通产业地图 3.0 版本收录综合交通产业链重点企业超过 5000 家，涵盖了从原材料供应、生产制造到服务运营的全产业链环节；同时，纳入

20 余个重大产业平台，梳理产业平台相关功能定位、空间布局、重点项目、招商政策等信息。

此外，为进一步宣传展示浙江省在培育综合交通产业方面的显著成果与创新实践，浙江省综合交通产业地图 3.0 版本特别增设了试点县（市、区）专区。该专区精选萧山、龙游、松阳等具有代表性的试点县（市、区），全方位、多角度地介绍了这些地区的区位条件、产业布局、招商政策、成功案例等内容。用户不仅能够了解试点县（市、区）独特的产业基础与资源优势，还能深入了解当地政府在推动产业转型升级、优化营商环境等方面的支持政策和创新举措。浙江省综合交通产业地图 3.0 版本不仅为其他地区提供了可借鉴、可复制的宝贵经验，也为企业用户提供了解浙江省综合交通产业发展情况的窗口。

4. 产业地图4.0：政企对接、产企撮合

浙江省综合交通产业地图 4.0 版本首次考虑各类产业参与主体需求，搭建产企撮合模块，在前三个版本基础上取得了较大突破，初步实现了浙江省综合交通产业地图从“可看”到“可用”的转变。浙江省综合交通产业地图 4.0 版本围绕“政府找企业、企业找政府、企业找企业”这三类核心需求，以智慧交通产业链为具体实践领域，打造了一个集“招商引资、投资落户、产销合作”三大场景于一体的综合服务平台，旨在通过技术创新与数据驱动，实现供需双方的精准匹配与信息的智能推送，为地方政府、企业及整个行业参与主体注入强劲发展动力，共同构建一个高效、协同、共赢的综合交通产业平台。

招商引资场景方面，浙江省综合交通产业地图 4.0 版本利用大数据分析技术，深入挖掘智慧交通产业链上下游企业的投资偏好、产业布局及区域发展优势，为地方政府量身定制招商引资策略。通过智能匹配算法，浙江省综合交通产业地图 4.0 版本能够快速筛选出符合地方产业定位和发展需求的优质企业名单，并通过线上线下的方式将目标企业精准推送至地方政府部门，有效缩短招商周期，提高招商效率。同时，浙江省综合交通产业地图 4.0 版本还提供详尽的投资环境评估报告、优惠政策解读及一站式咨询服务，帮助地方政府更好地吸引和留住优质企业。

投资落户场景方面，针对企业寻找合适投资落户地的需求，浙江省综合交通产业地图 4.0 版本构建了全方位的投资落户服务体系。企业可以通过浙江省综合交通产业地图 4.0 版本了解各地政府的招商引资政策、土地资源、基础设施建设及产业配套情况，结合自身的投资规模和业务发展方向，进行精准选址。浙江省综合交通产业地图 4.0 版本还提供一对一的投资顾问服务，协助企业完成从项目洽谈、实地考察到落地实施的全流程服务，确保企业顺利实现投资落户目标，为企业提供专业的风险评估报告和解决方案。

产销合作场景方面，浙江省综合交通产业地图 4.0 版本充分发挥其作为大数据服务枢纽的作用，通过整合全省乃至全国范围内的智慧交通产业链资源，构建了一个开放共享的合作交流平台。企业可以通过平台发布产品供应信息、采购需求及合作意向，平台则利用智能匹配技术，为企业快速找到潜在的合作伙伴。同时，依托平台沉淀的产销相关需求信息，可以定期举办线上线下的供需对接会、产品发布会等活动，为企业提供面对面交流的机会，促进产销双方达成合作意向。

二、功能模块

（一）产业总览模块

产业总览模块作为浙江省综合交通产业地图的核心入口，采用先进的数据可视化技术，通过动态图表、交互式地图等多种形式，深度挖掘并直观展现浙江省综合交通产业的繁荣景象与未来蓝图，便于用户直观了解全省综合交通产业的整体规模、增长速率、地域分布等关键信息。

产业总览模块界面左侧为浙江省综合交通产业规模数据，分别展示当年综合交通产业总产出、增加值、交通企业数以及近五年综合交通产业规模变化趋势，点击交通企业数还可以展示综合交通相关上市企业和非上市企业情况、上市企业的市值结构等信息；界面中部为综合交通产业四大领域规模情况，以图表形式分别展示交通建筑业、交通装备制造业、交通运输业以及交通关联服务业总产出、增加值以及增加值占 GDP 比重等规模数据，用户可直观了解近五年综合交通产业各领域发展情况及变化趋势。界面右侧上方同步显示浙江省综合交通产业四大领域占比情况，便于用户了解全省综合交通产业结构。界面右侧下方详细展示浙江省 11 个地市综合交通产业增加值并进行对比分析，用户可以直观地了解不同区域在产业发展上的差异与特色，通过各地市对比分析，揭示产业发展的空间分布特征，洞察产业发展热点区域。

同时，为增强数据的时效性与准确性，浙江省综合交通产业地图 4.0 版本及时进行数据更新与补充，确保用户能够随时掌握最新的产业发展动态。这种持续的数据更新机制，不仅保障了数据的时效性与准确性，还为用户提供了一个持续学习、持续关注的平台，促进了用户与产业发展之间的紧密联系与互动。

（二）产业规划模块

产业规划模块作为浙江省综合交通产业地图的战略指引区，旨在为政府决策者、行业专家、企业投资者及社会公众等提供一个全面、深入、前瞻的产业规划信息库。该模块不仅详尽汇总了全省及各地市综合交通产业的战略规划蓝图，还广泛收集了各产业细分领域的相关政策规划，为用户提供决策参考与行动指南。

界面左侧展示了浙江省综合交通产业最新的规划成果，详细阐述规划思路、主导产业、发展目标和八大重点产业链的具体发展路径。界面右侧列出了针对各产业链的扶持政策清单及政策文件预览，提升产业规划模块的可操作性与政策透明度。界面中部展现了浙江省交通重点产业园区的分布情况，包括浙江省现代化交通产业集群试点、"万亩千亿"新产业平台、特色小镇等，通过数字地图形象地展现了各个产业园区的地理位置、产业布局、发展现状及未来规划等情况。这些产业园区作为全省综合交通产业发展的重要载体与平台，展现了全省综合交通产业发展的空间布局与集群效应，便于政府掌握浙江省综合交通产业的整体实力与竞争优势，便于企业进行投资布局与业务拓展。

1. 产业链全景图

产业链全景图以直观、互动的方式展现了综合交通八大重点产业链的完整生态体系，覆盖从原材料供应、技术研发、生产制造、运营服务到终端应用的全领域全环节。智慧交通产业链上游涵盖云计算、车对外界的信息交换技术、人工智能、北斗卫星导航系统、高级驾驶辅助系统、物联网等数字技术研发领域，中游涵盖汽车、船舶、航空、物流装备等智能交通运输装备和智慧高速、智慧港口、智慧机场等智慧基础设施建设领域，下游涵盖自动驾驶和智能网联、智能停车、共享出行等融合应用领域。用户可以通过点击产业链全景图中的各个节点，深入了解各环节的详细信息、参与主体及相互关系，从而对产业链的整体结构与运作机制形成更加清晰的认识。

2. 研发趋势

研发趋势根据产业链的结构属性及智慧交通企业库中的画像信息，利用大数据分析技术，整理智慧交通产业链相关的专利高频热词，匹配出智慧交通领域的研发热点、分析研发趋势等，并在此基础上分析得出各细分领域产学研合作院校排名情况、全国各地专利数量排名情况、产业研发趋势和热点等。点击产业链全景图各细分领域子节点，可以展示产业链各节点的研发趋势，包括产业介绍、领域标杆企业、领域研发热点、领域产学研合作院校排名、领域专利排名前10的省份或城市等内容。

（三）投资匹配模块

企业投资选址是企业发展战略中的重要环节，直接关系到企业的投资收益、运营成本、市场竞争力及可持续发展。如何高效、精准地选择最适合自身发展的县（市、区）及园区，成为众多企业关注的焦点。为此，浙江省综合交通产业地图在深入分析企业投资需求及影响因素基础上，构建了一套高效的投资匹配系统，旨在全方位服务用户企业落地选址布局需求，确保每一步决策都基于深入的市场分析与科学的数据支持。根据对企业投资落地选址需求和影响因素的分析，围绕省内以综合交通产业为主导产业的县（市、区）建立城市画像，帮助企业根据投资落户需求一键匹配对应县（市、区）及园区。

其中，城市画像通过梳理县（市、区）及园区有关区位条件、综合交通、主导产业、产业配套、园区发展、优惠政策等基础数据，以“一县一图”为目标建立各县（市、区）的投资地图，使企业能够更好地掌握各县（市、区）的发展阶段、产业基础及结构情况。

（四）招商匹配模块

政府开展产业链招商是一种以整个产业链条为核心，通过吸引和整合上下游企业，形成产业集群，进而提升区域经济竞争力的招商引资模式。这种模式不仅关注单个企业的引进，更重视通过构建完整的产业链条来实现产业的集聚效应，从而促进地方经济的发展。招商匹配模块旨在通过建立产业链上下游重点企业库及企业画像，帮助地方政府、园区根据拟招引的具体领域方向，结合自身情况一键匹配招商需求，筛选得到靶向企业清单和具体企业信息。后期，结合地方政府的个性化招商需求（如产业定位、发展目标、政策优惠等），运用智能匹配算法，在优质企业库中快速筛选出符合条件的靶向企业，形成精准的企业清单，开展常态化智能推送。

其中，产业链企业库结合产业链相关的技术关键词、产品关键词及产业链节点关键词等信息，在上市企业、专精特新“小巨人”企业、国家级高新技术企业、规模以上工业企业、被第三方机构投资过的企业等优质企业中，通过建立企业评价模型指标体系，结合大数据匹配及人工校验筛选出与智慧交通各细分领域相关联的优质企业，为地方政府提供高质量招商对象。考虑到数据评价维度的合理性以及评价数据的可获得性两个方面，企业评价模型指标体系具体考察企业科技特征、资本实力、规模状况等维度。

（五）产销合作模块

产销合作模块面向市场主体对接合作等需求，旨在帮助交通领域供需双方企业加强交流对接，及时了解市场动态、把握市场商机。产销合作模块聚焦产业链上下游企业业务对接需求，通过建立重点领域产品名录，智能匹配相关目标企业，实现一键式产销对接。该模块主要功能包括产品供给分析、产品搜索等，同时动态挖掘产业链重点领域招投标信息，根据重点企业需求特点有针对性地推送商机信息。

其中，产品供给地图功能梳理了相关产品在省内各县（市、区）的布局情况，以及相关头部企业和专精特新企业实力情况，针对各地市产品名录进行竞争力分析。产品搜索功能则是帮助用户针对拟采购或者拟销售的产品进行筛选，得到省内对应企业清单，用户可以浏览有关企业信息，辅助开展产销对接合作。产业需求功能通过梳理各大主要渠道招投标信息整理形成产业需求信息，根据需求分布、需求规模、重点热点等进行企业需求分析，形成产业需求地图，并针对企业需求推送商机。

第五章　制度创新：综合交通产业政策体系

培育发展综合交通产业作为一项新举措新工作，“怎么谋、怎么管、怎么抓”等问题都亟待解决，特别是涉及跨部门工作机制和责任分工、规划设计和工作抓手、评价体系和监督考核等关键性问题。课题组围绕综合交通产业的概念、范围和特点，对相关规划政策体系、统计监测体系、工作推进体系进行总体谋划设计，为政府部门提供参考。

一、规划政策体系

培育发展综合交通产业作为一项全新工作，为加强规划设计和专项引导，课题组建立了以一个发展规划为引领，以一个行动方案为支撑，以一批针对性、专业性规划政策为补充的“1+1+N”浙江省综合交通产业规划政策体系。

（一）主要原则

1. 突出整体统筹、多跨协同

综合交通产业横跨第二、三产业，不仅涵盖公路、铁路、航空、水运等多种运输业，还涉及交通建筑、交通装备、交通衍生服务等多种业态，是一个跨领域的复杂系统。培育发展综合交通产业涉及交通、发改、经信、住建、统计等多个部门，规划政策编制时需要加强统筹协调和跨部门联动。省级层面建立相关领导小组，设置专门机构，编制高层次发展规划和政策举措。各部门明确职责分工、建立联动机制，结合行业需求出台一批精准政策。

2.突出链式集成、融合发展

对于综合交通产业，要运用产业经济理论开展研究。具体围绕综合交通产业，结合产业发展形势需求，选择需重点发展的细分领域产业，系统梳理产业链上中下游各领域各环节，全面整合相关骨干企业、产业园区、创新平台、重点项目等资源，加强产业链分工协作和产学研合作，形成从技术研发到市场应用的闭环，不断增强产业的竞争力。深化综合交通产业与信息、旅游、金融、商贸等相关产业跨界联动，加强资源共享和优势互补，培育产业新业态新模式。

3.突出优势导向、特色发展

合理的产业空间布局不仅可以优化资源配置，还能促进综合交通产业与区域经济社会的协同发展，从而提高区域整体经济效率。充分梳理区域资源禀赋和优势特色，结合相关区位战略、城市空间、综合交通、产业发展等情况，找准自身定位，科学选定赛道，因地制宜发展综合交通产业。按照全省一盘棋的思路加强整体谋划，既注重差异竞争、错位发展，又注重分工协作、优势互补，形成特色明显、主业突出、互促共进的产业发展格局。

4.突出科创引领、智慧低碳

综合交通产业发展应把握新一轮科技革命和产业变革规律，注重科技创新、产品创新、业态创新、模式创新，以产业高端化为导向，突出综合交通产业关键共性技术、前沿引领技术、现代工程技术、颠覆性技术创新，加快形成产业发展新优势。同时，还应顺应未来行业发展的趋势，加强与新一代信息技术、人工智能、生物技术、新能源、新材料、高端装备等领域融合，有序淘汰落后产能和推动传统产业升级改造，实现综合交通产业智能化、绿色化发展，支撑现代化产业体系建设。

5. 突出政府引导、市场主导

综合交通产业发展有赖于政企联动共谋共建。政府侧，应加大全省资源整合力度，突出政府在政策制定、标准建设、行业监管、市场准入和公共服务平台建设方面的引导作用，努力营造公平竞争、规范有序的产业发展环境。市场侧，应充分发挥市场在资源配置中的决定性作用，突出企业主体地位，以市场需求为导向，努力吸引全球知名企业落户，支持企业积极拓展国内外市场，加快壮大一批具备强大综合竞争力的综合交通产业市场主体。

（二）规划政策

1. 发展规划

2018 年 2 月，浙江省人民政府办公厅印发的《浙江省综合交通产业发展规划》，为全国首个省域层面综合交通产业领域的发展规划。该规划首次明确综合交通产业的概念内涵，提出开展“463”行动，即加快发展交通建筑业、交通装备制造业、交通运输业、交通关联服务业四大领域，明确领军企业培育、重点园区建设、重大项目实施、公共平台打造、紧缺人才培养、精准政策出台等工作抓手，打造 3 万亿元总产出的产业体系（见图 5–1）。

2. 行动方案

2023 年 9 月，浙江省交通强省建设领导小组[①]办公室印发《浙江省综合交通产业发展三年行动方案（2023—2025 年）》，这是《浙江省综合交通产业发展规划》到期后的接续和迭代。该行动方案建立“14855”工作体系，即围绕“打造全国综合交通产业发展先行省”这

① 现调整为“浙江省交通强省（民航强省）建设领导小组”。

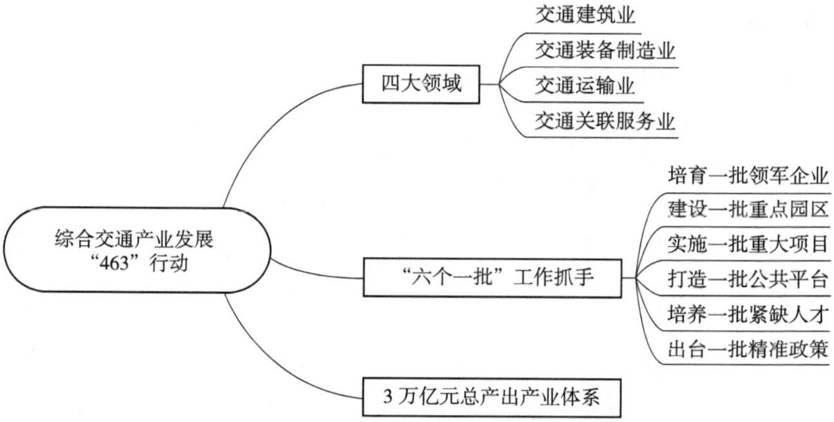

图5-1 《浙江省综合交通产业发展规划》概念图

资料来源：笔者绘制。

一总目标，面向交通建筑业、交通装备制造业、交通运输业、交通关联服务业四大领域，推进智慧交通、现代交通物流、航运服务、枢纽通道经济、交通建筑工业化、新能源汽车、航空航天、轨道交通等八条产业链高质量发展，谋划打造示范园区、科创平台、龙头（链主）企业、重大项目、应用场景"五个一批"标志性成果，形成协同机制、政策试点、博览会、产业地图、统计监测体系"五位一体"工作支撑体系（见图5-2）。

3. 专项政策

深化跨部门联动，跨部门出台《浙江省综合交通产业发展实施意见关于推动综合交通装备首台（套）突破的实施意见》《浙江省现代化交通产业集群试点管理办法》等一批政策文件。

2018年11月，浙江省综合交通改革与发展领导小组印发《浙江省综合交通产业发展实施意见》，明确把高端交通建筑业、航空产业和临空经济、轨道交通产业、智能化数字化交通产业、现代物流业、交通关联服务业作为综合交通产业发展的重点领域，通过产业平台、领军企业、重大项目、金融平台等"四新"产业载体，推动建立健全

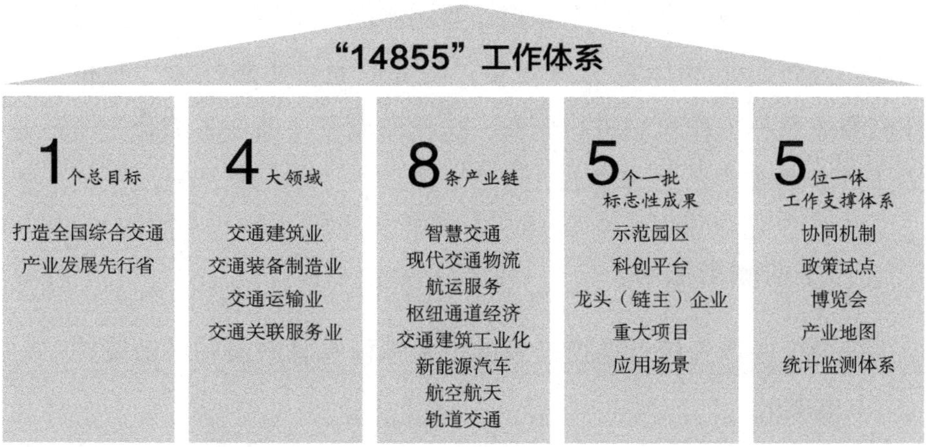

图5-2 《浙江省综合交通产业发展三年行动方案（2023—2025年）》概念图
资料来源：笔者绘制。

综合交通产业培育工作推进机制。

2023 年 11 月，浙江省经济和信息化厅、浙江省交通运输厅印发《关于推动综合交通装备首台（套）突破的实施意见》，明确聚焦节能与新能源汽车、船舶和海洋工程装备、轨道交通装备、航空航天装备等综合交通装备领域，围绕交通装备技术的协同攻关、培育认定、推广应用等予以全流程政策支持，并提出相关保障措施。

2024 年 12 月，浙江省交通强省（民航强省）建设领导小组办公室印发《浙江省现代化交通产业集群试点管理办法》，明确把浙江省现代化交通产业集群试点培育作为全省综合交通产业发展的关键载体，对集群试点培育的范围和导向、申报条件、试点申报、建设推动、验收和退出流程、激励措施等进行明确。

二、统计监测体系

为摸清全省及各地综合交通产业的规模结构，科学量化评价综合交通产业发展情况，2018 年，浙江省交通运输厅、浙江省统计局联合印发《浙江省综合交通产业统计监测制度（试行）》，建立全省综合交通产业统计监测体系。2025 年，两部门通过实践探索，对相关统计监测体系和工作机制进行创新，迭代印发了《浙江省综合交通产业统计监测制度（2025 年修订）》。

（一）监测指标

综合交通产业统计监测涉及的主要指标有总产出和增加值。

1. 总产出

即常住单位从事综合交通产业相关生产活动产生的所有货物和服务的总价值，包括新增价值和转移价值，反映生产成果的总规模。

2. 增加值

指常住单位在一定时期内围绕综合交通产业新创造的价值之和，反映了生产活动的最终成果，是劳动者报酬、生产税净额、固定资产折旧、营业盈余之和。

（二）测算方法

综合交通产业涉及国民经济众多行业及相关部门，具体核算时以现行国民经济行业统计、各类普查、交通行业相关统计、财务及行政记录资料为基础，按需结合一次性调查、重点调查及典型调查，在此基础上按界定的综合交通产业划分范围，归类整理并测算相关监测指标。

1. 交通运输业

根据 GDP 核算基础数据，分别测算出铁路运输业、道路运输业、水上运输业、航空运输业、管道运输业、多式联运和运输代理业、装卸搬运和仓储业、邮政业 8 个行业大类的总产出和增加值，求和得到交通运输业相应指标。

2. 交通建筑业

先按照 GDP 核算数据测算全省建筑业总产出和增加值，再按照投资总额中交通运输业的建筑安装工程比重测算交通建筑业总产出和增加值。

3. 交通装备制造业

根据规模以上工业企业、规模以下工业企业和个体户三部分，按照 GDP 核算数据分别计算出各制造业小类的总产出和增加值，再利用一次性调查、抽样调查、重点调查等方法确定行业小类的剥离系数，计算其中属于交通装备制造业的部分，并进行汇总。

4. 交通关联服务业

交通关联服务业包括批发和零售业，信息传输、软件和信息技术服务业，金融业，房地产业，租赁和商务服务业，科学研究和技术服务业，居民服务、修理和其他服务业，教育等 8 个门类。先按 GDP 核算数据测算相关门类的总产出和增加值，再利用一次性调查、抽样调查、重点调查等方法确定行业剥离系数，计算其中属于交通关联服务业的部分，然后进行汇总。具体来看，批发和零售业的剥离系数主要利用经济普查等资料，根据交通相关行业的毛利比重测算；金融业的剥离系数结合中国人民银行、金融监管总局、中国证监会等部门分行业小类资料，以及机动车辆保险、船舶保险、货物运输保险占全部保费收入比重等资料测算；与交通有关的其他关联服务业的剥离系数结合规模以上服务业企业调查测算。

（三）统计制度

现阶段，浙江省综合交通产业统计监测体系适用于全省及 11 个设区市，监测频率以年度测算为主。每年 12 月左右，结合浙江国际智慧交通产业博览会、浙江省综合交通产业地图、浙江省综合交通产业发展白皮书等形式，对上一年度全省综合交通产业发展的总体情况和数据指标进行展示、发布。鼓励以综合交通产业为主导产业的县（市、区）参照建立相应统计监测制度。

三、工作推进机制

（一）建立省级统筹机制

2018 年，为加快培育发展综合交通产业，进一步理顺管理体制和工作机制，浙江省以政府机构改革为契机，将综合交通产业培育工作纳入浙江省综合交通改革与发展领导小组议事框架，统筹开展全省综合交通产业培育相关工作。《浙江省综合交通产业发展规划》等文件明确规定，由浙江省发展改革委负责航空、轨道交通等新兴产业培育，浙江省经济和信息化厅负责交通装备制造业培育，浙江省住房城乡建设厅负责交通建筑业培育，浙江省交通运输厅负责交通运输及相关交通服务业培育，浙江省统计局负责综合交通产业统计体系建立与实施，浙江省科技厅、浙江省财政厅、浙江省国土资源厅、浙江省人力资源社会保障厅、浙江省金融办等部门和单位负责相关要素保障和科技、人才等工作。

（二）建立地市贯通机制

明确浙江省交通运输厅承担综合交通产业培育职能，指导各地建立相应综合交通产业发展机制。其中，宁波市交通运输局专门成立产业发展处，负责组织拟定综合交通产业发展规划和政策，组织开展交通运输行业经济运行监测分析以及交通运输产业发展、招商引资、引才引智和对外合作等工作；温州市交通运输局把综合交通产业职能设在港航处（交通产业处）；绍兴市交通运输局将其设在科技信息化处

（综合交通产业处）。丽水市松阳县专门制定产业链“链长制”工作方案，围绕培育以智慧交通为核心的综合交通产业链，按照“链长 + 专班 + 联席会议 + 链主企业 + 专家团队”架构，建立产业链“链长制”工作体系。

（三）建立联盟推进机制

为激发市场主体参与活力，在浙江省交通运输厅、浙江省经济和信息化厅指导下，由浙江交通职业技术学院发起，创新建立浙江省数智交通产业联盟。该产业联盟按市场方式集聚政府、高校、企业、智库等各方力量，力争打造综合交通产业培育发展的咨询服务参谋团、产企撮合媒介桥和科创成果孵化地。截至目前，浙江省数智交通产业联盟已在松阳、长兴、黄岩等地建设了一批科技创新中心、人才培育基地、特色学院、产业集聚园等综合交通产业产学研平台，赋能地方综合交通产业发展。

第六章　迭代创新：综合交通产业未来发展方向

浙江省在全国率先提出了综合交通产业的概念内涵、统计体系、领域方向、政策保障、推进机制等，为综合交通产业规划设计和文件出台提供了有效支撑。围绕交通强国和现代化产业体系等建设要求，展望后续阶段综合交通产业培育发展重任，仍需对若干领域开展深入研究。

一、深化概念内涵和统计体系研究

综合交通产业包括交通建筑业、交通装备制造业、交通运输业、交通关联服务业四大领域，涉及综合交通与文旅、农业、教育、科技、金融等产业的融合互促，目前浙江省已初步建立相应统计监测体系。未来，随着交通装备技术、运输方式、组织形式、业态模式等发展变革，以及智慧交通、低碳交通、韧性交通、满意交通等理念创新，综合交通发展的方向将不断变化，综合交通产业的概念内涵和重点领域也将更新，相应统计体系也应进行调整。一是扩充更新综合交通产业的领域内涵。结合新时期发展方向，对综合交通产业四大领域的概念内涵进行丰富完善。如交通建筑业将围绕人性化、集约化、绿色化等发展理念，进一步涵盖交通建筑工业化、复合及融合交通设施、交通新材料新工艺等领域；交通装备制造业将结合新一轮科技革命和产业变革趋势，进一步涵盖交通充换电设施、智慧交通设备、无人机停机设备以及一批交通领域新技术新产品等；交通运输业将聚焦满足“人享其行、物畅其流”需求，进一步涵盖共享出行、定制出行、高铁快运、空铁联运、客货邮融合、网络货运平台等交通运输新模式新业态；交通关联服务业应围绕交通“建管养运”全过程全领域，进一步考虑维修保养、保险服务、金融租赁、法律咨询、教育培训、信息服务等领域。二是持续研究综合交通重点产业链。围绕未来所趋、发展所需、自身所能，挖掘一批有潜力、有特色的综合交通产业链，研究具体细分产业链及关键环节。例如，低空经济作为新概念、新提法，首次被纳入2024年《政府工作报告》，成为国家战略关注的重点领域之一。可以结合传统航空航天、通用航空、无人机等概念，进一步研究绘制低空经济产业链；传统制造业侧重于研究汽车、飞机、高铁、轮船等运输设备，随着智慧物流技术快速发展，物流仓储、物流配送、物流分拨等技术不断兴起，也有必要对物流产业链进行深入研究。三是适时更新综合交通产业统计监测体系。浙江省现行统计监测体系仅对综合交通产业及四大领域产出进行统计，其统计结果相对粗糙，细分领域的具体情况仍不清楚。一方面，随着综合交通产业概念内涵的不断扩展，应同步更新调整统计体系。同时针对细分领域进行细化，如交通装备制造业进一步区分汽车制造业、船舶制造业、航空制造业等细分产业。另一方面，结合智慧交通、低空经济等重点交通产业链，研究构建专项统计体系。

二、深化数字化分析方法研究

为系统分析、科学评估浙江省综合交通产业发展情况，课题组研究开发了浙江省综合交通产业地图，已迭代至4.0版本。初步梳理了全省综合交通产业发展的关键数据和主要成果，为产业发展的市场分析、方向选择、企业招引、政策制定等提供一定依据。下一步，应从“可看”向“可用”突破，从“大而全”向“钻而深”突破，进一步拓展统计分析、对接互动、定制服务等功能，为行业部门、政府机构、企业组织等多方相关主体赋能。一是建立立体多元综合交通产业数据库。目前产业地图聚焦“大数据”“全样本”，已初步建立历年综合交通产业产值规模数据库、全省综合交通产业企业库及重点产业链企业库、产业集群园区库等，但针对性、可比性、丰富性不足。应围绕项目库、企业库、园区库等，加强对重点产业载体的持续跟踪调研，梳理产业链龙头企业库及挖掘，拟招引企业，完善省内相关产业园区、创新平台等详细信息，汇总省内产业相关规划、政策、配套支撑等，逐步建立全省综合交通产业大数据库。二是开展功能性模块开发研究。目前产业地图已有产业规模、产业规划、企业分布、产业链分析等功能，但这些功能主要以展示为主。应深入挖掘多方需求，聚焦关键产业链分析评价、交通投资对产业带动评价、运输货源流量流向分析、产业招引及企业落地建议、产品供应对接推广、重大产业项目全程跟踪等综合交通产业重点工作，打造一批有指导意义、有实际效果的功能模块。三是研究实现政企、产企的线上对接。目前，浙江省围绕政企互动、产业撮合，开展了如浙江国际智慧交通产业博览会、交通首台（套）装备对接会等线上活动，取得了一定成效。未来，研究将聚焦于如何将相关活动从“线下”搬到“线上”，实现综合交通产业相关项目、产品、技术、企业、园区等在线对接、在线交易。

三、深化产业集群培育研究

综合交通产业集群作为综合交通产业培育发展的标志性成果，有利于推动相关龙头企业、高端人才、创新技术、供应链环节等要素资源高度集聚，增强产业凝聚力、影响力和市场竞争力。下一步，要结合综合交通产业发展重点领域，充分履行县域产业培育的主体责任，“一县一策”“一业一策”因地制宜培育发展综合交通产业特色集群。一是总结现阶段实践经验。对全省现有的一批综合交通产业集群试点进行跟踪评估，及时分析集群培育建设过程中存在的问题及原因，围绕场景建设、政策创新、工作机制、生态培育等方面总结形成典型路径经验，适时吸纳至相关标准、政策文件中。例如，丽水市松阳县作为山区县之一，围绕智慧交通产业链建设，建立由县委书记担任“链长”的产业链“链长制”，引进百度等龙头企业，带动一大批产业生态伙伴落户，实现智慧交通产业产值从“0”到“100”的突破。二是研究产业集群培育总体设计。立足综合交通产业发展的空间布局和产业链格局，结合县域资源禀赋和优势特色，注重错位发展和分工协作，研究各地综合交通产业主导产业和重点领域。充分释放浙江省“415X”先进制造业集群培育、服务业高质量发展“百千万”工程等政策红利，积极联动浙江省现代化交通产业集群试点、“万亩千亿”新产业平台、特色小镇等产业平台，推动机制联动、政策叠加、产业集聚，形成产业发展合力。三是研究产业集群培育关键路径。加强省地联动、政企联动，制定产业集群发展规划，围绕土地、资金、设施、技术、信息、人才等供给，提供定制化政策包。充分发挥交通场景优势，鼓励以用促产、产用结合，开发一批可落地的特色应用场景。充分发挥综合交通领域相关行业协会、联盟等的作用，加强产业集群与国际国内高校院所、龙头企业、地方政府等的合作，共同设立产创研基地、实习培训中心等协同应用场景，完善产业创新培育生态体系。

四、深化配套政策机制研究

为加强政策引导和机制保障，浙江省探索构建了“1+1+N”的规划政策体系，形成了若干创新举措。下一步，应围绕重点领域、重点工作、重点政策进一步加强协同创新。一是开展一批重点领域专项政策研究。围绕交通建筑工业化、通用航空产业与低空经济、智能网联与智慧交通、高端交通制造、交通枢纽经济等综合交通产业新兴领域，借鉴国际先进经验，制定出台一批专项扶持政策。例如，交通建筑工业化方面，重点在基地布局、标准体系建设、用地保障等方面给予政策支持；智慧交通产业方面，重点从智慧交通产品和服务市场准入、开放式行业规范标准制定、技术创新知识产权保护、数据资源共享和交易等方面提供政策支持。二是试点强化综合交通产业金融支持。以综合交通领域国有企业作为发起人，积极引入各级政府股权投资基金，吸引各类社会资本、金融资本，共同设立省级综合交通产业发展基金或专项基金，争取基金实行市场化运作，重点投向综合交通重大产业项目。三是健全跨部门联合培育机制。依托综合交通产业现有工作机制，围绕智慧交通、交通物流、交通建筑、交旅融合、交能融合等涉及多部门的交叉行业领域，深化既有合作机制。以具体工作为突破口，建立“一事一策”的联合工作机制，在专项政策出台、试点示范创建、产业补链强链等方面开展联合培育工作。四是建立政企互动机制。发挥好浙江省数智交通产业联盟等社会组织在政企协同、产企对接方面的作用，积极谋划综合交通首台（套）装备应用、“十链百场万企”产企对接会。加强政企、产企合作交流，实现政府、行业、企业良性沟通交流。

五、深化先进理念和前沿技术研究

培育发展综合交通产业作为一项全新工作，相关理论体系和技术方法需要不断健全完善。一是完善综合交通产业理论体系。应结合交通经济学、产业经济学等理论，深入探究交通运输与现代化产业体系的协同发展路径，围绕交通与经济的互动作用、交通产业链布局及分工理论、交通产业集群发展模式、交通产业项目投融资模式等，提炼一批理论实践模型，形成综合交通产业方法论。二是加快培育交通领域“四新”。积极发挥政府引导、企业主导作用，探索采取奖励、资助、贷款贴息、购买服务等方式，支持一批拥有核心技术的高成长性创新企业，培育一批综合交通产业新技术、新模式、新产品、新服务。充分发挥综合交通大场景优势，实现研发、生产、应用等全过程支撑和转化落地。

实践案例篇

各国围绕综合交通产业相关领域展开了实践探索，形成了一批典型案例。浙江省自 2017 年首次提出综合交通产业概念，省级层面体系化进行规划设计和明确实施路径，各地结合自身资源禀赋和优势特色纷纷打造一批产业集群，产业发展取得一定成效。

本篇首先梳理了全球视野下综合交通产业四大领域发展的典型案例，然后从浙江省实践出发，围绕总体实践、领域实践、地方实践等角度，系统梳理了浙江省近年来综合交通产业发展的主要工作和亮点成果，为全国综合交通产业发展先行探路。

第七章　他山之石：国际国内发展案例

一、交通建筑业

（一）以深中通道为代表的“桥岛隧水下互通”跨海集群工程

深中通道作为世界上综合建设难度最大的跨海集群工程之一，于 2024 年 6 月 30 日正式通车试运营。该工程包含桥梁、人工岛以及海底隧道等部分，线路主体工程全长约 24 公里，总投资约 460 亿元。深中通道连接广东自贸区三大片区，沟通珠三角“深莞惠”与“珠中江”两大功能组团，对于完善国家高速公路网络和珠三角综合交通运输体系、推动粤港澳大湾区城市群融合发展具有重要的战略意义。

1. 攻克多项技术难题

深中通道建设期间创造了多项世界纪录，如海底隧道部分长约 6.8 公里，是世界首例双向八车道钢壳混凝土沉管隧道，也是目前世界上最长、最宽、综合建设难度最高的钢壳混凝土沉管隧道。桥梁部分全长约 17 公里，其中深中大桥凭借 1666 米的主跨，成为世界最大跨径的全离岸海中钢箱梁悬索桥，通航净高 76.5 米，为世界最高通航净空海中大桥。同时，深中通道建设期间也攻克了多项关键核心技术，包括外海快速成岛技术、沉管隧道预制及安装技术等，其中凭借台风频发区超大跨整体钢箱梁悬索桥灾变控制技术，在世界上首次将超大跨整体钢箱梁悬索桥颤振临界风速提高至 88 米 / 秒。除在结构上的创新性外，深中通道在施工过程中也实现了显著的环保效益，相比传统沉管隧道方案减少了约 1500 万立方米的疏浚量。

2. 打造智能建造体系

深中通道的隧道总用钢量超 32 万吨，是国家体育场“鸟巢”用钢量的 3 倍。其中，钢壳混凝土沉管隧道长约 5 公里，分为 32 个管节（26 个标准管节、6 个非标管节）和 1 个最终接头，标准管节长 165 米、宽 46 米、高 10.6 米，立起来相当于一幢 55 层的大楼。面对制造巨型钢壳沉管的难题，深中通道打造了国内跨海集群工程智能建造体系。一是研发了国内首条沉管钢壳智能制造生产线，并首次实现大型钢结构智能喷涂、块体智能焊接，打造了国内一流的智慧预制梁场。二是建设了基于建筑信息模型和移动互联网的智慧工地，引领交通基础设施行业高质量发展。三是在国际上首次研发了自密实混凝土智能浇筑装备及系统，同时研制了世界首条沉管管节运输安装一体船。智能浇筑机、智慧搅拌站、智能台车等设备在智能中枢指挥下，实现了沉管的快速预制和高效移运，也标志着我国跨海集群工程技术实现新的跨越。

3. 创新智慧管理服务

深中通道采用了大量的智能化技术和理念，有效提升运营管理效率，保障交通安全顺畅。一是搭建数字孪生平台，通过精准的三维仿真建模技术，以 1 ∶ 1 的比例高度还原深中通道桥、岛、隧、水下互通等真实物理环境，24 小时实时呈现车辆运行情况，并具备车辆智能追踪与驾驶行为分析、危险品运输车辆管控等智慧管控功能。二是打造智慧通道应用，利用全线固定摄像机开展实时事件检测，做到超温车辆进入隧道前检测与诱导、进入隧道后实时跟踪；利用气象检测器、气象雷达开展实时监测，配合气象数据预测气象灾害，提前发现桥梁段及岛面影响行车的气象问题；14 台智能巡检机器人实时采集隧道内环境和设备设施的状态信息等，能在第一时间与周边消防救援、公安交警、医疗、应急等单位共同完成应急处置，保障车辆通行安全。三是建立智慧调度系统，在深中通道桥梁和隧道转换的西人工岛上，由深圳、中山两地交警与深中通道路网调度中心、路政等多部门开展联合指挥，多方协同保障运营安全。

（二）以长春地铁2号线双丰站为代表的预制装配式地铁车站工程

长春地铁 2 号线双丰站位于绿园区双丰乡，是全国首个采用装配式施工的地铁车站，也是世界范围内唯一采用全预制装配技术的地铁车站。该车站的建设应用了诸多创新技术，解决了稳固站体、车站防水、构件生产等工程难题。

1. 采用全预制装配技术

预制装配式地铁车站是装配式建筑的一种新形式，通过将钢筋、混凝土集中在工厂内流水化生产成预制构件，并运送到施工现场拼接成型，进而实现建筑结构工厂化施工生产。双丰站是地铁车站预制装配新技术的典型案例，高 17.5 米、宽 20.5 米、长 174 米，横向切割成 87 环，每环切割成 7 块，共计 609 块预制构件，单个构件最重达 55 吨。其结构为地下两层结构，地下一层为站厅层，地下二层为站台层，其中站台层的中柱与中板采用现浇结构，外部主体采用装配式建设。

2. 基面精平处理及注浆实现突破

在预制装配式地铁车站建设过程中，做好基面精平是拼装式站体的基础。经过多轮的研究论证，项目选择以精平条带为支点、隔断预留空间注浆的新方法，即将拼装体基面分隔成小面积的数个条带，通过条带表面平整度控制，采用条带隔断预留空间后续注浆的工艺，在构件安装后注浆填平，从而保证大面积拼装体基面精平。

技术人员采取了角钢固定等措施保证标高精度，确保水泥条带表面高低误差控制在 2 毫米范围内，并精准控制条带之间进行的混凝土填充工作，解决了预制装配式结构基础大面积混凝土浇筑难以做到基面精平的难题。

3. 多重工艺严控站体渗漏

“三道关卡”确保潜水式站体不渗不漏。一是“构件关”。生产构件的原材料采用抗渗混凝土及耐久性配合比技术，注入绑好钢筋的模具内振捣密实，采用窑内蒸养技术实施养护，保证构件防水性。二是“密封关”。构件拼装前，沟槽中安装防水圈，构件缝隙间依托防水圈进行防水。三是“涂料关”。构件安装完成后，利用齿状刮板在顶部和立面刮涂和喷涂具有渗透能力的非固化沥青，形成第一道大面积防水层；之后，在涂层外面覆盖具有抗拉能力的聚乙烯丙纶复合防水卷材作为第二道大面积防水层。车站外墙体防水做完后，再用泡沫板拼成保护层，防止回填时破坏防水层。

4. 空腔构件标准化生产

装配式车站的预制构件实质上是一个空心实体，构件的外形精度在很大程度上影响着现场的拼装质量。在构件生产前需要先制作构件模具，再用泡沫混凝土制作成空腔体，并将其放入模具内绑入钢筋中，再用混凝土浇筑，实施养护定型。工程组认真研究预制构件的生产技术，共设计制作 9 个钢筋胎具，满足了预制构件在外形、结构复杂情况下，钢筋绑扎的高精度要求。通过反复的摸索试验与技术总结，选取既能满足强度要求，又能保证外观质量的混凝土配合比。同时开发了一套“激光点云式构件自动测量系统”，对生产好的构件进行高精度的自动扫描检测，形成出厂检测报告，最终实现空腔构件尺寸精准、外形完美。

二、交通装备制造业

（一）以欧洲空客为代表的航空制造

为打破美国波音公司在民用飞机领域“一家独大”的市场格局，1970年，法国、德国、英国、西班牙等欧洲国家在法国图卢兹附近成立空客公司。经过数十年的发展，空客已成为全球最大的飞机制造商之一，涉足民用飞机、军用飞机、航天器、卫星和相关服务等业务，每年出口超过260亿欧元的航空和航天产品，与1万多家法国工业合作伙伴签订约125亿欧元的订单，与美国波音公司成为民航客机领域的两大巨头。

1. 打造法国航空谷

2005年，以图卢兹为总部的法国航空谷成立，成为欧洲第一个航空航天产业集群。法国政府创建航空谷合作机构对航空谷进行管理。法国航空谷成立以来，法国政府和欧盟给予大量资金支持，如2020年，法国政府宣布了一项150亿欧元的航空业救援计划，并提供了70亿欧元的贷款支持法国航空公司。截至2020年，法国航空谷吸引了1700家航空相关企业和13万名从业人员，创造了412亿美元的航空航天产业出口额，占法国航空航天产业出口额的80%，占法国总出口额的9%。

2. 构建航空产业链

法国图卢兹是空客重要的生产基地。依托空客公司总部、ATR、赛峰集团、达索航空等知名航空制造企业，图卢兹集聚了航空产业链上的500余家子系统承包商和二级承包商，包括发动机制造、机载系统制造、材料研制、试验和维修、机身建造和组装等航空相关领域。相关数据表明，法国航空谷有83%的公司为子承包商，58.5%的员工从事分包生产。在航空产业寡头企业及大量中小企业聚集下，欧洲航空产业实现降本增效，竞争力不断提升。

3. 深化产学研合作

图卢兹高等教育资源发达，是仅次于巴黎的法国第二大大学城，拥有法国最重要的 3 所航空航天大学——法国国立高等航空航天学校（SUPAERO）、法国国立民航学院（ENAC）和法国国立高等航空工程学校（ENSICA，后与法国国立高等航空航天学校合并为 ISAE 集团），是法国航空航天人才教育培训基地，源源不断地向图卢兹输送航空航天产业高端人才。丰富的教育人才资源也反哺了当地航空航天研发创新能力发展，图卢兹聚集了以图卢兹航空试验中心、国家科学研究中心、国家航天研究中心、国家航空航天研究院图卢兹中心等为代表的 400 多家研究机构，拥有 1 万余名科研人员，推动图卢兹成为航空制造业发展的创新策源地。

4. 延伸发展临空产业

图卢兹在研发、生产、运营等航空制造工业基础上，不断激发航空产业溢出效应，发展航空工业旅游、临空经济等航空相关服务业，实现对第二产业、第三产业的全面带动，形成了更加丰富的航空产业发展模式。在航空工业旅游方面，图卢兹通过构建航空文化体系大力发展航空旅游，开发了空客总部组装工厂参观之旅、Aeroscopia 航空博物馆、太空城等旅游产品，强化航空城品牌特色。在会展经济方面，2022 年法国航空谷举办了 160 多场活动和 2800 多场 B2B 对接会。

（二）以湖南株洲为代表的轨道交通制造

株洲是全国唯一的轨道交通装备战略性新兴产业集聚发展试点城市，是湖南省重点打造的三大世界级先进制造业集群之一。其产业集群规模大、产品种类齐全、产业链完整，拥有全球首个千亿规模轨道交通产业集群，创造了轨道交通装备领域诸多新纪录。2023 年，株洲轨道交通产业集群规模达 1600 亿元，产品出口全球六大洲 70 多个国家和地区，电力机车的全球市场占有率达 27%，居全球第一；城轨车辆的国内市场占有率达 30%，动车组、机车车辆电传动系统等多款产品销售量居全国第一。

1. 推动要素高度集聚

株洲汇聚中国中车旗下中车株机、中车株洲所、中车株洲电机等多家百亿级龙头骨干企业，以及产业链供应链上下游 400 多家配套企业，其中规模以上企业超 200 家。大量的企业集聚推动株洲围绕轨道交通产业，逐步形成以电力机车、铁路货车、城轨车辆、动车组等整车制造为主体，以核心部件、关键系统、工程机械、运营维保系统等为重点的集约型产业体系，建成集产品研发、生产制造、物流配送、售后服务于一体的全产业链。产业链上产品覆盖轨道交通装备全行业十大核心系统和 20 种关键配套部件，方圆 5 公里内可解决轨道交通 80% 以上配套产品和技术，号称“只需一杯咖啡的时间，就能集齐动车组所需的 1 万多个零部件”。

2. 强化技术自主创新

株洲高度重视轨道交通装备技术自主创新。一是推动集群协同创新，联合了包括中车株机、中车株机研究所、中车株洲电机在内的 12 家核心股东单位以及 398 家联盟单位，共同组建成立了国家先进轨道交通装备创新中心，推动轨道交通装备产业的技术创新和产业升级。二是打造集成创新平台，拥有 3 个国家级工程技术（研究）中心、5 个国家级企业技术中心、3 个国家级重点实验室、6 个企业博士后工作站。三是吸引高端人才资源，株洲出台了“人才 30 条”等 5 项政策，目前已引进 2 名中国工程院院士、47 名享受国务院政府特殊津贴的科技专家，形成了以中国工程院院士牵头、近200名教授级高级工程师组成的轨道交通产业高级人才研发团队。四是推动先进技术研发，在高速动车组、磁悬浮列车等领域不断突破技术瓶颈，具有自主知识产权产品的比重超过80%，推出全球最大功率的“神24”电力机车、全球首辆虚拟轨道列车等自主产品。

3. 拓展国际国内市场

株洲不断拓展国际国内合作，提升轨道交通产业竞争优势和市场份额。国内市场方面，株洲通过共建产业基地、技术交流等方式，与国内多个城市和地区开展合作，扩大市场影响力。在国内铁路干线上，约有60%的电力机车产自株洲。动车组、机车车辆电传动系统等多个产品的销量同样位居全国前列。国际市场方面，中车株洲所在南非、土耳其、马来西亚等地设立了子公司和制造基地，跨国并购了英国丹尼克斯半导体公司、澳大利亚代尔克公司等6家海外公司，实现了国际化经营。目前，株洲的轨道交通产品已出口到全球100多个国家和地区，是中国制造“走出去”的亮丽名片。同时，株洲积极参与国际标准编制，主导制定了国际标准9项（已批准5项），参与制定国际标准68项，实现了从输出产品向输出技术、输出服务、输出标准的转变，有效提升了产业的全球竞争力。

4. 优化营商环境

株洲在优化营商环境方面采取了一系列措施，旨在促进轨道交通产业的健康发展。体制机制方面，株洲创造性建立了“链长制 + 产业协会 + 企业联合党委”的工作机制，多方力量共同为企业排忧解难，以政策链、人才链、创新链、金融链、服务链等多链条协同推进轨道交通产业发展。政策规划方面，株洲市先后出台了《株洲市产业振兴实施纲要》《株洲市轨道交通装备产业振兴行动计划》《支持轨道交通装备产业发展的若干意见》等文件，支持轨道交通产业的技术创新、市场开拓和国际合作，重点在资金支持、税收优惠等方面予以保障。

产业生态方面，构建“工程化研究—应用技术开发—科技成果转化—规模化生产—商业模式创新”的产学研用政金商创新体系，不断激发轨道交通产业生态活力。

（三）以广东为代表的新能源汽车制造

近年来，广东依托深厚的传统汽车工业基础以及超前布局，在新能源汽车产业赛道上实现快速发展，已成为全国新能源汽车生产和消费第一大省。2023 年，广东新能源汽车产量达 253.18 万辆，相比 2022 年实现翻番，占全国比重从 18.4% 提升至 26.8%，稳居全国首位。

1. 加强前瞻规划引领

早在“十一五”时期，广东就预判到新能源汽车发展机遇，开展新能源汽车相关技术研发和产业布局。“十二五”时期，广东首次把新能源汽车产业纳入战略性新兴产业和先进制造业重点产业。随后十余年里，广东针对新能源汽车产业累计出台 200 余项相关政策，先后出台《广东省人民政府办公厅关于加快新能源汽车推广应用的实施意见》《广东省人民政府关于加快新能源汽车产业创新发展的意见》《广东省发展汽车战略性支柱产业集群行动计划（2023—2025 年）》等一系列政策文件及扶持措施，为新能源汽车发展提供方向和政策支持。截至目前，广东已形成以整车制造为引领，三电（电池、电机、电控）及电池原材料、核心零部件、关键材料等产业链全环节发展格局。

2. 推动全域错位布局

广东下辖的 21 个地级市也都出台相关规划政策，推动新能源汽车产业错位布局和协同发展，目前已形成以广州、深圳为核心，珠三角相关地市为配套的产业发展格局。广州拥有广汽埃安、小鹏汽车等近20家整车制造企业，以及包括采埃孚、马瑞利、高新兴、加特可、艾帕克等在内的超500家汽车关键零部件企业，形成东部、南部和北部三大汽车产业集群，产值均超千亿元；深圳拥有比亚迪、开沃、宝能等整车企业，聚集比克电池、航盛电子、星源材质、大地和电气、蓝海华腾、普天新能源、贝特瑞等一大批新能源汽车关键零部件和核心材料企业。肇庆落地小鹏智能网联汽车科技产业园、宁德时代动力及储能电池等优质项目，初步形成覆盖整车和电池、电机、电控等关键零部件的产业生态链；东莞、中山、惠州等地积极发展关键零部件及新材料配套产业，产业规模不断扩大，集聚能力大幅提升。

3. 加快技术创新升级

围绕新能源汽车关键核心技术创新突破，广东建立以企业为主体、以市场为导向、产学研相结合的技术创新体系。一是支持企业自主创新。省级层面多次出台政策，通过共享技术信息、健全人才政策、搭建孵化载体、提升科技金融服务水平等方式，加强领军企业培育。组织实施了3批“新能源汽车”重大科技项目，共立项42项，总投入超过30亿元，鼓励企业加大研发投入。二是加强与高校、科研院所的合作。引进中国科学院微电子研究所、北京理工大学、武汉理工大学等国家级创新团队，落地建设高水平科研机构，开展协同创新、技术转化和产学研合作。三是推动关键技术攻关。广东针对新能源汽车全链条开展攻关布局，攻克了固态、锂硫、超级电容电池等新体系电池和电池安全技术，高效电机电控系统，氢燃料整车及电堆关键材料，车联网、智能管控等核心技术，并开展规模化应用示范。

4. 推动智能网联转型

在新能源汽车产业高速发展的同时，广东同样在新能源汽车产业发展下半场——自动驾驶产业与车联网产业上占得先机。目前已建成广州基于宽带移动互联网的智能网联汽车与智慧交通应用示范区以及深圳、惠州、肇庆三个省级示范区。广州作为国内第一个批准5G远程驾驶测试的城市，在全国率先建立起一套较为完整的智能网联汽车测试应用体系和自动驾驶汽车商业化示范运营政策体系。截至目前，广州已汇聚小马智行、文远知行、导远电子、百度Apollo、滴滴沃芽等众多头部企业，数量位居全国第一梯队；累计开放测试道路433条，开通测试路段双向里程1668公里。共有13家企业25款车型的308台测试车辆开展道路测试，累计测试里程超970万公里，居全国前列。

5. 完善充电服务保障

通过加强投入、优化布局、优化服务等措施，广东加快充电基础设施建设，为新能源汽车的普及提供了有力保障。规划方面，针对城市、农村、高速服务区等重点场所充电基础设施出台规划，保障和促进电动汽车产业高质量可持续发展。资金方面，广东财政近十年共安排超15亿元资金，支持、引导和激发各类主体投资建设充换电设施。服务方面，建成全省统一的电动汽车智能充电服务平台——“粤易充”平台，推动充电基础设施接入信息服务平台。同时，广东积极完善动力电池回收体系，推动动力电池回收利用技术的研发和应用，建立动力电池回收网络，实现资源的循环利用和环境保护。

（四）以江苏靖江为代表的船舶制造

江苏靖江位于长江下游，拥有52.3公里的长江岸线、60个万吨级深水泊位，年吞吐量可达2亿吨。其中，深水岸线35公里，发展造船业具有得天独厚的优势。靖江作为目前国内规模最大、配套最完善的全国民营造船基地，2023年实现造船完工量约占全球1/10、全国1/5、全省1/2。

1. 做好产品差异化发展

早期，靖江船企的产品定位普遍为在国际竞争较小的1万吨至5万吨船舶制造。近年来，靖江推动船舶制造向高技术、高附加值转型，加强行业错位分工和有序梯队发展，尽可能避免内部竞争。以靖江的新时代造船公司、新扬子造船公司两大龙头造船企业为例，新时代造船公司瞄准市场新需求，发力化学品船、双燃料油轮、双燃料散货船等产品，不断推进智能化单元、智能化生产线、智能车间建设；新扬子造船公司瞄准高端船舶研制领域，开发设计大型远洋船舶，拥有新能源动力散货船、油轮、集装箱船等自主知识产权。差异化的产品定位使得靖江市船企能够在各自领域深耕细作，形成竞争优势。

2. 强化全产业链布局

靖江出台了《靖江市高技术船舶和海工装备产业质量竞争力提升行动方案（2024—2025）》等一系列政策文件，旨在提升产业链质量创新力、产业链质量支撑力、产业链质量竞争力，加速构建具有国际影响力的船舶与海工装备产业集群。目前，靖江市围绕船舶制造产业，已构建形成“两船一链、全型号、多配套”的产业格局，形成了以造船、修船、拆船为主业，船用舵轴、电机等动力系统以及锚链、泵阀、电缆等配套完备的产业链，拥有船舶修造（拆）企业16家、配套企业200余家，本土化配套率超过40%。

3. 推动智慧低碳转型

围绕船舶制造智能化、绿色化发展趋势，靖江积极推动船舶制造产业转型提升。智能化方面，靖江构建“数字化船厂+智能化船舶设备”新型生产模式，引导造船企业加快“智改数转”步伐，提高建造效率。如新时代造船公司落地船舶生产线智能化改造和数字化转型项目，新建智能化分段生产车间，大幅提高分段组立工序的生产数控化、自动化水平。低碳化方面，靖江船企积极落实绿色发展理念，开展高技术、高附加值绿色船舶产品和绿色制造技术的研发应用。如新扬子造船公司将绿色、环保、低碳的清洁能源动力船和运输船作为产品升级方向，与香港老虎燃气联合研发了全球最大液化天然气罐箱运输双燃料甲板货船。

4. 优化产业生态环境

在政府层面靖江强化政策引导和要素支撑，不断推动船舶制造产业项目落地、平台创建和人才引进。招商引才方面，制定出台飞地研发机构认定管理办法，通过发放引才育才奖、成果转化补贴等，促进科创飞地高质量发展。先后支持 14 家本土企业设立飞地研发机构，离岸用才 262 人。2023 年，在上海举办了靖江—长三角招商引才专题推介会等活动，签约船舶领域产业项目 12 个，计划总投资 79 亿元。产学研合作方面，与全国 60 多所高校院所构建了产学研合作关系，结成校企联盟 178 个，其中仅船舶领域达成的合作占比就超过 30%。创新平台搭建方面，布局建设省级船舶产业研究院、先进金属材料涂镀国家工程实验室靖江分部、大型船舶机器人智能化高效技术研发应用中心等一批高能级创新平台。

三、交通运输业

（一）以上海虹桥综合交通枢纽为代表的旅客联程联运服务模式

上海虹桥综合交通枢纽规划用地面积约 26.26 平方公里，其核心依托虹桥国际机场和上海虹桥火车站，集航空、高铁、地铁、城际铁路、公交车和长途巴士等多种出行方式于一体，涵盖 56 种换乘模式，是世界最大的综合交通枢纽。枢纽于 2010 年建成运营，日均客流可达 110 万人次，有力支撑上海世界级国际大都市建设。2023 年，上海虹桥综合交通枢纽客流规模达 4.07 亿人次，总客流量累计近 9 亿人次。

1. 统筹交通设施布局

上海虹桥综合交通枢纽按照“统一规划、统一设计、统一建设、统一运营管理”的要求，推动上海虹桥机场 T2 航站楼与京沪高铁虹桥站等综合建设，实现共用停车设施、城市轨道和长途汽车站。整个枢纽规划设计分为四大层次。一是铁路客运专线上海总站。作为京沪高铁和沪宁、沪杭城际铁路的专用客站，以接发时速 200 公里以上的高速和城际列车为主。设 32 股道、2 个停车场，设计日吞吐量 20 万人次。二是航空港（T1、T2 航站楼）。推动主跑道加长，同时修建第二跑道，积极推动机场扩容。三是城市轨道交通。明确接入 2 号线、10 号线、17 号线，同时预留 5 号线北延伸段等线路。四是地面公共交通。规划在铁路客站东、西两个广场共设总数不少于 30 条的公共汽车路线和日客运量 2.5 万人次的长途高速巴士站。为配合上海虹桥综合交通枢纽建设，虹桥国际机场周边地区还将新建 2 条快速道路。

2. 加强换乘硬件保障

在上海虹桥综合交通枢纽建筑综合体规划建设过程中，采用“到发分层”的理念，充分考虑旅客换乘空间。设计了 12 米出发层、6 米到达换乘廊道层、9.5 米地下换乘大通道，并在枢纽内部设置了大量自动步道。不管乘客采用何种方式换乘，均能保证 500 米之内步行距离、15 分钟之内换乘时间。同时，设计过程中对标识导向系统作了充分研究和论证，提升旅客人性化体验，在各个节点以地图、问询、显示屏等形式建立了一套完整的信息系统。

3. 创新空铁联运服务

上海虹桥综合交通枢纽积极开展空铁联运服务创新探索。一方面，上海虹桥火车站与航空运输企业积极开展合作，实现在火车站内提供“行李托运”服务，极大便利了长三角各大城市至虹桥枢纽的“国内铁路段”与上海始发“国内、国际航空段”双向衔接的空铁联程。另一方面，东方航空在上海虹桥火车站设立“东航空铁联运换乘服务中心”。上海虹桥火车站到达的东航旅客，可以在下火车后的第一时间，办理后段自虹桥国际机场和浦东国际机场始发的东航、上航航班值机与行李托运手续。旅客出行体验得到极大提升，可免去携带大件行李的烦恼。

4. 建立智慧出行平台

上海虹桥综合交通枢纽建立“出行即服务”（MaaS）平台“随申行”，推动旅客“大交通”（高铁 / 飞机）与“小交通”（中转地市内公共出行）之间的服务衔接，实现枢纽内交通信息的互联互通。“随申行”可为抵达虹桥枢纽换乘的旅客提供站内出行指引及空铁联运换乘指引等服务。在程序内，可直接查询地铁、公交、出租车、停车场等实时交通信息，上海虹桥火车站 B1 到达层各类出行方式的上客点均以平面图的形式清晰展示。对于在上海虹桥火车站办理完手续后需自行换乘至浦东国际机场的旅客，可注册授权使用“随申码”（上海城市出行码）后开启“一码通行”，即可乘坐轨道交通二号线或机场大巴直达浦东国际机场。

（二）以新加坡港为代表的港航物流发展模式

新加坡港位于新加坡南部沿海地区，西临马六甲海峡东南侧，南临新加坡海峡北侧，战略地位优越。新加坡港作为海上贸易的重要枢纽、亚太地区最大的转口港之一、世界上最大的集装箱港口之一，2024 年上半年，集装箱吞吐量达到 4112 万标准箱（TEU），首次突破 4000 万大关，稳居全球第一位。

1. 做强港口中转

新加坡港作为全球最重要的中转港之一，高效的中转能力和多样化的服务确保了新加坡港在全球供应链中的关键作用。一是建立全球网络，新加坡港与世界123个国家的600多个港口建立业务联系，拥有200多条航线通往世界各地，有80多个国家和地区的140家船运公司的各种船舶进出该港口。二是提升中转效率，新加坡港采用自动化码头操作技术、数字化物流管理系统等手段，能够快速处理、跟踪、管理货物流转。大部分集装箱在新加坡港的停留时间仅为3天至5天，20%的集装箱甚至可以在1天内完成中转。三是拓展多元服务，除基本的货物装卸和存储服务之外，新加坡港还提供冷藏、危险品处理等多种特殊货物运输服务，制定仓储、分销、包装以及其他定制化的物流解决方案。

2. 探索智慧港航

新加坡港提出“下一代港口”2030规划（NGP 2030规划），以大士港智能港口建设为核心，积极应用自动化码头、智能船舶交通管理系统、港口数字化社区等各类先进港口技术，打造稳定高效、可持续发展的未来港口。基础设施方面，配置自动化双车码头起重机、轨道式龙门吊、自动导向车以及卡车闸口等港口自动化机械与设施。通过光学摄像机、激光传感器等与智能管理系统连接，实现操作设备的自动化与远程控制。运营作业方面，使用下一代港口建模和仿真卓越中心（C4NGP）分析自动化港口设备的作业数据，应用仿真分析和人工智能技术得到最大化利用港口生产力的方案。运输调度方面，新加坡港构建一站式港口社群平台解决方案，通过港口网与承运人、发货人、政府机构、物流、银行与法律公司等进行关联；此外，其利用码头计算机综合操作系统实现泊位调度、堆场计划、配载计划、资源调度等营运策划功能。

3. 海关监管便利高效

新加坡拥有全球最高效的海关系统贸易网络，积极推动海关制度创新。一是推动海关信息化管理，贸易网络系统连接了与进出口有关的各个部门，进出口审批、检验检疫、通关查验等环节在统一平台上精准高效完成。此外，新加坡港还实现了国内相关部门和国际港口间的信息共享和全面信息化管理，大大提升了报关效率。二是推动海关互认安排，新加坡与包括中国香港在内的多个地区签订了“认可经济营运商”（AEO）互认协议，两地海关协同为行业认证企业提供减少查验、优先清关等通关便利。三是推动单一窗口计划互联互通，新加坡与美国正在探索其国家单一窗口系统操作互通，即通过数据映射和技术能力共享来提高效率，力争简化报关流程并提高整体效率。

4. 加强政企合作

新加坡港的成功与其政企合作模式密不可分，其背后是新加坡政府及交通部、新加坡海事及港务管理局、新加坡国际港务集团等有关机构的积极努力，以及航运业企业和码头工作人员、船员等一线人员的高度配合。政府层面，新加坡政府通过新加坡海事及港务管理局等机构，为港口运营提供了稳定的监管框架，确保港口的安全、高效运作；同时，制定了自由贸易协定、自由港政策、海关新规则、经济刺激措施、可持续发展政策以及基础设施投资等一系列政策，不断促进港口航运发展。企业方面，新加坡国际港务集团作为新加坡港口集装箱码头和相关业务的管理者与运营者，不断发展和升级其集装箱处理基础设施，开发新的系统，简化运营流程，以满足其集装箱码头业务的快速增长需求；同时，新加坡港周边的海事行业生态系统中已经存在超过 5000 家机构，包括超过 140 家世界顶级的国际航运集团，以及各类海事服务提供商。

（三）以鄂州花湖国际机场为代表的航空货运模式

鄂州花湖国际机场于2022年开始运营，位于京津冀城市群、粤港澳大湾区、长三角城市群、成渝地区双城经济圈四大城市群十字交汇处，是世界第四个、亚洲第一个专业性航空货运枢纽。近年来，随着航线网络不断拓展和保障能力不断提升，机场货邮吞吐量实现了快速增长。2024年，机场货邮吞吐总量突破50万吨，其中国际货邮吞吐量突破10万吨，占比近1/5，货运规模快速步入全国五强行列。

1. 构建辐射全球的航空货运网络

鄂州花湖国际机场积极对接顺丰、深圳地平线速运、嘉里物流、埃塞俄比亚航空集团、美国联合包裹运送服务公司等航司和货代企业，构建以鄂州为核心枢纽，向国内及国际辐射的航线网络。目前已开通51条国内货运航线，联通京津冀、长三角、粤港澳、成渝等地区46个主要城市，实现1.5小时航程覆盖全国90%主要地区、300个城市次日达；开通欧洲、非洲、中东、南美洲、北美洲等地区19条全货机国际货运航线，形成服务全球货物流通的全货机航线网络，通过空空联运、陆空转运等模式实现全球次日达。

2. 构建航空多式联运体系

围绕鄂州花湖国际机场，谋划构建空铁联运、空公联运等多式联运线路。基础设施方面，围绕机场周边构建“三横三纵”骨干高速公路网，完善机场南北通道等骨干路网建设，强化机场集疏运体系建设。标准规范方面，组织企业参与相关标准制（修）订工作，推动多式联运标准化体系建设。信息平台方面，集合出口运单管理、集货补贴申请、服务集市等多场景应用，打通空管、机场、航司、海关等多方数据壁垒，实现运输和监管信息的集成、货物状态的查询、辅助决策支持等功能，建设多式联运信息平台。未来，机场将依托顺丰布局的 3 条多式联运通道，陆续开通更多多式联运线路。

3. 政策环境利好支持

国家层面、省级层面大力支持鄂州花湖国际机场发展，给予一系列政策支持，为机场发展提供有力保障。国家层面，2024 年 3 月，国务院批复鄂州花湖国际机场口岸正式对外开放，使之成为全国首个获批对外开放的专业性货运枢纽机场。中国民航局对机场提供飞行程序、管制协议、运行风险等方面工作指导与技术支持，并在航权资源配置方面给予倾斜，支持其利用第五航权开展国际航空货运业务，提升机场国际竞争力；全力保障机场航班时刻供给，支持其按照客货飞行同等对待的原则协调配置货邮飞行航班时刻，为航空货运发展营造良好的环境。省级层面，制定并实施了《花湖机场国际航空货运集货奖励办法》，根据企业在机场进出港的年国际集货量进行分档奖励，最高单个企业年度奖励上限为 2000 万元，吸引货代企业向鄂州花湖国际机场集聚。鄂州海关还推出了“7 × 24 小时一站式通关服务”，与机场等部门共同开发国际快件报关系统，实现“一键报关”，提高了通关效率。

（四）以中欧班列西安集结中心为代表的国际铁路物流模式

中欧班列西安集结中心是共建“一带一路”倡议下中国与欧洲之间陆上物流通道的重要组成部分，承担着货物集散、分拨和运输的重要职能，旨在促进中国西部地区与欧洲之间的贸易往来。自开通以来，开行量、货运量等指标稳居全国第一，成为全国首个中欧班列年度开行突破 5000 列的城市，平均每 100 分钟就有一趟中欧班列在西安国际港站驶出或抵达。截至 2024 年，中欧班列（西安）稳定开行国际干线 18 条，通达欧洲 25 个国家 220 多个城市，连接 11 个亚洲国家超 100 个城市，成为运输时效最快、智能化程度最高、线路辐射最广、服务功能最全、综合成本最低的班列。

1. 织密国内集结线路网络

中欧班列西安集结中心创新“+ 西欧”线路模式，“西”指的是西安，“欧”指的是欧洲，而“+”是指国内各个中欧班列集运辐射地。西安集结中心通过“+ 西欧”线路模式，与各地政府展开合作与协同组织，利用双方区位、产业、政策及人才等优势资源互补，将合作城市出口的多个目的地的集装箱货物在当地编组成列，发往西安国际港站。货物到站后快速通过“长安号”多条直达线路发往各目的地，释放了各地政府或行业部门一定时间内组织（50 车）整列货物的压力。对比客户直接发运，“+ 西欧”班列具有发运成本低、效率高、服务优等诸多优势。截至 2024 年，中欧班列西安集结中心通过整合公、铁、海、空多种运输方式，开通“延西欧”“夏西欧”等 24 条线路，形成以厦门、华北、齐鲁、华东、华南等沿海港口城市为主的沿海航线集结网，以湖北、安徽等重要产业链为主的中间辐射带以及以渭南、安康、汉中、榆林等城市为主的省内集结网。

2. 打造数字综合服务平台

中欧班列西安集结中心推出的中欧班列（西安）云舱系统于 2021 年 6 月 25 日上线试运行，打造了中欧班列“长安号”信息化综合服务平台，旨在通过现代化信息技术手段提高中欧班列的运营效率和服务质量。平台以“互联网 +”和大数据技术为基础，以位置应用服务为支撑，与境外物流公司信息系统对接，简化国际货运班列客户对接流程，为客户提供运价咨询、订舱、物流信息查询、交易结算、融资等多项服务，探索打造信息化物流体系。目前，平台搭载中文、英文、俄文及德文等多语言，在国内率先实现了与境外铁路公司（哈萨克斯坦铁路公司）的数据联通。

3. 实行站内作业模式创新

中欧班列西安集结中心为进一步提高班列的运行效率和服务质量，推行了铁路中转货物站内作业的新模式，对中转货物的站内作业流程进行了优化。一是实行区港一体化监管，西安海关创新了中欧班列出口货物区港一体化监管模式。通过将海关与铁路的数据链路打通，实现出口货物在西安综合保税区内完成集结，然后在综保区口岸作业区一站完成铁路安检和海关查验，使得货物可以直接运抵铁路中心站直上班列。二是实行抵港直装，实现“区港联动、抵港直装”，即货物到达铁路中心站后可以直接装载上中欧班列，有效减少中间环节。在新模式下，货主与中欧班列运营公司达成委托关系，将收货人填写为运营公司，货物到站后无需出站，由运营公司统一办理到达交付手续和集装箱虚拟进出站手续，同时搬移至站内指定区域堆放，等待国际货运班列发运，有效提升作业效率，降低物流成本。

4. 不断开辟国际国内线路

中欧班列西安集结中心一直在积极开辟新的海外线路，以扩大其服务范围并提升物流效率。2023 年 2 月，中欧班列跨里海、黑海班列首次开通新线路，该线路采用了“铁—海—铁”多式联运方式，打造连接中国与欧洲的新贸易通道。2023 年 12 月，首趟中欧班列（西安）+ 西部陆海新通道互联互通班列开行，成为衔接西部陆海新通道班列的最新成果。2024 年 3 月，中欧班列“长安号”（西安—斯瓦夫库夫）班列正式开通，这是首列直达欧洲腹地的宽轨班列，全程仅需 10 天，无需换装至标准轨即可到达欧洲腹地。2024 年，中欧班列“长安号”已经常态化开行 17 条国际干线，覆盖亚欧大陆全境，促进了国际贸易的发展。

四、交通关联服务业

（一）以“一带一路”为代表的通道经济

通道经济是一种以地理环境为前提，以交通干线为依托，通过经济合作建立密切联系的经济模式。它强调通过交通运输的联系作用，形成一个主干线贯通、支线流畅、横向到边、纵向不断延伸的新型工业、现代农业、商贸物流、生态旅游等产业全面发展的经济网络。2013年9月和10月，中国国家主席习近平在出访哈萨克斯坦和印度尼西亚时先后提出共建“丝绸之路经济带”和“21世纪海上丝绸之路”的重大倡议[①]，旨在传承丝绸之路精神，携手打造开放合作平台，为各国共同发展和繁荣提供新动力。10多年来，合作方从亚欧大陆延伸到非洲和拉美，150多个国家、30多个国际组织签署共建“一带一路”合作文件，举办了3届“一带一路”国际合作高峰论坛，成立了20多个专业领域多边合作平台。中国与共建国家之间的进出口总额累计19.1万亿美元，年均增长率达到6.4%。

1. 构建辐射广泛的复合通道

互联互通是共建“一带一路”倡议的本质属性。“一带一路”沿线已形成了“六廊六路多国多港”的互联互通架构，打造了以经济走廊为引领，以大通道和信息高速公路为骨架，以铁路、公路、机场、港口、管网为依托，涵盖陆、海、天、网的全球互联互通网络。陆上交通设施方面，共建了一批铁路、公路、桥梁、隧道等项目，如中老铁路、蒙内铁路、雅万高铁、佩列沙茨大桥等。国内如新疆核心区推进实施霍尔果斯、阿拉山口口岸设施扩能改造工程，依托中欧班列跨境运输带动沿线省份进出口贸易。这些项目极大地压缩了运输时间和

---

① 《共建“一带一路”倡议：进展、贡献与展望》，新华社，2019年04月22日。

成本，提高了货物和人员的流动性，有力促进了区域经济一体化。港口及海上航运方面，建设运营了一批港口和航线，如比雷埃夫斯港、瓜达尔港、汉班托塔港、科伦坡港等。国内港口也不断拓展“海上丝绸之路”贸易航线网络，如青岛港十年来开通“一带一路”集装箱航线 80 余条，增强了中国与各国间的海上运输能力，加强了海上安全合作。机场建设及航线方面，中国已与 104 个共建“一带一路”国家签署双边航空运输协定，与 57 个共建国家实现空中直航，中国与柬埔寨合作建设的暹粒吴哥国际机场也于 2023 年 10 月开通。这些项目与合作提升了中国与共建“一带一路”国家的空中通道能力。信息网络设施方面，共建了一批光缆、卫星、数据中心等项目，如中欧“数字丝绸之路”、中亚数据中心、中巴光缆等。这些项目提高了参与国家的信息网络覆盖率，增强了数据传输的安全性，推动了数字经济发展和创新合作。

2. 打造惠及沿线的经济走廊

通过构建“陆海天网”四位一体互联互通格局，带动沿线经济跨越式发展。中国已经与许多共建“一带一路”国家签署了绿色发展、数字经济、蓝色经济等投资合作协议，并且积极推进在新能源汽车和光伏等方面的产业合作。一方面，中国持续扩大对共建“一带一路”国家设备、零部件等出口，促进当地产业发展，电子元器件、通用机械设备、医疗器械等出口都实现较快增长。另一方面，中国也积极扩大自共建“一带一路”国家的农产品和工业品进口，与共建“一带一路”国家共享中国大市场机遇。2018 年至 2023 年，中国与共建“一带一路”国家货物贸易总额从 1.9 万亿美元增长至 2.8 万亿美元，年均增长 8.1%，占比由 40.6% 提高至 46.6%。中国对共建“一带一路”国家直接投资累计超过 1800 亿美元，年均增长 5.9%。中国在共建“一带一路”国家新签承包工程合同额、完成营业额累计分别达 1.3

万亿美元、0.8 万亿美元。

3. 开展深入的交通国际合作

以交通基础设施为引领，推动共建“一带一路”共建国家设施联通与产能合作深度融合。2020 年中欧班列安全顺畅稳定运行，开行数量逆势增长，堪称产能合作与设施联通深度融合、相互促进的典型案例。除了铁路、公路建设和运输，中国企业还大力推进港口和机场建设，构筑陆海空互联互通网络，促进重大项目稳步推进。例如孟加拉国帕德玛大桥主桥钢梁成功合龙，上海宝冶中标柬埔寨金边新国际机场飞行区设计施工总承包工程，马尔代夫机场 MNDF 设施项目顺利通过验收并投入使用。这些重大项目的顺利推进，表明中国与共建“一带一路”国家产能合作与设施联通融合程度不断加深。根据世界银行报告预测，至 2030 年，共建“一带一路”交通设施建设将使沿线经济体的贸易额增加 2.8%~9.7%，外国直接投资总额流入增加 4.97%，国内生产总值增加 1.2%~3.4%，并使世界贸易额增加 1.7%~6.2%。

4. 建立开放融合的合作机制

共建“一带一路”不仅推动基础设施“硬联通”，更推动了规则标准的“软联通”、产业合作的“链联通”和人文交流的“心联通”。规则标准方面，中国与共建“一带一路”国家、国际组织积极构建多层次政策沟通交流机制，在发展战略规划、技术经济政策、管理规则和标准等方面发挥政策协同效应，共同制定推进区域合作的规划和措施。持续深化战略对接和政策协调，形成政策沟通长效机制。产业合作方面，共建“一带一路”国家共同推进国际产能合作，深化钢铁、有色金属、建材、汽车、工程机械、资源能源、农业等传统行业合作，探索数字经济、新能源汽车、核能与核技术、5G 等新兴产业合作，与有意愿的国家开展三方、多方市场合作，促进了各国产业结构升级、产业链优化布局。人文交流方面，共建“一带一路”国家传承和弘扬丝绸之路友好合作精神，广泛开展文化旅游合作、教育交流、媒体和智库合作、民间交往等，推动文明互学互鉴和文化融合创新，形成了多元互动、百花齐放的人文交流格局。

（二）以东京涩谷为代表的公共交通导向型枢纽经济

公共交通导向型开发是一种以公共交通为导向的开发模式，其核心理念是通过提供便捷的公共交通设施（如地铁、轻轨、公交站等）与住宅、商业和其他城市设施紧密结合，鼓励居民和企业选择公共交通作为主要出行方式，从而减少对私家车的依赖，实现可持续的城市发展，同时利用其高人流量来创造、更新、汇聚、提升一座城市的价值，使其释放更多潜力。日本涩谷站大厦作为标志性公共交通导向型开发项目，于 2019 年 11 月建成，通过以车站为中心的“站城更新”，带动周边城市连锁开放，依托的涩谷站是东京都内规模最大的轨道枢纽站之一，汇集了多条地铁线路，日均客流量可达约 330 万人次。

1. 交通设施高度集成

涩谷站大厦位于涩谷站正上方，该站汇集了 4 家轨道运营公司的 9 条线路，包括 JR 山手线、JR 埼京线、JR 湘南线、东急田园都市线、东急东横线、京王井之头线、地铁银座线、地铁半藏门线、地铁副都心线等，是东京都内规模最大的轨道枢纽站之一。这种多线交会的特点使涩谷站大厦成为一个高度集成的交通枢纽。结合地下通道、天桥等设施，涩谷站大厦与涩谷站实现了无缝连接，乘客可以轻松地在不同线路之间换乘，无需走出室外，大大提高了换乘效率。

2. 简化乘客换乘流线

涩谷站大厦通过创新“城市核”空间，整合了垂直动线，实现了公共交通的顺畅连接。涩谷站的各种设施将车站环绕在内，分别在东西两侧设置“城市核”连接车站与城市大厦。通过4层的高架平台，“城市核”跨越谷底，构筑起从宫益坂到道玄坂的步行平台网络，与周边地区的开发工程携手并进，将人和城市紧密联结。这一设计不仅提高了乘客的换乘效率，还增强了交通枢纽的整体运营能力。同时，“城市核”空间还作为一个垂直中庭空间，为乘客提供了休息和交流的场所。

3. 推动站城协同更新

东急电铁主导的涩谷地区再开发计划是目前东京最大规模的公共交通导向型开发项目。涩谷城市开发以东急东横线和地铁副都心线的相互直通为起点，以东急东横线站厅及线路旧址开发、站前广场、JR线及地铁银座线的地铁改良一体化整备为中心推进，有效衔接交通枢纽与周围城市基础设施，通过并列化、岛式化的方法提高城市基础设施的使用效率与商业活力。涩谷站大厦的开发与涩谷街区城市长远发展紧密融合，通过简单易懂的步行节点组织串联五个主要街区，消解地形高差，在保障步行安全性的同时，提升站点之间的连接度。同时，涩谷站大厦立面设计充分考虑了与周围城市景观的融合。塔楼采用“凹陷”立面设计，使建筑在视觉上更加轻盈、灵动，与周围的城市环境相协调。通过设置广场、文化传播基地等公共空间，涩谷站大厦不仅为乘客提供了休息和交流的场所，还促进了周边地区的城市更新和经济发展。

4. 交通与商业深度融合

涩谷站大厦内部设有丰富的商业设施，包括餐饮、零售、生活休闲等多种业态。这些商业设施与交通枢纽紧密结合，为乘客提供了便捷的购物和休闲体验。商业设施的布局充分考虑了人群的流动性和消费习惯，乘客在换乘过程中能够轻松享受到各种服务。由于涩谷站的高客流量和涩谷站大厦的便捷换乘体验，大量人流在此汇聚。这种人流汇聚效应不仅促进了商业设施的发展，还提升了整个区域的经济活力。

（三）以荷兰鹿特丹为代表的港口经济

港口经济是以港口为中心，以临港区域为依托，以一定的腹地为支撑，与港口紧密联系的经济发展形式。依托港口环境天然优势，一般会发展出港口航运及衍生服务、海洋工程与船舶修造等制造业、电力、冶金、石油化工原材料加工等产业。荷兰鹿特丹港位于莱茵河水系入海口，濒临大西洋，港口辐射欧洲多数国家，连接欧洲经济腹地与世界市场，被称为“全球化物流中心”和“欧洲产业集聚区”。港区面积约 100 平方公里，码头总长 42 公里，吃水最深处达 22 米，可停泊 54.5 万吨的特大油轮，是欧洲第一大港、世界第三大港。

1. 打造现代物流体系

鹿特丹港的物流设施体系非常发达，为港口与产业融合发展奠定基础。一是构建发达的腹地运输网络。鹿特丹港吞吐货物 80% 的发货地或目的地不在荷兰，大量货物通过内陆运输网实现中转。鹿特丹港高度重视腹地运输网络的优化完善，打造便捷、安全、高效、可靠的港口集疏运体系，大力发展内陆多式联运。外通综合交通网络（水路网、高速公路网和铁路网），与欧洲各国连接，覆盖从法国到黑海、从北欧到意大利的欧洲各主要市场和工业区；内连各港区码头，衔接临港工业区和港口所在市区。铁路线路直接延伸至港口作业区，实现海铁联运无缝化衔接。二是大力发展多式联运。鹿特丹港特别注重海铁联运的发展，开通了来往鹿特丹港与德国的货运专列，以增大海铁联运比例。2019 年再次扩建了海铁联运转运枢纽服务中心的集装箱中转区域，以提高集装箱在区域内的海铁联运换装效率。目前，鹿特丹港的水水中转比例在 50% 以上，内河集疏运量也占到总量的 20%

以上。三是加强港口物流链条协同。港区建有几千公顷的大型物流园区，同时在内陆地区建有众多“干港”，增强了港口的吞吐能力。鹿特丹港加强与港口物流链上下游各方的协同合作，打通物流链的海陆节点，实现物流链资源整合与集成，为货主、物流公司、航运企业及联盟提供更具价值的优质服务。

2. 推动临港产业布局

鹿特丹依托优良的港口基础设施，大力发展临港工业、服务业等临港产业。临港工业方面，鹿特丹吸引了大量世界500强企业和近4000家企业入驻，形成了重化工业、装备制造业、海产品加工业和航运服务业等产业基地。当前，鹿特丹港是世界三大炼油中心之一，炼油能力占荷兰的50%以上，其临港地区聚集了众多炼油、石油化工企业，形成了完善的石油化工产业链。此外，鹿特丹港利用港口优势吸引了一大批钢铁、食品加工、机械制造等产业。临港服务业方面，鹿特丹港为提高其作为专业海运服务港口的地位，积极发展服务业。根据鹿特丹海运资本公司的数据，港口集群中共有来自金融、保险、税务、船级社、测量、仲裁和船舶经纪等领域的150多家公司。鹿特丹是全球十大保险市场之一，也是除英国之外唯一实行共同保险制度的保险市场。此外，鹿特丹还建立了一个法律生态系统，鹿特丹法院设有专门的海运商会以及航运和贸易仲裁机构，其中包括替代性争议解决机构UNUM，可为客户提供荷兰语、英语和德语服务。

3. 强化政策环境支持

鹿特丹临港产业发展有赖于其法律法规政策支持和政府部门运营管理模式创新。政策方面，鹿特丹港是高标准国际自由贸易港。受《欧盟海关法典》的约束，鹿特丹港与传统意义上“境内关外”的自由贸易港不同。由于欧盟国家间建立了统一的关税区，是一个统一的大市场，鹿特丹港区内没有设置海关特殊监管区域，仅在境内设置保税仓库，港区适用欧盟关于投资、金融、税收等方面的法律法规，不享受特殊优惠政策。尽管来自欧盟外的货物进入鹿特丹港需要缴纳关税、增值税等，但鹿特丹港采取了较为自由便利的保税措施，使之成为事实上的高标准国际自由贸易港。营商环境方面，鹿特丹港积极优化营商环境，设立保税仓库，简化入关手续，商品自由出入港口等优惠政策吸引了大量的过境贸易。运营模式方面，鹿特丹港务局采用产权和经营权相分离的运营管理模式，推动港口的国际化建设。政府拥有港区的产权，而特许经营机构则拥有经营权。鹿特丹港务公司负责鹿特丹港的开发管理，市政府拥有该公司的全部股权，营业收入重新投入港口建设之中，以土地运作实现滚动开发。

4. 加强港口创新驱动

鹿特丹大力发展面向未来的技术与模式，以创新驱动提高效率，促进临港产业发展。鹿特丹港积极探索电子信息技术应用，提高运营效率。比如，"电子商务网络"系统实现了对港口的全方位实时管理，"货运信息卡"记录了所有货运信息，极大地提高了通关效率。同时，鹿特丹港为满足物流服务供需双方的需求，建立了加工、仓储、运输、配送、金融服务等全流程供应链服务体系，提供"一站式"现代综合配套服务。这些做法降低了港口运营成本，提升了港口的综合服务效率，形成强大的规模经济、共生经济和创新经济等聚集效应。

（四）以美国孟菲斯为代表的临空经济

临空经济是一种依托机场和航空运输业发展起来的经济形态，通过航空运输和现代综合运输体系的构建，促进区域经济快速发展。美国孟菲斯是临空经济发展的典型代表，依托联邦快递的全球枢纽总部以及其强大的货运能力，曾连续多年保持全球货运量第一。其空港经济区为孟菲斯创造了大量的工作岗位和巨大的直接经济产值，使其成为田纳西州最大的城市。

1. 做强航空物流核心产业

1973年，联邦快递将其总部迁至孟菲斯，并在此建立了其全球超级转运中心，孟菲斯逐步建成世界上航空物流规模最大、服务设施最齐全、货运效率最高的货运空港。孟菲斯国际机场以航空物流业为核心，围绕空港核心作业区，以联邦快递为重点，包括美国联合包裹运送服务公司、美国西北航空在内的多家物流企业，开展航空物流活动。一是强化物流设施建设。联邦快递孟菲斯超级转运中心占据了整个机场约1/4的面积，有一条东西长约3000米的货运专用跑道，跑道北侧有70万平方米的货机坪和160余个货机位，9~27号跑道的南北分布着分拣设施、仓库等货运设施。2016年5月，联邦快递孟菲斯超级转运中心又开设联邦快递冷链中心。二是打造多式联运枢纽。机场内有美国第四大内河港口孟菲斯港口和诺克福南方铁路、伯灵顿北方圣太菲铁路、加拿大国家铁路、联合太平洋铁路与CSX铁路共5条一级铁路。美国著名的公铁联运公司大多把区域公铁联运中心设立于此，提供甩挂、空箱堆存等服务。三是提升物流分拣效率。转运中心有世界领先的自动化分拣设施，白天和夜晚两个分拣系统日夜交替工作，2011年就达到50万件/小时的分拣水平。转运中心支撑联邦快递形成依赖少数核心枢纽中转的运营模式，从联通式网络转变成为轴辐式网络，通过规模效应降低了运输成本。

2. 推动临空产业集聚

孟菲斯利用其机场的环球运输网络，推动对机场周边土地进行复合型开发，强化产业链供应链上下游各环节集聚，形成了通航产业、物流业、制造业、维修服务业等产业链条。孟菲斯国际机场吸引了美国最大的隔夜药品检测中心（先进毒理监测中心）、世界最大的眼角膜银行（国家眼科银行中心）等生物科学类企业和全球最大的 DVD 分拨中心（Technicolor Video）、世界最大的便携电脑维修点（Solcctron 公司）。如今孟菲斯还是全美最大的医疗器械制造中心、美国中南部最大的医疗中心。除汽车及货车零部件生产、健康保健和医疗设备等临空指向性产业外，孟菲斯国际机场也融合了科研、加工及制造、仓储、物流及商务等的产业增值链。

3. 推动机场与城市融合发展

2007 年开始，孟菲斯临空经济区按照圈层发展模式，由单纯的物流枢纽打造成功能更加综合的空港城，并引领形成空港都市区。孟菲斯利用“航空城”发展理念与私营企业联手，对机场附近的土地进行系统开发，吸引写字楼、仓库、物流中心、零售店、娱乐设施、廉价汽车旅馆、公寓等设施进驻，构建以机场为经济引擎的航空都市。同时，孟菲斯积极推动航空大都市建设，旨在把孟菲斯国际机场及其以外的地区建设成为一个经济高效、功能融合、可持续发展的航空大都市（见表 7–1）。

表 7–1　孟菲斯临空经济区圈层发展布局

第一层	孟菲斯国际机场内部
第二层	航空业相关的以工商业为主的空港城
第三层	各种不同商业的空港都市区

资料来源：笔者整理。

4. 政府大力支持

孟菲斯市政府积极作为，支持航空货运及临空产业发展。财政支持方面，孟菲斯市政府积极招引联邦快递落户，以孟菲斯市政府出面担保，帮助联邦快递创始人申请到 70 年期限的低息贷款，同时减免税收，提前储备发展机场所需的大量土地。在运营中，孟菲斯市政府考虑到货运机场相对较窄的收入来源和偏固定的成本支出，每年为机场提供高额补贴。20 世纪 70 年代，孟菲斯市政府为机场提供高额补贴，实施大规模改扩建，修建大型跑道以便大型飞机起降，同时各级政府在改善候机楼和滑行道、增强机场安全性等工程上给予支持。教育培训方面，政府与本地教育机构合作，开展专门的职业培训项目，旨在培养航空物流领域的人才。体制机制方面，联邦航空管理局通过立法形式，将推动孟菲斯航空城交通系统发展的措施纳入其授权方案之中，旨在加强孟菲斯航空城的交通系统建设，并确保其在全球航空物流领域的领先地位。

（五）以甘肃为代表的路衍经济

路衍经济一般是指依托公路交通点多、线长、面广的自然属性和对区域经济的拉动、带动、辐射作用，通过对沿线经济要素的集聚、扩散而衍生的新经济业态，是交通运输与文化旅游、现代农业、工业园区、现代物流、交通装备制造、数字经济等相关产业融合的新经济发展模式。路衍经济的研究与发展起步于 20 世纪 90 年代，先后出现了“路域经济”“路延经济”“路沿经济”等提法。早期的路衍经济，只针对高速公路服务区产业发展，直到 2019 年，甘肃在全国首创交通与产业融合互动发展“路衍经济”新业态，将路衍经济拓展到公路交通全领域、全范围、全周期，并在理论依据、政策支撑、产业链构建、产业集群培育方面都作了许多探索。

1. 加强理论研究指引

甘肃全方位研究梳理“路衍经济”概念定义、发展历程、价值逻辑等特征内涵，确定了聚焦公路沿线资源开发、公路空间场地资源开发、公路资源后市场开发“三大维度”，围绕交旅融合、通道物流、能源建材、智慧交通、“服务区 +”、交通装备制造、乡村产业及其他业务等“八大方向”的路衍经济总体发展思路。组建甘肃路衍经济产业研究院、甘肃新发展投资集团有限公司，通过一体化运作融合发展，打造路衍经济研究、开发、投资、运营全生命周期服务商。组织召开了全国首届路衍经济研讨会，成功举办2021年世界交通运输大会“公路交通路衍经济产业发展论坛（2021）”，研究发展方向，探索发展路径。与长安大学、兰州大学等高校建立产学研校企合作关系，加快交通物流、智慧交通等领域的人才培养和科技创新。联合中国公路学会、长安大学共同成立了高速公路路衍经济产业研究中心，紧扣路衍经济项目，开展项目规划、策划、设计、评估、论证、运营监测和后评价等全流程、全生命周期咨询服务，为项目投资、运营、管理提供决策依据。

2. 建立多层规划体系

甘肃将“打造路衍经济产业链”写入甘肃省“十四五”规划，坚持“不闲置一寸土地、不浪费一点资源、不漏过一个增长点”的原则。聚焦交通运输行业“融资、投资、建设、养护、运营、运输、服务”全产业链优势，系统科学谋划形成“路衍经济”发展规划体系。甘肃立足国有资本布局，从行业领域发展角度，先后编制《甘肃省“十四五”交通运输发展路衍经济专项规划》和《甘肃省属企业发展路衍及临空经济专项规划》。甘肃公交建集团、甘肃建投集团、甘肃公航旅集团、甘肃物产集团、甘肃机场集团、甘肃铁投集团、甘肃文旅集团、丝绸之路信息港公司等八大省属企业结合自身优势分别制定了路衍经济企业发展规划。制定《甘肃省交通运输行业新能源汽车充电基础设施布局规划（2021—2025年）》，形成“1+2+N”（1个省级规划、2个行业+国资体系平行规划、N个企业规划）的路衍经济三级规划体系，初步构建起集资源共享、要素共生、人文开放、绿色智慧于一体的路衍经济发展生态。

3. 推动交通产业融合创新

甘肃创新“交通 +”产业融合发展形态，结合地域特点及发展实际，探索建立路衍经济产业架构，初步形成交通高质量发展“八大实现路径”的新格局，着力构建“一业带动、多业支撑、跨界融合、联动发展”的路衍经济产业发展格局。通过“交通 +”复合型产业形成区域经济新的增长极：以旅游公路、旅游风景道建设为抓手，挖掘“交通 + 旅游”新潜能；依托公路出入口及其毗邻区，打造通道物流新高地；围绕交通基础设施建设及公路运营网络，推进充电桩、光伏发电、加油（气）站等能源网络布局，拓展沥青和砂石产业规模，建立能源建材新体系；立足服务区服务职能，丰富特色经营项目，拓展“服务区 +”新业态；紧密对接“新基建”，推进新型数字交通基础设施建设，把握智慧交通新方向；建设交通设施、钢桥制造、预制构件等产业园区，构建交通装备制造新链条；推进交通运输与乡村产业融合发展，助力乡村振兴新战略实施；同步实现普惠医养、交通传媒、公路管廊等其他路衍经济产业新突破。

4. 推动公路资源要素盘活

甘肃充分发挥公路交通辐射作用，秉持“公路撬资源、资源变资产、资产变资本、资本变资金”的运作思路。从空间维度深挖公路沿线场地潜能，汇聚产学研优势资源，整合各类资源要素。大敦煌文化旅游经济圈“交响丝路 1 号线”交旅融合项目被交通运输部列为交通强国建设试点项目，成为全国首个世界文化遗产与现代服务区融合项目。太石交旅融合项目、普济寺服务区及游客咨询服务中心项目、后地湾村乡村振兴项目、傅苦路水墨丹霞主题服务区、傅苦路动物园主题服务区、武威“凉州 · 印象”主题服务区等项目建设与谋划齐头并进。武都“绿橄榄”主题服务区、礼县“三国文化”主题服务区相继建成，一批交旅融合典型示范项目呼之欲出。携手华为共同组建甘肃省智慧交通重点实验室，开展高速公路视频云联网、车路协同等项目创新研究，稳步推进“5G+ 智慧公路”试点项目和“新基建”智慧交通产业港建设，以 G312 清水驿至傅家窑公路为载体建设省内首条一级公路智能网联示范项目。启动建设智慧公交物流信息平台、快递物流分拨中心，助推甘肃物流业向国际化、信息化和绿色集约化方向发展。在兰州新区建成行业领先的精密自动化切割和波形钢腹板成型生产线，生产规模居全国第一。

第八章　总体实践：浙江省综合交通产业发展

一、规模实力持续增强

2023 年，浙江省综合交通产业总产出达 3.4 万亿元，产业增加值 8500 亿元，（见图 8-1），逐渐成为浙江省特色现代化产业体系建设的主引擎、新增量。

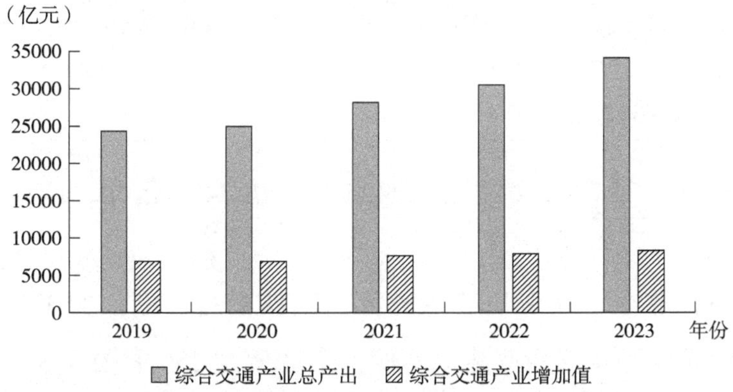

图8-1　2019—2023年浙江省综合交通产业规模

资料来源：结合浙江省交通运输厅、浙江省统计局数据，笔者绘制。

二、四大领域快速发展

（一）产业结构

从综合交通四大领域总产出占比来看，2023 年，浙江省交通装备制造业产出占综合交通产业总产出的比例最高，为 44.7%，核心地位进一步强化；交通运输业占比为 32.9%，产业发展优势显著；交通关联服务业和交通建筑业占比分别为 12.4% 和 10.0%，为综合交通产业奠定坚实基础（见图 8–2）。

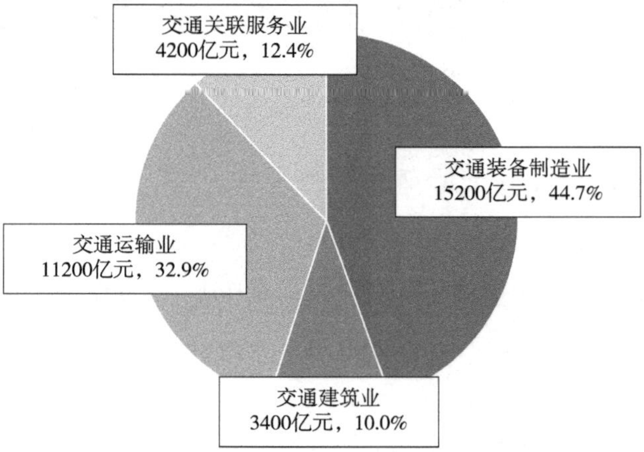

图8-2　2023年浙江省综合交通产业四大领域产出结构

资料来源：结合浙江省交通运输厅、浙江省统计局提供的数据，笔者绘制。

（二）交通建筑业

2023 年，浙江省交通建筑业总产出达 3400 亿元，产业增加值 714 亿元。

龙头企业培育及资质管理方面，浙江建投、浙江交工、东阳三建、中天建设等 4 家企业连续上榜“全球最大 250 家国际承包商”榜单。其中，浙江交工作为浙江省交通建筑业龙头企业，项目遍及四大洲 20 个国家，累计承接项目 80 余个，累计合同金额超 30 亿美元，在境外设立 9 家全资子公司、7 家分公司、1 家代表处。截至 2023 年底，全省共有施工总承包特级资质 90 项，较 2019 年增长了 34.3%。其中，交通领域施工总承包特级资质 15 项，较 2019 年增长了 66.7%，快于全省的增长速度。宏润建设、鲲鹏建设、百盛联合均为具有“双特”资质的企业。

公路养护管理模式创新方面，浙江省积极探索以公路全寿命周期为核心的长周期养护模式，开展全寿命周期试点，将养护大中修工程和日常养护捆绑发包，养护承包期 5~10 年，通过将养护资金与养护质量挂钩实现路况绩效目标。G15（沈海）高速浙江省温州大桥段及 S10（温州绕城）高速公路北线一期段总承包养护工程在 2020 年正式签约实施，标志着我国首个"公路长周期综合养护总承包模式"项目落地。浙江省在 S311（象西线）宁海段、嵊州市、常山县、临海市、建德市、松阳县、武义县、上虞区、鹿城区等 9 个区域开展公路全寿命周期养护设计施工总承包绩效考核试点项目，试点县养护费用节约 13.7%。

交通建筑工业化方面，浙江省陆续布局了省级交通建筑工业化基地 27 个（达产 15 个），包含梁板类基地 14 个、钢结构类基地 2 个、小型构件类基地 4 个、沥青混凝土等原料类基地 7 个，硬件条件和规模位居全国前列，其中浙江交工就布局了 19 个基地（达产 11 个）。绍兴市政装配式预制构件生产基地占地约 250 亩，设计混凝土产能 30 万立方米 / 年，启用以来累计为快速路供应预制构件 8000 余件，建成快速路约 100 公里。衢州建筑工业化实训基地占地规模最大，约 743 亩，规划机制砂、碎石加工年产能达 330 万吨。

交通建筑"走出去"方面，浙江本土企业积极把握亚洲地区基础设施建设旺盛需求，围绕"一带一路"、RCEP 等开放机遇，在深耕传统非洲、中东、东南亚等市场基础上，积极开拓欧美等发达国家和地区市场，海外主力市场已经逐步从非洲转向亚洲国家，近年来本土企业也逐渐瞄准亚洲地区交通基础设施建设的市场需求，新签合同额中亚洲业务占比超过 60%。2019 年以来浙江省累计新签对外承包工程业务合同额达 231 亿美元，2023 年居全国第五位，其中交通建筑领域累计合同额超 30 亿美元，占比超过 12%。

（三）交通装备制造业

2023 年，浙江省交通装备制造业总产出达 15200 亿元，实现产业增加值 3416 亿元，占 GDP 的比重约为 4.4%。

新能源汽车制造方面，截至 2023 年底，全省新能源汽车产量 62.3 万辆，占全国比重 6.5%，位于全国第一梯队，新能源汽车渗透率达到 43%，高于全国平均水平 11 个百分点。全省拥有 11 家新能源整车企业、2200 余家规模以上零部件企业，覆盖动力电池、电机电控、智能网联等全链条，零部件本地配套率达 80% 以上，18 家企业进入全国百强。其中，吉利新能源汽车销量占其总销量 1/3，位居国内第三；零跑和合众分别以 14.42 万辆、12.75 万辆的销量位列新势力第三、第五,万向、亚太、瑞立等企业在全球市场占据重要地位，为特斯拉、宁德时代等提供配套。

航空制造方面，宁波、绍兴入选我国首批通用航空产业综合示范区试点，布局德清、建德、新昌、横店等一批通航特色小镇。全省现有大飞机关联制造企业 60 余家，西子势必锐是国内为中国商飞 C919、空客、波音等配套的唯一民营企业，杭州贝斯特、宁波沥高等 12 家关键零部件企业被纳入中国商飞、波音等合格供应商体系。全省布局一系列通航飞机制造项目，成功研发了初级教练机、轻型运动飞机、轻型直升机、多用途通用飞机、三栖飞机等机型。航天彩虹无人机、北航长鹰等公司研制生产的大中型无人机多次获得国家科学技术进步奖等荣誉。

轨道交通方面，浙江省轨道交通装备产业已具备轨道交通装备各主要系统的研发、制造和服务能力，相关轨道交通装备关键零部件的优势企业也逐步形成。截至目前，全省涉及轨道交通装备制造的企业超过 150 家，其中上市企业 12 家，总市值超过 600 亿元。拥有杭州、宁波、温州三大轨道交通整车组装基地，在城市轨道车辆组装销售维修和超级电容、系统集成方面形成了自主研发能力和专业优势基础。围绕地铁建设，杭州中车 2023 年前三季度累计提供列车 70 列，中车电气配套列车牵引系统 68 列，众合科技城轨信号系统市场占有率达 23.76%，浙商工服提供盾构设备租赁维保服务，实现“杭州地铁杭州造”。

船舶制造方面，在巩固豪华邮轮、装备改修、中小散货船等传统市场地位的基础上，向小汽车运输船、液化天然气运输船等高附加值产品突破。常石集团、舟山中远海运重工入选全球手持订单 30 强造船集团榜单。全球首艘大型甲醇双燃料集装箱船改装项目在舟山完成，禾东船业建成国内首艘内河氢燃料电池集装箱船，实现氢能船舶商业化。舟山太平洋海工的 26000 立方米天然气储存罐（独立 C 型罐）和再气化驳船首台（套）产品成为浙江制造业首台（套）展馆地方首台套专馆产品。

（四）交通运输业

2023 年，浙江省交通运输业总产出达 11200 亿元，产业增加值 2500 亿元，占 GDP 的比重约为 3.0%。

港航运输方面，2023 年，宁波舟山港货物吞吐量 13.24 亿吨，同比增长 4.9%，连续十五年居世界首位；集装箱吞吐量 3530 万标箱，同比增长 5.9%，跻身全球前三；宁波舟山港海铁联运箱量达 165.2 万标箱，业务覆盖全国 16 个省份 65 个地级市，开通线路 25 条，是海铁联运南方第一大港。宁波舟山国际航运中心在 2024 新华·波罗的海国际航运中心发展指数的排名跃升至第八位。全省全年水路货运量达 11.7 亿吨，周转量 11642 亿吨公里，同比分别增长 5.7% 和 9.7%。

航空运输方面，全省 7 个民航机场 2023 年完成旅客吞吐量 7403

万人次，较2022年增长113%，居全国第五位，成为全国第二个拥有3个千万级机场（杭州、宁波、温州）的省份。其中杭州机场旅客吞吐量突破4000万人次，创历史新高。全年完成货邮吞吐量109万吨，增长9%，居全国第四位。其中杭州机场国际货运量达17万吨，同比增长22%，增速居全国前十大机场首位。全省稳定运营国际货运航线31条，为服务欧美业务市场构建了空运快速通道。

中欧班列方面，2023年浙江省中欧班列累计开行2408列，发送集装箱19.7万标箱，同比分别增长6.1%和5.7%。其中，“义新欧”班列全年进出口货运量达120.49万吨，同比增长8.7%。中欧班列线路增至26条，辐射亚欧大陆50余个国家和地区、160多个城市。浙江成为全国首个拥有双千万标箱级班列平台（义乌、金东）的省份，全年进出口贸易额达494.91亿元（义乌平台349.5亿元、金东平台145.41亿元），出口货物品类从传统小商品向高端制造业产品转型，手机、平板电脑、新能源汽车配件等高附加值商品占比显著增长。

快递物流方面，2023年全省快递业务量超260亿件，同比增长14.9%，占全国的1/5，连续多年位居全国第二，共有6个地级市的快递业务量进入全国前50。快递业务收入完成1305.9亿元，同比增长8.4%。全年国际及港澳台快递业务量完成9.2亿件，同比激增100.4%，跨境电商和“快递出海”战略成效显著。同时物流园区建设有序推进，浙江湖州长兴综合物流园区、浙江杭州深国际华东智慧物流城（杭州深国际物流港）入选第四批国家级示范物流园区（见表8–1）。

“四港”联动方面，浙江省以海港为龙头、陆港为基础、空港为特色、信息港为纽带，打造内畅外联、高效智能的现代物流体系，服务“双循环”新发展格局。浙江四港联动发展有限公司作为省级统筹平台，聚焦智慧物流云平台、多式联运数据共享等业务，推动“海陆空网”协同联动。该公司自成立以来，已开展国际货运代理、保税仓储等业务，并参与多个国家物流枢纽建设。积极开发“四港”联动智慧物流云平台，获评浙江省数字经济创新发展重大应用成果，用户数超 5.5 万，覆盖全国各省份，打通公铁水空及口岸系统 178 个，数据准确率超 95%，多式联运订舱效率提升 50%，运踪查询工作量降低 70%。

表 8-1 2023 年浙江省国家级示范物流园区名单（加粗项为 2023 年新增）

序号	平台名称	所属城市
1	杭州传化公路港	杭州市
2	嘉兴现代物流园	嘉兴市
3	宁波（镇海）大宗货物海铁联运物流枢纽港	宁波市
4	义乌港物流园	金华市
5	衢州工业新城物流园区	衢州市
6	宁波经济技术开发区现代国际物流园区	宁波市
7	浙江德清临杭物流园	湖州市
8	浙中多式联运枢纽港	金华市
9	**浙江湖州长兴综合物流园区**	**湖州市**
10	**浙江杭州深国际华东智慧物流城（杭州深国际物流港）**	**杭州市**

资料来源：笔者整理。

（五）交通关联服务业

2023 年，浙江省交通关联服务业总产出达 4200 亿元，产业增加值达 1610 亿元，占 GDP 的比重约为 1.9%。

智慧交通方面，全省已形成覆盖交通信号控制、智能停车、公共交通优化等领域的完整产业链，并在城市交通大脑系统、自动驾驶技术研发等领域取得突破。杭州、宁波等地开展自动驾驶公交车、出租车试点，结合车对外界的信息交换技术实现车路协同，测试里程超10万公里。杭州萧山机场引领全省智慧机场发展方向，集成智能安检、行李追踪系统等智能设备，一体化智能闸机、智能审图系统等一系列智慧海关建设成果正式启用，有效提升海关通关监管服务效能。浙高运公司与松阳县人民政府围绕“智慧交通产业试点县”建设建立战略合作关系，2024年1月完成松阳县钓鱼岭智慧隧道改造，布设280套控速视觉诱导灯、20套应急广播等设备，强化隧道数字化管控能力。

交旅融合方面，浙皖闽赣（衢黄南饶）“95联盟大道”等四个项目被授予“2022年度全国交旅融合创新项目”荣誉称号。杭温高铁、沪苏湖铁路等重大项目推进，实现5A级景区所在县高铁覆盖率提升，打造“浙东唐诗之路”铁路版。宁波“三江夜游”、杭州“临平·艺尚汀兰集”等文旅项目，通过交通串联形成消费新场景。推动“四沿”美丽富裕干线路建设，打造G228沿海产业路、G351山海协作路等主题公路，融合自然与人文景观。“环浙步道”省级主环线已基本贯通，初步形成一批步道建设等成果，休闲步道、旅游公路、景观铁路等交旅促进融合的业态类型不断显现。依托“浙里畅行”平台打造智慧旅游综合服务系统，整合线路预订、路况引导等功能，提升游客体验。

枢纽经济方面，杭州空港型国家物流枢纽被列入2023年国家级物流枢纽名单，该枢纽立足区域特色产业优势和枢纽优势，将有效推动航空物流与临空产业融合发展。湖州依托长湖申线完善航道基础设施，引导沿线企业绿色低碳发展，形成金属新材、绿色家居、新型建材等3个百亿级沿河特色产业带，临港经济占湖州GDP的比重升至22%。

交通金融方面，中国首条民营控股高铁杭绍台铁路全线贯通，开始试运营。湖州成功发行湖杭高速30亿元专项债券，创全省地市高速公路项目单体年度发行额新高。

三、产业载体加速布局

（一）产业园区

浙江省现代化交通产业集群试点。围绕综合交通产业在萧山、龙游、松阳三地设立省级试点县市和示范园区。萧山聚焦智慧交通产业，加快推进中交智慧交通科技园在智能汽车生产、自动驾驶与车路协同等领域发展，推动交通产业价值链向中高端迈进。龙游在具备高精密轴承、铁路轨下产品、铁道道岔等产业生产线基础上，打造“轨道交通装备研发制造龙游示范基地”，大力推动轨道交通装备产业研发制造。松阳积极培育智慧交通、快递物流两大特色产业，被授予“浙江省智慧交通产业发展试点县”。以松阳赤寿省级综合交通产业示范园区为样板，构筑松阳特色综合交通体系（见表8–2）。

表8–2　浙江省综合交通产业试点县（园区）基本情况

序号	集群名称	所属地区	产业发展方向
1	杭州综合交通产业示范区	杭州市萧山区	智慧交通
2	龙游轨道交通创业园	衢州市龙游县	轨道交通装备制造
3	松阳智慧交通试点县	丽水市松阳县	智能汽车整车生产、关键零部件配套、销售、研发、检测及人才培养

资料来源：笔者整理。

省级“万亩千亿”新产业平台。自2019年启动首批新产业平台建设以来，已形成宁波杭州湾新区智能汽车产业平台、大江东航空航天产业平台、杭州万向创新聚能城产业平台、台州通用航空产业平台、温州瑞安智能汽车关键零部件产业平台、湖州吴兴智能物流装备产业平台、湖州长兴智能汽车及关键零部件产业平台等 7 家综合交通相关产业平台。宁波杭州湾新区智能汽车产业平台通过验收命名，其平台内的中汽研汽车检验公共服务平台获评“国家级服务型制造示范平台”称号。全国首个国家无人机产业计量测试中心落户台州通用航空产业平台。“云、数、智”一体化超级云计算平台——吉利星睿智算中心在湖州长兴智能汽车及关键零部件产业平台揭牌启用，各类产业平台能级显著提升（见表 8–3）。

表 8–3 省级“万亩千亿”新产业平台基本情况

序号	平台名称	所属地区	产业发展方向
1	杭州万向创新聚能城产业平台	杭州市萧山区	汽车零部件与新能源产业
2	大江东航空航天产业平台	杭州市钱塘区	飞机大部件、关键核心零部件、结构件精密制造、航空新材料、先进机载设备及系统、无人机以及卫星等空间平台与有效载荷等
3	宁波杭州湾新区智能汽车产业平台	宁波市慈溪市	智能汽车整车生产、关键零部件配套、销售、研发、检测及人才培养
4	台州通用航空产业平台	台州市路桥区	大中型无人机“高端制造 + 技术研发”，上游总体集成与设计、中游核心部件制造与整机制造、下游营销与应用服务的全产业链
5	温州瑞安智能汽车关键零部件产业平台	温州市瑞安市	智能汽车关键零部件、高级智能驾驶辅助系统及关键感知部件及关键零部件研发创新服务、后服务“两服务”
6	湖州吴兴智能物流装备产业平台	湖州市吴兴区	自动化立体仓储装备、物流智能分拣系统、仓储云平台和关键部件及配套服务等
7	湖州长兴智能汽车及关键零部件产业平台	湖州市长兴县	智能汽车及关键零部件产业链

资料来源：笔者整理。

省级特色小镇。目前全省围绕综合交通产业，在交通高端装备制造、现代交通物流、“交通 +”等领域建设一批特色小镇（见表 8–4）。

表 8-4　浙江省综合交通领域特色小镇基本情况

序号	平台名称	所属地区	产业发展方向
1	桐庐快递科技小镇	杭州市桐庐县	快递科技全产业链经济，包括快递科技、物流运输、物联网经济、新零售等
2	建德航空小镇	杭州市建德市	通航制造、通航服务和通航休闲旅游
3	北仑灵峰汽模小镇	宁波市北仑区	高端汽配模具
4	宁海智能汽车小镇	宁波市宁海县	新能源汽车产业研发
5	宁波杭州湾汽车智创小镇	宁波市慈溪市	汽车制造及自主创新
6	瑞安汽车智配小镇	温州市瑞安市	智能汽车零部件生产制造
7	德清通航智造小镇	湖州市德清县	通航高端装备智造、通航精益运营、通航体验
8	长兴新能源小镇	湖州市长兴县	新能源高端产业
9	金华新能源汽车小镇	金华市婺城区	高端智能制造
10	路桥吉利汽车小镇	台州市路桥区	汽车制造
11	台州无人机航空小镇	台州市路桥区	无人机生产

资料来源：笔者整理。

（二）企业主体

根据浙江省综合交通产业地图大数据分析，截至 2023 年底，全省拥有综合交通产业相关企业约 3.7 万家（注册资本 1000 万元以上），其中包括新能源汽车、智慧交通、交通建筑等相关领域上市企业 60 余家，综合交通产业整体实力不断提升。

全省综合交通产业拥有年营业收入超过百亿元的企业共 22 家，主要分布在杭州和宁波，在智慧交通、运输物流、交通建筑和新能源汽车等细分领域保持领先优势（见表 8-5）。阿里巴巴、吉利、浙江交通集团等企业入选 2023 年《财富》世界 500 强企业榜单。万向集团、传化集团、海康威视、均胜电子等企业入选 2024 年浙江省制造业百强企业名单。

表 8-5　2022 年浙江省综合交通领域年营收超百亿元企业基本情况

序号	企业名称	所属地区	产业方向
1	阿里云计算有限公司	杭州市西湖区	智慧交通
2	浙江沪杭甬高速公路股份有限公司	杭州市西湖区	交通建筑
3	浙江上三高速公路有限公司	杭州市西湖区	交通建筑
4	杭州海康威视科技有限公司	杭州市滨江区	智慧交通
5	杭州华为企业通信技术有限公司	杭州市滨江区	智慧交通
6	浙江交工集团股份有限公司	杭州市滨江区	交通建筑
7	浙江大华科技有限公司	杭州市滨江区	智慧交通
8	万向钱潮股份公司	杭州市萧山区	新能源汽车
9	传化物流集团有限公司	杭州市萧山区	运输物流
10	物产中大物流投资集团有限公司	杭州市余杭区	运输物流
11	宁波均胜电子股份有限公司	宁波市鄞州区	新能源汽车
12	宁波舟山港股份有限公司	宁波市鄞州区	港航服务
13	宁波港东南物流货柜有限公司	宁波市北仑区	运输物流
14	宁波继峰汽车零部件股份有限公司	宁波市北仑区	新能源汽车
15	宁波拓普集团股份有限公司	宁波市北仑区	新能源汽车
16	浙江省二建建设集团有限公司	宁波市镇海区	交通建筑
17	韵达控股集团股份有限公司	宁波市慈溪市	运输物流
18	宏润建设集团股份有限公司	宁波市象山县	交通建筑
19	宁波华翔电子股份有限公司	宁波市象山县	新能源汽车
20	浙江万丰奥威汽轮股份有限公司	绍兴市新昌县	新能源汽车
21	浙江交通科技股份有限公司	衢州市江山市	交通建筑
22	申通快递股份有限公司	台州市玉环市	运输物流

资料来源：结合浙江省工商企业数据，笔者绘制。

四、产业平台创新构建

（一）产业博览会

1. 举办目的和内容体系

浙江国际智慧交通产业博览会作为浙江省综合交通产业发展的牵

引性平台，旨在推动综合交通产业应用互动、成果转化、交流合作、全球拓展，包括“会”“展”“赛”“策”四大内容体系（即 N 场行业热点主题论坛、N 个综合交通主题论坛、N 场行业赛事及配套活动、N 项成果发布及创新服务）。

2. 举办成效

2018 年以来，浙江国际智慧交通产业博览会共吸引国内外 560 余位交通领域权威专家、2300 余家重点企业参与，集中展出 1500 余项交通领域新技术、新产品、新应用，累计观展人数达 18 万人次、线上云展点击量达 2000 万人次。通过博览会平台累计签约重点项目 153 个，总投资超 2500 亿元，助推综合交通产业整体实力持续提升。

以第六届博览会为例，博览会以“未来交通 新质领航”为主题，突出“影响力、新热点、订单化、浙品牌、参与度”，全方位展示综合交通产业成果，推动产业合作、人才交流、项目落地，努力变“展品”为“商品”、变“意向”为“订单”、变“项目”为“产值”。

一是展出一批交通优质企业和产品。突出全链条，创新“链主企业 + 产业集群 + 中小企业”展馆布局，吸引参展企业 257 家，包括西门子、吉利、华为、百度、阿里云、海康、大华等 89 家链主和龙头企业，飞步、彩虹、迅蚁等 160 余家创新企业，集中展示 693 项新技术、新产品、新装备。强化链主、集群牵引带动作用，形成全产业链展示模式，链主企业重点展示硬核实力，产业集群重点展示招商政策，中小企业重点展示特色产品，共建共享良好产业生态。

二是举办一系列企业对接活动。举办 6 场供需对接会。聚焦交通重点领域，吸引低空经济、公共交通与物流装备、基础设施数字化转型、航运服务业、交通建设工程机械和安全设备、地方特色交通产业等领域超百家企业开展路演推介、供需对接，同期发布采购需求、招商政策、优惠产品 3 大专项特色包，推动产业链上下游企业深入了解、精准对接、紧密合作。开展5场产业特色活动。聚焦交通行业前沿，举办全省交通科技成果推介会，发布一系列新材料、新技术、新工艺；联动中物联举办第二届绿色物流与供应链发展大会及2场分会，共谋未来发展新方向、新思路、新模式；联动清华大学，举办亚太智能交通研讨会，进一步推动国际合作、创新发展。同时，创新“链专精”组织模式，博览会全面摸排近千项展商客户需求，梳理总结六大类观众画像，联动20余家全国性、省内外协会/学会。

三是开设一批民生互动体验环节。“交通+”方面，以杭州、湖州、舟山、台州、丽水等5市为代表，全方位展示“交通+文化旅游”“交通+乡村振兴”“交通+特色产业”等融合场景，汇聚交通助推共同富裕发展成果，进一步放大交通经济带动效应。交旅融合方面，首创交享生活展示区，打造“跟着交通去旅行”特色品牌，开展系列骑行特色活动，集中展示23站骑行活动成果以大幅增强体验感。设置骑行互动体验区、骑游装备展示区，汇集皮娜、梅花、闪电、崔克等10余个环法赛事冠军品牌，集中展示最新款车型，对观众开放骑行体验。交通文创方面，联合浙江省邮政管理局、浙江省邮政公司，以“展览+互动”的形式，组织交通主题邮展、文创市集、声音小邮局等活动。

（二）产业联盟

1. 联盟架构和主要任务

浙江省数智交通产业联盟于2023年5月18日正式成立，在浙江省交通运输厅和浙江省经济和信息化厅指导下，由各级政府、高校和科研院所、交通领域优势企业组成，致力于打造服务全省综合交通产业和先进制造业发展的非政府性、非营利性、公益性、开放性互助协作平台。联盟致力于推进交通产业发展，促进教育理念、教学资源、人才培养、技术传播、科研合作、产教融合、校企合作等方面的协作与交流；致力于为新形势下的高校教育和产业发展提供新的解决方案。截至目前，联盟成员单位已超过100家。

2. 发展成效

浙江省数智交通产业联盟通过实践探索，以交通行业发展为基础，紧扣交通产业，推动浙江省山区26县共同富裕。基于产教融合打造"产教融行+产教融城"的共同体，形成以交通产业发展为依托、高校和科研院所为支撑、地方政府产业培育为着力点的新思路，全要素构建产创研深度融合的创新体系。

一是扩展联盟规模，务实开展联盟单位技术合作。联盟积极联动成员单位，通过各方合作推动技术创新与研发，成功改造及研发了一系列具有自主知识产权的综合交通产品。同时，联盟还与包括浙江师范大学、浙大城市学院在内的十多所高校、科研机构建立了合作关系，共同开展交通领域的前沿技术研究。通过积极运作，有效推动了校政企三方的深度合作，成立了首家"浙江省城市轨道交通数智产业产教融合共同体"，挂牌建设数智汽车科创园3个，促成地市项目投资额超20亿元。2023年，联盟积极参与综合交通领域标准化建设，推动"交通数据要素标准化体系"等相关标准和体系的制定与实施。

二是积极办会办展，强化联盟内部产业合作和成果落地。联盟积极组织成员单位、浙江省内地市开展产业合作与交流活动，促进校政企三者间的合作与协同发展。2023年联盟共举办大型"数智交通产业推介会"1场，赴松阳、黄岩等地召开"地市专场交通产业对接会"5场，举办各类产企对接会数十场等。打造一批产学研平台、人才培养平台，赋能松阳、景宁、黄岩、开化等偏远地区发展。同时，成功承办第五届浙江国际智慧交通产业博览会（分会），有效地为成员单位提供了广阔的交流平台，推动了产业的落地及快速发展。本届国际智慧交通产业博览会的联盟展位，通过创新的“云展直播”凸显了“交通 +”产业的广阔前景，并以多元化且丰富的展现方式呈现给大众。通过“一县一产业，一县一故事”的叙述展现形式，云展直播观看人数突破 100 万。

三是引领区县发展，推动县域共富取得新成果。2023 年，联盟不断加强与政企对接，围绕数智交通产业成果开展工作，有效推进数智交通产业在区县落地，加快推动省内多地数智交通产业发展。通过联盟运作，多地与联盟企业达成合作成果，如长兴县与兰溪市交通运输局开展“四港联动”运输产业及“铁公水”码头相关工作交流合作；松阳县通过无人零售车，走通售卖松阳“浙松谷泉”新路径。

四是强化人才培养，为全省数智交通产业引育各类应用型人才。联盟重视交通领域人才培养与培训工作，通过开展各类培训课程和实践活动，提高成员单位的专业技术水平和创新能力。同时，联盟还积极调动内外部资源引进外部优秀人才，支持民族地区实现教育的均等化。2023 年，联盟与浙江交通职业技术学院合作，以景宁民族学院为先导，就景宁县对专业人才需求开展调研，提高民族学院专业开设与人才培养和产业发展的契合度。通过开设汽车检测与维修技术和机电一体化技术两个专业，培养了一批职业技能强、创新能力强的高质量人才，助力景宁产业升级发展。

第九章　领域实践：浙江重点产业链培育

一、智慧交通产业链

（一）总体布局

智慧交通产业是新一代信息技术与传统交通产业的有机融合，产业链包含上游相关软硬件技术研发，中游智慧设施建设（交通新基建）和智能装备制造，以及下游自动驾驶、智慧出行等融合应用（见图 9-1）。以交通新基建、交通装备智造等为核心，推动技术研发、场景应用协同发展，初步构建形成了“一心两带一片多点”发展格

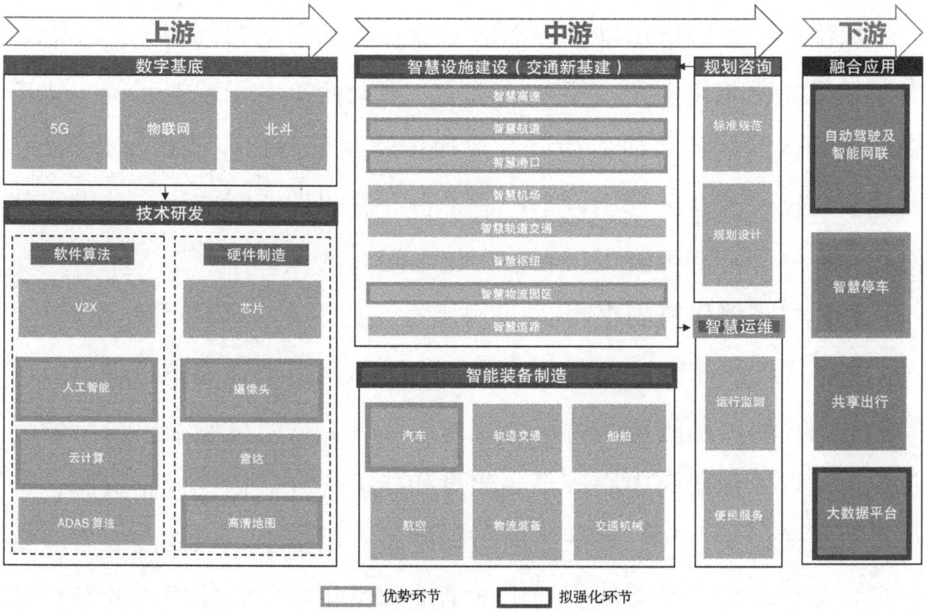

图9-1　浙江省智慧交通产业链示意

资料来源：笔者绘制。

局，其中“一心”为杭州智慧交通产业科创中心，“两带”为杭绍甬交通新基建示范产业带、甬台温智能交通装备制造产业带，“一片”为嘉湖长三角智慧交通产业合作先行区，多点为温州、湖州、嘉兴、金华、丽水、绍兴等一批特色基地。

（二）发展方向

1. 抢先布局交通新基建产业

筹建省级交通新基建研发建设平台，依托杭绍甬智慧高速、宁波舟山港智慧港口、杭州西站智慧枢纽、杭州智慧机场等项目建设，加快布局智慧交通设施规划、工程建筑、硬件制造、场景应用等产业生态。结合全省交通新基建试点工作，聚焦智慧高速、智慧港航等优势领域，加快相关前沿理论、建设运营、标准制度、商业模式等探索研究。

2. 做强交通装备智造产业

加快长三角城市运维装备创新基地、中车商用车创新工厂、瑞安汽车零部件智能化生产线等项目建设，推动汽车电子智能系统、轨道交通智慧运维装备等研发生产。加快传统装备制造企业数字化转型，支持宁波杭州湾新区智能汽车产业平台、温州瑞安智能汽车关键零部件产业平台等打造智能工厂和数字化车间。

3. 建立高能级科创平台

高标准建设未来交通科创中心，推进综合交通运输理论创新应用实验室、高速公路隧道数智安全技术浙江省工程研究中心、公路数智养护浙江省工程研究中心等平台建设和能级提升。依托校企资源，针对智慧交通相关芯片、算法等前沿理论及应用技术，谋划建立省级重点实验室，培育一批智能交通中试基地和孵化器，强化信号控制、车路协同、高速磁悬浮等关键技术攻关。

4. 升级综合交通智慧云平台

依托浙江省综合交通大数据中心，进一步统筹“四港联动”智慧云平台、国家物流信息平台等数据及各市县资源，实现综合交通九要素数据共享集成。加强交通大数据资源深度挖掘和开发，强化运行监测、指挥调度、预警处置、预测分析等辅助决策支持作用。支持各地结合实际需求开发建设智慧交通数据平台。

5. 提升自动驾驶和智能网联基地影响力

推进全省自动驾驶产业顶层设计，建成智能网联驾驶测试与评价工业和信息化部重点实验室（浙江中心），建设一批智能网联汽车测试基地及开放道路，错位布局乌镇、嘉善、德清、松阳、绍兴越城等产业基地。支持阿里、百度等链主企业与地方政府合作探索产业基地式综合开发，引培智能网联汽车整车制造及高精度地图、定位导航、智能决策控制等领域企业，推进人、车、路全方位智能化改造。

6. 深化多跨协同场景应用

加强智慧交通在行业治理、出行服务、物流服务、工程建设等领域全方位应用，深化“浙里畅行”“浙运安”“浙闸通”等场景迭代开发。打造杭州城市大脑交通小脑、嘉善数字交通示范区、金华智慧物流示范区等一批地方特色融合场景。

二、现代交通物流产业链

（一）总体布局

运输物流业包括公路、铁路、港航、航空等多方式运输物流业务，产业链上中下游包含运输、仓储、配送、管理、组织及相关衍生服务（见图 9-2）。以海港、陆港、空港、信息港“四港联动”为龙头，大力发展多式联运，提升港航物流、快递物流、航空物流、客货邮融合等业态模式创新能力和产业核心竞争力，打造全省运输物流业“一湾一轴三极”发展布局，其中“一湾”为杭州湾大湾区物流创新示范高地，“一轴”为义甬舟双向开放物流主轴线，“三极”为宁波—舟山、金华（义乌）、温州国家物流枢纽。

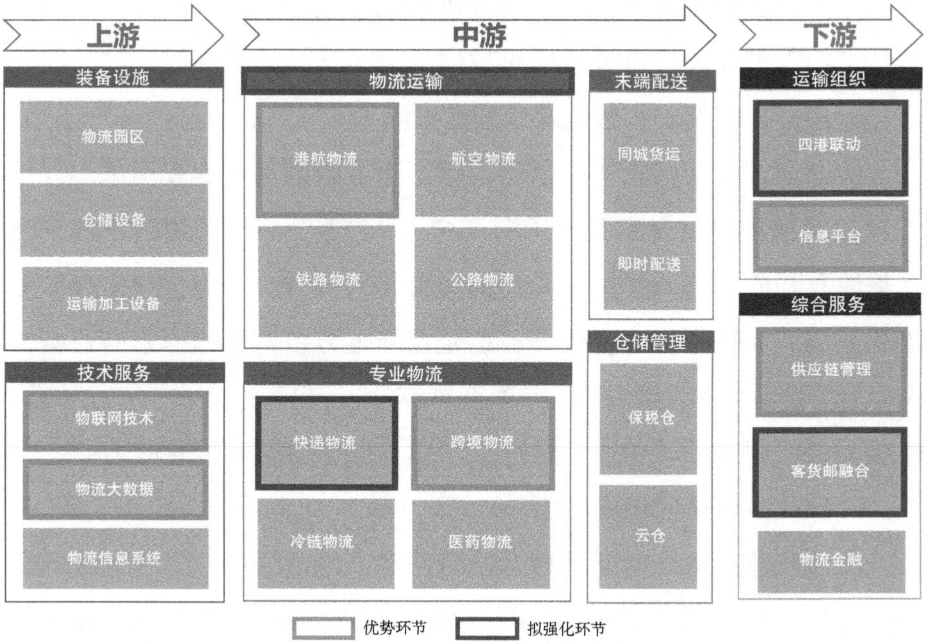

图9-2　浙江省现代交通物流产业链示意

资料来源：笔者绘制。

（二）发展方向

1. 加快“四港联动”和多式联运发展

加快建成“四港”联动云平台，扩大“四港”联盟成员合作效能和示范效应，推动数据接口标准统一。加快推进温州乐清湾物流园区、湖州铁公水综合物流园区、嘉兴长三角航空联运中心、台州湾区公铁水多式联运中心等建设，打造一批多式联运枢纽节点。大力发展集装箱海铁联运，推动海铁联运陆海双向贯通，拓展苏赣皖、合肥、豫南等腹地，提升“金义”第六港区海铁联运能力。发挥江海河组合优势，加快江海直达船型研发和江海河联运船队组建。完善公路港网络体系，推广甩挂运输、双重运输。打通全程物流服务关键环节，提供“门到门”“站到站”服务，实质性推进多式联运“一单制”。

2. 做大做强港航物流业

打造以宁波舟山港为主枢纽、嘉兴港、温州港、台州港等为辅枢纽的全国内贸中转枢纽港体系。加快北仑、镇海和大榭内贸集装箱中转基地及浙北箱管中心建设，强化与环渤海、北部湾区域沿海港口合作，拓展大连、日照、青岛、湛江等内贸航线，做强南北干线中转调配能力。探索发展国际中转集拼业务，以梅山综保区为试点建设国际中转集拼中心，探索中转集拼业务通关监管便利化。强化与签署 RCEP 的国家港口合作，做优日韩线、东南亚线等近洋航线与国际中转，加强与国际班轮公司合作争取共建“一带一路”国家过境货源。

3. 提升发展航空货运

拓展加密货运航线网络，杭州机场依托跨境电商优势，重点开通至欧美、东南亚全货机航线；宁波机场依托大宗商品集货优势，重点开通至东盟、中东欧全货机航线；温州机场依托跨境电商综试区，重点开通至日韩、东南亚全货机航线，义乌机场依托国际小商品集散地优势，重点开通至东南亚全货机航线。优化杭州、宁波、温州、义乌等口岸机场通关服务，加快推进嘉兴机场国际快件通关中心建设，推动设立杭州机场国际邮件交换站，积极投用宁波国际邮件互换局二期。做大做强航空货代、货运航空公司等市场主体，加快建设省级国际航空货运企业。

4. 优化快递服务质量

做强环杭州湾世界级寄递枢纽，加快建设快递区域总部，推进杭州国际航空快递园区、宁波北仑跨境电商分拨中心、圆通嘉兴全球性航空物流枢纽等建设。加快推进快递“两进一出”工程，强化快递合作发展联动进村、融合发展分类进厂、协同发展抱团出海。完善城乡快递物流末端网络服务，推动收货站点、智能快递柜、社区信包箱等建设和智慧共享。深入开展温州、台州、宁波等城市绿色货运配送示范工程和城市共同配送试点，鼓励邮政快递企业、城市配送企业创新统一配送、集中配送、共同配送等集约化配送模式。

5. 探索发展高铁快运

加快杭州西站等高铁站点适货化建设及改造提升，推进金华南站高铁快运顺丰仓等项目建设。支持大型物流企业与中铁快运等组建合作联盟，培育一站式高铁快运综合运营服务商。统筹规划全省高铁快运网络，联动长三角、珠三角、京津冀等城市群发展，围绕高端电商、冷链生鲜、生物医药等高附加值、高时效性产品，试点开行一批特色线路，推动“公路集配 + 高铁快运”等场景落地。

6. 大力推进客货邮融合发展

强化交通、邮政、农业、商务、供销等末端服务资源整合，推进“多站合一”的客货邮融合综合服务站建设。鼓励道路客运企业取得快递业务经营许可证，积极参与农村物流经营服务，利用农村客运班线（公交）开展客车带货、公交带货等服务。加快发展冷链物流，推动建设生鲜农渔产品预冷保鲜、低温分拣、冷藏仓储等设施设备。

三、航运服务产业链

（一）总体布局

港口航运产业指围绕港口和航运的相关服务业、制造业等关联产业，产业链包含上游港口工程、船舶与海工装备制造，中游物流服务、船舶服务、代理服务，及下游航运交易、金融等高端服务业（见图 9-3）。加快发展船舶和海工装备制造业、特色航运服务业，推动港产城融合发展，打造以宁波舟山港为主体，温州港、台州港为南翼，嘉兴港为北翼的“一体两翼”产业布局。

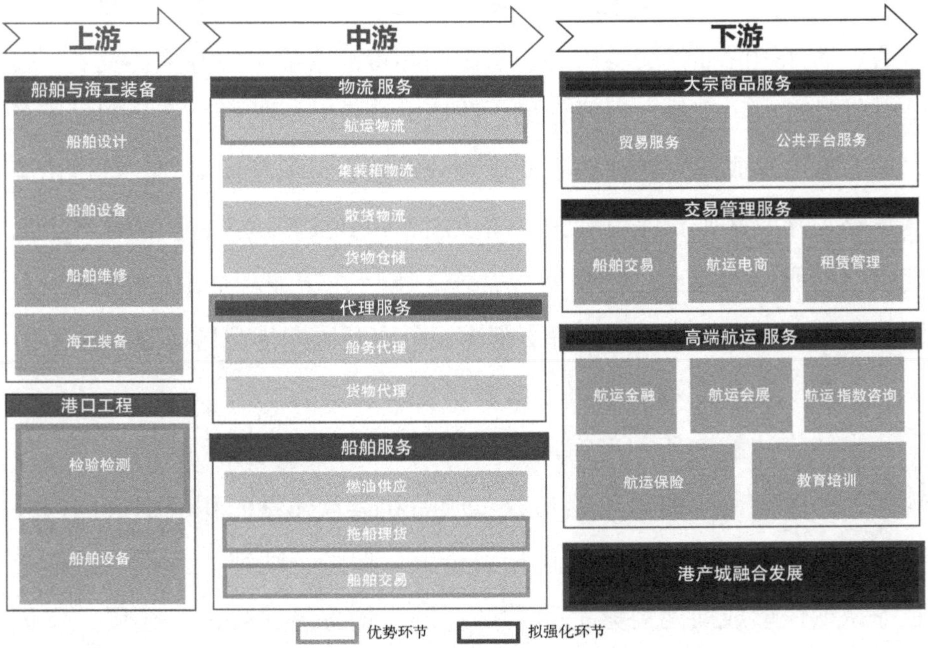

图9-3 浙江省航运服务产业链示意

资料来源：笔者绘制。

（二）发展方向

1. 壮大特色船舶海事服务

整合船代业务市场和服务资源，打造公共船舶代理服务平台，争取船舶公司代理业务，拓展滚装船、液化天然气船和设备船等多元船代业务。围绕打响“海港燃供”品牌，加快引入国际知名燃油企业，扩大专业供油船队规模，构建长三角港口群跨港区供油体系。加快发展国际船舶液化天然气加注，推动岸基加注站、加注船、槽罐加注车等应用。以浙江船舶交易市场、宁波船舶交易市场等为主体，提升船舶拍卖、船舶进出口、评估勘验、保险代理、船价指数等综合服务能力。拓展国际船舶与船用设备交易、国际二手船舶保税交易，支持船舶网上拍卖处置平台建设。

2. 发展港口大宗商品贸易特色服务

建成宁波舟山国家大宗商品储运基地，加快浙江海港大宗商品交易中心、浙江国际油气交易中心、舟山国际粮油集散中心等平台发展，打造一批具有展示交易、保税仓储、跨境电商等功能的进口商品贸易服务基地。重点建成东北亚铁矿石储运和分销中心，依托鼠浪湖、马迹山等深水码头开展铁矿石保税展销、初步加工和分拨转运业务。深化与上海期货交易所、大连商品交易所等合作，支持在宁波、舟山设立铁矿石、原油、燃料油、天然气等期货交割库，争取开展期货交易业务。

3. 提升特色高端航运服务水平

支持宁波航交所与上海航交所等合作，拓展网上集装箱舱位交易规模，持续完善“海上丝路指数”产品和运营体系。积极引进国内外高端航运服务企业，开展航运相关金融、保险、法律、公估、鉴证等服务，加快形成航运要素完整的产业链。培育港航咨询、会展、文创产业和检测服务，依托海丝港口国际合作论坛，组建专业第三方会展服务企业，探索市场化运营模式。

4. 发展高端船舶和海工装备制造

建设以舟山为龙头，宁波、台州为两翼的海洋运输与资源开发装备制造基地（集聚区），将舟山新区打造成为世界综合性船舶制造中心和船舶出口基地。开展高端船舶关键技术攻关，围绕大型化学品船、大中型 LPG 船、液化天然气船、远洋渔船、汽车滚装船、邮轮游艇等高端船舶产品，提升研发设计、制造、维修、改装及绿色拆解技术水平，培育船舶制造世界品牌。

5. 深化港产城融合发展

加强港口岸线、临港产业与周边城市用地一体规划、统筹开发，推动宁波、温州、台州等港口码头连片化、专业化开发建设，打造台州头门港金沙湾诗意小镇等标志性项目。重点开展梅山—佛渡—六横区域一体化开发，优化“一岛一功能”产业布局，强化绿色石化、高端制造、新能源装备产业集群发展。

四、枢纽通道经济产业链

（一）总体布局

枢纽通道经济是交通枢纽、交通通道与文化旅游、现代农业、枢纽园区、数字经济、金融商贸等关联产业的跨界融合、综合开发（见图 9–4），是助推交通运输转型发展的新路径。聚焦高铁经济、临空经济、服务区经济、“交旅融合”、“交能融合”等重点方向，以试点示范为抓手，推动枢纽通道经济由点带面全域发展。

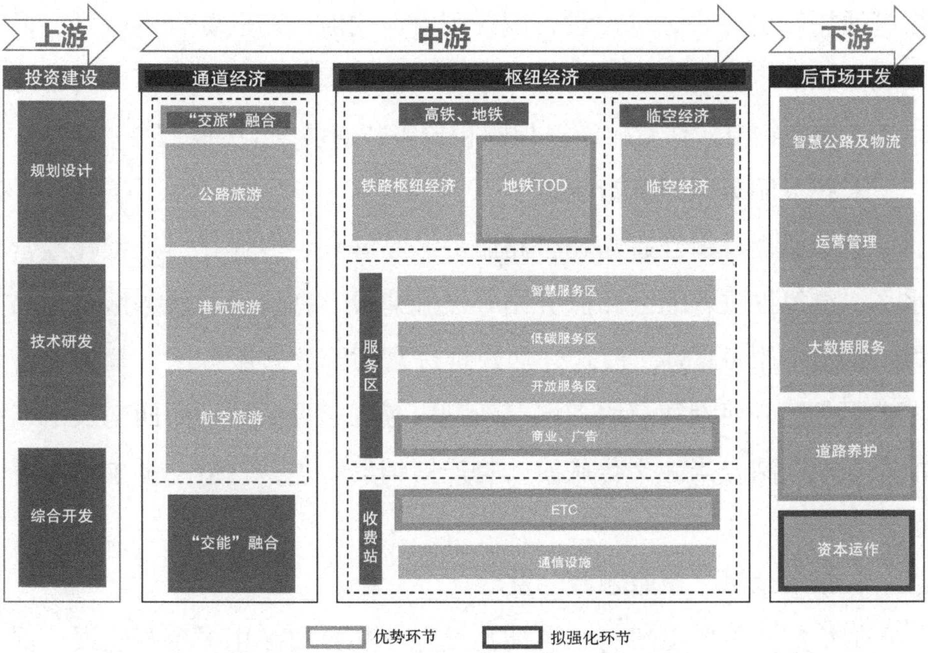

图9-4　浙江省枢纽通道经济产业链示意

资料来源：笔者绘制。

（二）发展方向

1. 加快发展高铁、地铁经济

支持公共交通导向型开发、空中交通模式等综合开发模式，以杭州西站、宁波西站、杭衢铁路等为试点，开展沿线高铁枢纽周边综合开发整体规划。结合未来社区建设，推动“交通 + 物业”“交通 + 社区”“交通 + 小镇”“交通 + 新城”等发展模式，打造一批“轨道 +”新型城市功能单元。围绕地铁车辆段、停车场等，强化地上地下空间综合开发，建设全时化、立体化、网络化、站城一体的地铁上盖综合体。

2. 加快发展临空经济

以杭州、宁波两大国家级临空经济示范区为引领，加快集聚物流、高端制造、会展、金融等临空产业，打造杭绍临空经济一体化发展示范区绍兴片区。支持温州、金华等地推进建设临空经济示范区。持续推进通用航空综合试点建设，围绕国家通用航空产业综合示范区、通用航空旅游示范工程、航空飞行营地示范工程等建设，培育航空教育培训、航空物流、体育旅游、保险租赁等“通航 +”关联服务。

3. 拓展服务区经济新业态

进一步提升浙江省高速公路服务区品牌化、专业化、连锁化经营水平，统筹推进普通公路服务站等设施建设，打造全省服务区自主品牌。创新“服务区 +”模式，加快推进富阳开放式服务区、嘉绍大桥零碳服务区、西湖智慧服务区等新型服务区建设。鼓励浙西南及浙东沿海等地区结合当地文化旅游、物产展销等特色，打造一批主题服务区试点。

4. 推动全域“交旅融合”发展

加快旅游集散枢纽、旅游配套设施、交旅数字化平台等建设，推进低空旅游、轨道旅游、公路旅游、绿道慢游、水上旅游等融合发展。积极推进交通与旅游融合试点创建，鼓励各地统筹交通、游憩、景观、文化等资源，结合全省诗路文化带、美丽富裕干线路、四好农村路、主题绿道等建设，打造一批交旅融合典型示范，开发邮轮游艇、海岛旅游、航空快线等创意产品。强化高速公路、铁路、航空客流信息共享，建立高效的出游预警运行机制。

5. 探索“交通+能源”融合发展新模式

加快国省道、高速公路及相关服务站点的充换电设施建设，依托交通沿线边坡、山地等空间资源，因地制宜布局分布式光伏发电、风力发电等绿色能源项目。强化“光储充放”新型换电技术创新和试点应用，构建“油—氢—光—储—充—换”一体化的服务区综合能源系统。

6. 提升路衍经济要素保障水平

提升服务区土地要素配置效率，探索交通划拨用地与商业开发用地兼容性开发的土地供给政策，最大限度盘活公路沿线闲置土地资源。支持省属国企与地方民间资本合作，吸引民间资本以政府和社会资本合作、建设—经营—转让（BOT）等模式参与各地服务区和交旅融合项目。探索公募不动产投资信托基金、商业房地产抵押贷款支持证券（CMBS）等方式盘活存量资产。

五、交通建筑工业化产业链

（一）总体布局

交通建筑业包含公路工程、铁路工程、港口与航道工程、市政公用工程等，产业链包含上游勘测设计、原材料与工程设备，中游工程施工、检测试验以及下游运营养护等产业（见图 9-5）。以轨道、港航、复合交通建筑等工程领域为重点，加快推进交通建筑工业化，培育具备国际竞争力的本土企业，打造浙江省交通建筑业“一中心两高地多基地”发展格局，“一中心”为杭州交通工业化技术研发中心，“两高地”为甬绍舟装配式建筑建造及构件生产高地、金衢丽绿色交通建筑材料加工配送高地，“多基地”为一批省级交通建筑工业化基地。

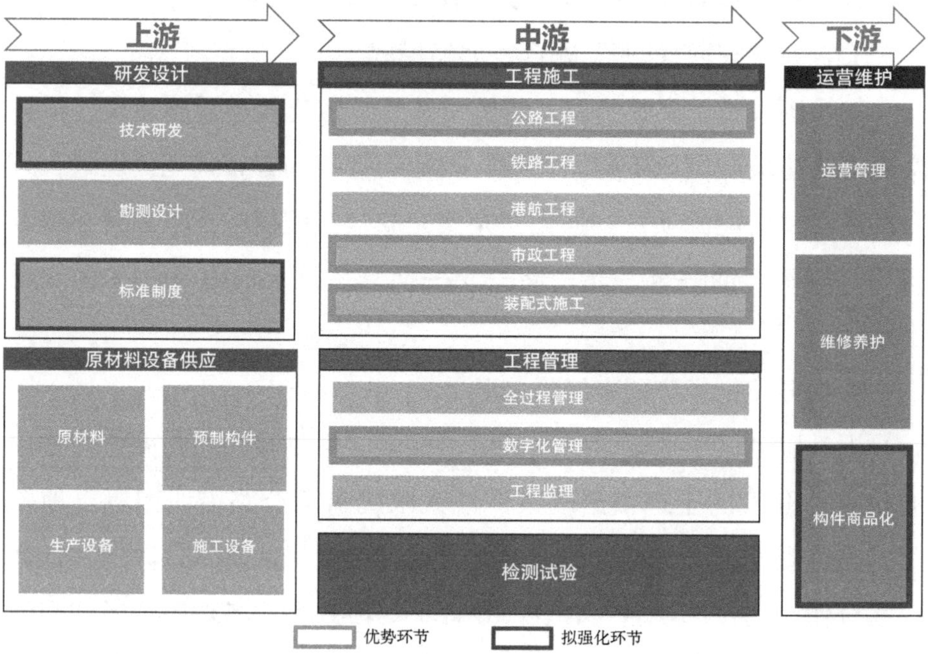

图9-5 浙江省交通建筑工业化产业链示意

资料来源：笔者绘制。

（二）发展方向

1. 完善交通建筑工业化基地布局

围绕各地需求特色、交通建设及原材料供应条件，强化全省交通建筑工业化基地统筹布局和错位分工。宁波、绍兴、舟山等地依托重大交通项目侧重发展装配式建筑建造及构件生产。金华、衢州、丽水等地依托矿区、砂石等资源侧重发展建筑材料加工配送，建成一批交通建筑工业化特色基地。

2. 培育交通工程施工总承包商

推动建筑工程、交通工程企业逐步向轨道交通、地下空间、港口航道及综合基础设施养护等领域拓展，提升本土项目自主总承包能力。引导培育集研发、设计、生产、施工、维保等于一体的交通建筑工业化综合服务商，开辟融资、管理、运营等产业链高附加值领域。

3. 创新装配式交通建筑研发设计

做强桥梁隧道工业化浙江省工程研究中心，以预制T梁、小箱梁、盾构管片、轨道板等桥隧、地下工程预制构件产品为重点，创新预制产品和新材料研发。依托浙江交工、数智交院等企业技术优势及工业化基地资源优势，成立省级交通建筑工业化技术研发中心，统筹工程结构、机电设备、部品部件、装配施工等相关专业领域，创新一体化集成设计。

4. 探索交通预制构件商品化

联动各工业化基地、装配式建筑构件和部品部件生产企业、施工企业等资源，建立预制构件信息化平台，定期发布产能供需情况，推动预制构件设计、生产、运输、使用等全过程管理及质量追溯。支持杭州、宁波、绍兴等建筑强市率先开展交通预制构件商品化试点，探索总结经验模式。

5. 延伸交通建筑上下游产业链

推行交通建筑工业化“链主制”，围绕宁波、绍兴、衢州、舟山等交通建筑工业化基地，加强与中国安能、中国建材、中煤浙江等合作。探索以建筑工业化产业合作为纽带，统筹上游码头、矿产等综合开发，下游区域道路养护、建筑垃圾资源利用等领域。打造涵盖矿产开发、交通材料加工、预制构件生产、运营养护等全产业链基地。

6. 建立交通建筑工业化“浙江标准”

支持依托浙江交工、浙江建投等单位组建交通建筑标准化技术委员会。聚焦部品构件生产认证、装配化施工工艺、工业化基地建设评级等领域，探索交通建筑工业化标准体系建设。加快制定浙江省交通建筑标准化预制构件产品推荐目录，将预制构件标准化纳入装配式建筑技术要求。

六、新能源汽车产业链

（一）总体布局

新能源汽车是指采用非常规车用燃料或新型车载动力装置，综合动力控制和驱动方面的先进技术的汽车，产业链包含上游电池等核心零部件，中游整车制造，以及下游充电和汽车后市场服务等（见图 9-6）。加快提升整车综合竞争力，强化新能源汽车电池及关键零部件基础配套能力，创新发展智能网联汽车产业，打造“一湾一带多基地”产业格局，其中“一湾”为环杭州湾汽车产业集群，“一带”为温台沿海汽车产业带，“多基地”为湖州、衢州、金华等特色基地。

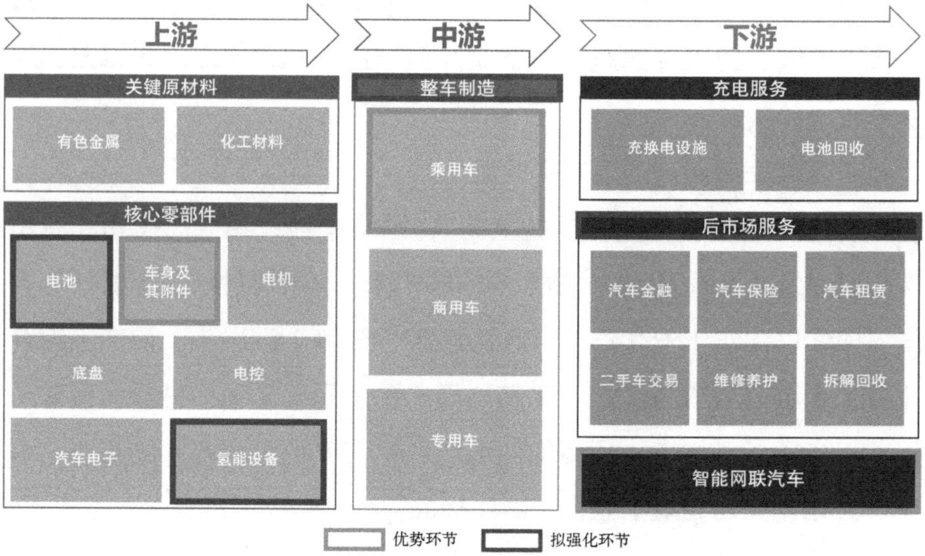

图9-6 浙江省新能源汽车产业链示意

资料来源：笔者绘制。

（二）发展方向

1.提升整车制造综合竞争力

支持吉利布局中高端乘用车市场，打造全球新能源汽车知名品牌。推动造车新势力提升开发能力和品牌营销能力，加快差异化发展和模式创新。加快省内低效整车产能兼并整合，引进、培育商用车、专用车等特色化制造企业。重点发展大型客车、重型货车等中高端商用车，开发冷链物流车、市政用车、工程机械车、港口牵引车和叉车等新能源专用车。

2.突破核心零部件制造短板

加快发展车用大功率驱动电机，探索培育轮毂电机等新一代驱动电机。依托杭州、宁波、温州、绍兴、嘉兴等地集成电路、智能传感器产业基础，布局车规级芯片、人工智能芯片、网联芯片，持续提升摄像头、毫米波雷达、激光雷达和车用传感器等优势领域竞争力，做强车辆控制器、车用电器等高附加值汽车电子电气产品。

3.补强新能源汽车电池产业链

加快推进杭州湾燃料电池汽车示范应用城市群建设行动，引导高校、科研院所与企业合作共研，实现电堆、膜电极、双极板、空气压缩机、氢气循环泵、催化剂及质子交换膜、碳纸等技术突破和产业化应用。积极布局氢燃料电池系统，引进和培育一批氢燃料电池催化剂、膜电极、氢气循环泵等关键材料和核心零部件企业，发挥嘉兴、湖州等氢燃料电池电堆和发动机系统集成企业技术优势，推动形成集群效应。

4.完善新能源汽车服务体系

推动省内新能源汽车龙头企业向汽车共享服务商转变，推广分时租赁等共享用车商业模式，探索电池租赁、共享充电等共享新业态。

提升衢州汽车运动城影响力，完善新能源汽车展示、物流、金融、保险、二手车交易、维修保养、装潢改装、检验检测等后市场服务链。加快新能源汽车大数据挖掘和应用，优化提升售后配件制造业，推动价值链延伸。

七、航空航天产业链

（一）总体布局

航空航天产业是以航空航天飞行活动为核心，涵盖航空器、航天器研发制造、维修运营、综合保障以及延伸服务等全产业链的战略性新兴产业体系（见图 9–7）。聚焦大飞机、通用飞机和无人机等，加快提升航空整机及零部件制造、航天装备制造水平，布局航空运营服务网和空天数字服务网，打造“一湾两区多点”的航空航天产业发展格局，其中“一湾”为大湾区航空航天制造基地，“两区”为杭州、宁波航空航天科技创新区，“多点”为新昌、德清、建德等一批通航特色小镇。

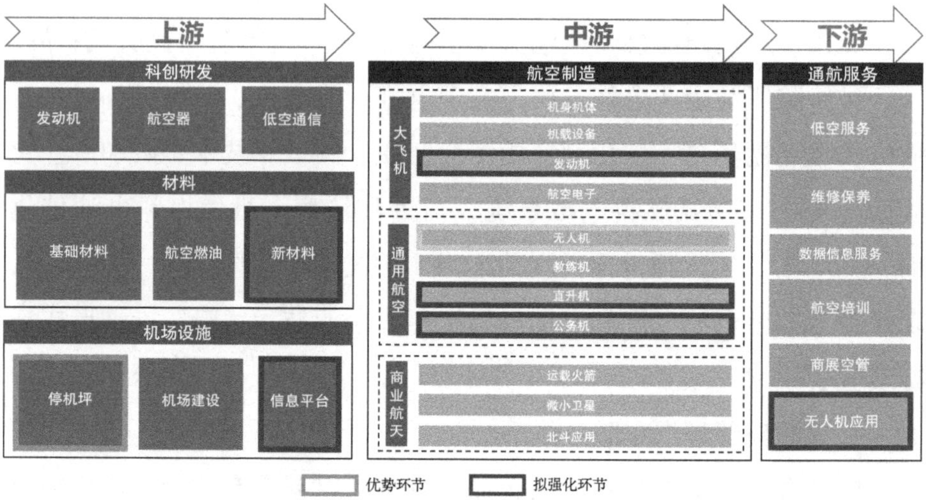

图9-7 浙江省航空航天产业链示意

资料来源：笔者绘制。

（二）发展方向

1. 加快布局大飞机关键环节

以杭州、舟山等为重点，争取 ARJ21、C919、CR929 等大型干线飞机和支线飞机产业链重大战略项目布局，推进波音舟山项目完工和交付中心产能释放。加快 CR929 机身大部件研制，打造以大飞机为核心的全国领先的航空制造基地。积极融入中国商飞、波音、空客等商用飞机供应链，逐步实现航空关键零部件的本地化、规模化生产。

2. 做精通用航空全产业链

围绕全省航空类特色小镇和机场布局，有序发展固定翼通用飞机、民用直升机、轻型公务机、多用途通用飞机等通航整机制造项目，布局新能源飞行器、发动机及零部件、飞控系统等研发和生产项目。延伸发展通航运营服务，依托建德、德清、安吉、宁海等地通航小镇，培育通航制造运营一体化企业，探索以下游服务应用带动上游通航制造发展模式。

3. 拓展无人机多场景应用

依托台州无人机小镇等平台，加快发展行业级无人机总装，延伸发动机、电机、电池、载具、操控平台等配套产业链。以杭州民用无人驾驶航空试验区为核心，针对城市低空环境下无人机超视距运行，鼓励杭州、宁波、台州、绍兴等地结合未来社区、智慧园区等建设，推进无人机在城市物流、智能亚运、应急保障、巡检执法等场景应用，构建制造业与服务业一体化的无人机产业体系。

4. 培育发展商业航天

加快推进宁波国际商业航天发射中心、湖州蓝箭航天智能制造基地等项目建设。以杭州、宁波、嘉兴、湖州等地为重点，积极引入航天科工等企业，围绕商业运载火箭、微小卫星、北斗应用等产业，突破制造、测试、总装等关键环节。加强与高校、科研院所合作，开展科研创新和重大技术攻关，促进航天科研高新成果在浙江的孵化和产业化。

八、轨道交通产业链

（一）总体布局

轨道交通产业既包含高铁、动车、地铁等车辆装备制造，也包含轨道和站房工程建设，产业链包含上游技术研发、规划设计，中游车身、机电、铁轨等装备制造及轨道和站房工程，以及下游运营维保等环节（见图 9-8）。打造浙江省轨道交通产业“三中心两基地”发展格局，其中“三中心”为杭州、宁波、温州整车组装中心，“两基地”为天台、龙游零部件配套及运维基地。

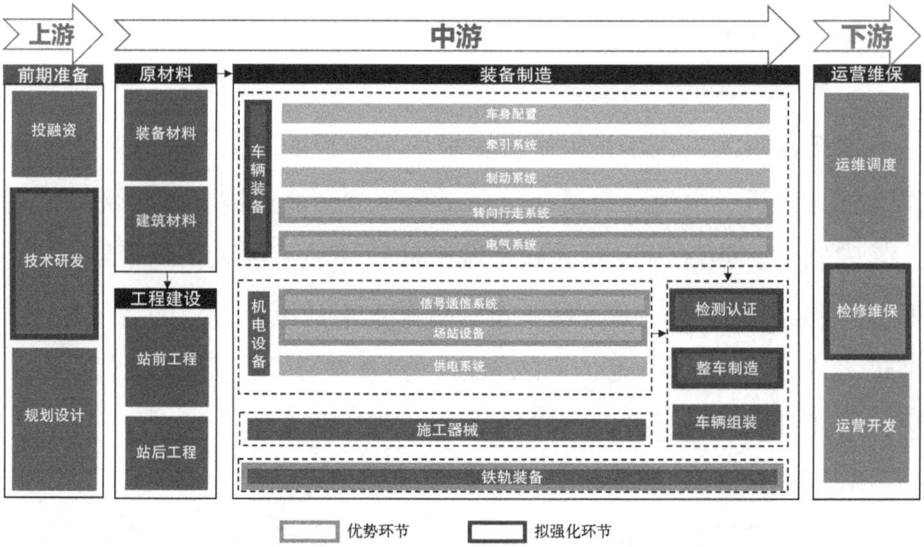

图9-8　浙江省轨道交通产业链示意

资料来源：笔者绘制。

（二）发展方向

1. 全力提高轨道交通整车制造能力

支持浙江省属国企作为核心基地和龙头企业的合作主体，强化与中国中车、国铁集团合作，争取获得城轨、动车、新制式轨道交通三大领域的研发制造能力。通过路省合作，争取中高速磁浮、高速轮轨、智轨等新制式轨道交通标志性工程及试验线在浙江省研发应用落地。

2. 提升关键零部件本地化配套能力

引导上下游配套产业向26县等地集聚，打造龙游、天台、南浔等省级轨道交通示范园。依托省轨道交通产教融合联盟资源，发挥车辆、铁轨、机电等装备制造优势，积极推动省内供应商与杭州中车、宁波中车等整车企业对接合作，大力推广首台（套）应用。同步建立省级轨道交通认证产品目录，对目录内产品在省内政府采购中给予优先采购权限。

3. 建立轨道交通协同创新平台

以项目为牵引，支持省内轨道交通企业与铁科院、中国中车、浙江大学、西南交通大学、北京交通大学等单位建设轨道交通高能级研究平台，开展智能轨道、高速磁浮、高速轮轨等前沿技术应用型研发和综合试验。强化与浙江交通职业技术学院、中轨建设集团等合作，组建长三角轨道交通人才培训学校，重点培养轨道交通运营维保、检修驾驶、电气工程等全链条人才队伍。

4. 发展轨道交通检修维保和检测认证

提升台州、金华、绍兴等一批检修基地水平，持续推进整车维修、核心部件维修、备件更换以及更新改造，打造以转向架大修为核心的系统维修体系。以浙江省机电集团、浙江省机电产品质量检测所等为基础，强化与国内外知名机构合作，在衢州等地加快谋划国家级轨道交通综合试验基地项目，筹划组建轨道交通检测认证中心。

第十章　地方实践：浙江各地案例

一、杭州临空经济示范区

（一）基本情况

杭州临空经济示范区规划面积142.7平方公里，是全国第九个国家级临空经济示范区，于2017年5月由国家发展改革委和中国民航局批复成立，是杭州市经济高质量发展的重要引擎和战略高地。2022年12月，杭州市委、市政府赋予杭州临空经济示范区新的历史使命——打造成为带动杭州城东智造大走廊高质量发展的制高点、杭州市五年再造一个“杭州工业”的发展主板块。

根据《中国临空经济发展指数报告2024》，杭州临空经济示范区发展指数综合排名第十，2024年获评“浙商最佳投资目的地”。

（二）成效亮点

1. 优化临空产业空间布局

核心区规划构建“一心一轴五园”的产业总体布局框架。“一心”即杭州萧山国际机场，强化杭州萧山国际机场航空枢纽地位，建设与世界一流国际化大都市相匹配的高能级国际化机场，进一步提升机场对周边区域的辐射效能。“一轴”即临空经济发展轴，以机场东、西两侧门户区域为重点，依托东西向交通干线的传导作用，形成空港与萧山区、滨江区、钱塘区乃至城西科创大走廊联动的交通核心轴线和临空经济发展重要纽带。“五园”即航空总部区、自贸物流港、会展新客厅、生物科技谷、智能制造园五个环绕机场紧密布局的特色产业园区，引导产业专业化集聚，成为示范区产业发展的主要承载空间。

2. 构建“2+3”现代临空产业体系

聚力打造智能制造、生命健康两大千亿级临空制造业，做强航空服务、数字贸易、会展商务三大千亿级临空服务业，构建“2+3”现代临空产业体系。其中，临空智能制造业以智能化、数字化、低碳化为导向，发展人工智能、精密制造、新一代信息技术等，培育壮大未来智能等新兴产业；临空生命健康产业重点发展以生物医药、细胞与基因疗法为引领的高附加值创新药与合同研发生产组织（CDMO）产业，建设以大型医疗装备、植介入器械为核心的“高轻新”型医疗器械集群，开展以眼科、医美、辅助生殖等消费医疗为特色的临空医疗服务；航空服务业围绕航空货运、航空客运发展需求，重点发展航空物流、航空运营服务、航空维修再制造和公务机运营等；数字贸易产业重点发展保税服务、跨境电商、数字服务贸易、供应链管理等；临空会展商务服务业重点发展会议会展、总部经济、消费文旅、商务中介等领域。

3. 强化与钱塘区、绍兴临空片区在产业功能和科技人才等方面的协作

深度融入环杭州湾产业带，在数字贸易、智能制造、生物医药、未来产业等领域，加强与周边地区分工协作、设施共建和要素共享。钱塘区重点布局智能装备、航空航天、生命健康等产业，下沙大学城坐落其中，集聚了各类创新研究载体和生产、中试基地。绍兴临空片区则重点发展光电、数智产业。杭州临空经济示范区凭借交通枢纽优势为两地提供高能级产业交流和研发平台，而两地可为临空产业提供广阔的生产制造与试验空间，钱塘区还为临空产业提供了充足的人才储备。

4. 突出区域交通的支撑作用

通过高快速路、城市轨道交通及国家铁路系统与钱塘区、绍兴临空片区联动发展。规划通过中环快速路、头蓬快速路、彩虹快速路东延线和预控靖江快速路等高快速路与钱塘区、绍兴临空片区形成快速联系。以轨道交通 7 号线、规划轨道交通 19 号线东延、轨道交通 11 号线、轨道交通 21 号线、轨道交通 22 号线，与钱塘（新）区核心片区、高铁新城、下沙大学城等重点板块充分联通，织密区域骨干公共交通网络；规划轨道交通 22 号线可与绍兴轨道交通 1 号线换乘，实现杭州临空经济示范区和绍兴临空片区的快速联系。正在建设的杭绍台高铁二期（机场高铁）串联钱塘江北岸的海宁以及钱塘核心区、杭州萧山国际机场、绍兴柯桥，将杭州临空地区的经济能量辐射到周边地区。

二、杭州钱塘智能网联汽车产业示范区

（一）基本情况

钱塘区是 2019 年 4 月成立的杭州最年轻行政区，实现新区、行政区“区政合一”，既拥有产业发展功能区的创新优势，又具备社会综合管理的行政优势。钱塘（新）区下辖下沙、白杨、河庄、义蓬、新湾、临江、前进 7 个街道，是全省“415X”先进制造业集群培育工程——新能源汽车及零部件产业集群核心区。拥有长安福特、吉利等整车制造龙头企业，汇聚麦格纳、佛吉亚、零跑、三花等一批零部件生产企业。

（二）成效亮点

1. 推动整车产业向智能网联发展

推动吉利、长安福特等整车制造企业加强对自动驾驶、车联网、

人工智能等关键技术的研发投入，加快车型迭代，提升整车的智能化水平。推动区内整车制造企业与科研院所、高校、技术公司等合作，共同攻克关键技术难题。推动区内整车制造企业与技术公司、传统零部件供应商、新兴科技企业等建立紧密合作关系，形成产业协同效应。共同推进智能网联汽车技术的研发和应用，共同开发新的商业模式和增值服务。

2. 延伸智能网联汽车上下游产业链

大力支持三花等区内优势零部件企业在原有零部件生产基础上，积极进行技术研发和创新，加强对人工智能、大数据、云计算、传感器等关键技术的应用掌握，逐步拓展智能网联汽车相关领域。例如，开发智能传感器、通信模块、人机交互设备等技术和产品，以满足智能网联汽车的需求。聚焦产业链薄弱领域和关键环节大力招引核心零部件企业。瞄准智能网联汽车发展方向，加快推进动力电池、驱动电机、电控、电动助力转向、电动助力制动、电动空调等“大小三电”系统以及车规级芯片、激光雷达、车载智能终端等智能网联系统形成产业链。完善“众创空间 + 孵化器 + 加速器 + 小微产业园”科技孵化链，持续培育和孵化在汽车电子、人工智能、车联网、自动驾驶软件、信息安全、导航定位和高精度地图等领域具有核心技术和创新能力的中小型创新创业企业。

3. 带动汽车零部件产业升级迭代

鼓励区内零部件企业加强与车载通信设备和网络服务提供商的合作，开发支持车联网通信标准的零部件。提供稳定可靠的数据传输和车辆互联功能，为智能网联汽车的运行提供支持；鼓励区内零部件企业利用大数据和人工智能技术分析和挖掘车辆、驾驶行为等数据，提供个性化的驾驶辅助和安全功能。同时，结合数据分析结果，优化零部件设计和制造过程，提升产品性能和质量；鼓励区内零部件企业积极参与汽车生态系统建设，推动整车厂商、软件开发商和服务提供商等建立紧密的合作关系。共同推动智能网联技术的创新与应用，实现优势互补和资源共享；鼓励区内零部件企业将用户需求纳入产品设计和迭代过程。通过优化人机交互界面、简化功能操作、提高信息反馈的及时性等方式，提升用户体验和产品附加值。

三、宁波国际航运物流产业集聚区

（一）基本情况

宁波国际航运物流产业集聚区位于宁波市鄞州区，是浙江省航运服务龙头集聚区，集聚了全市 1/3 以上的航运物流企业，其中有全球排名前 25 的货代分公司十余家（宁波市共 21 家）。宁波国际航运物流产业集聚区依托宁波国际航运服务中心、环球航运广场、宁波港东南物流大厦、中银大厦、紫荆汇海丝大厦等特色楼宇，积极打造航运产业生态。目前基本形成以口岸政务、航运物流为主，以航运金融、航运交易、航运信息、航运经纪、船舶管理等航运高端产业为辅的产业格局。

（二）成效亮点

1. 高能级企业和机构相继落户，总部经济辐射功能显现

依托宁波国际航运服务中心的建设和东部新城高品质的楼宇资源，宁波国际航运物流产业集聚区吸引了一堆高能级的企业和机构。全球第一大船级社——挪威船级社大中华南区检验中心，全球第二大船旗国利比里亚海事局中国技术中心，中国唯一从事船舶入级检验业务的专业机构中国船级社浙江分社，中国唯一以解决海事海商、交通物流争议为特色并涵盖其他所有商事争议的全国性、国际化仲裁机构中国海事仲裁委员会（浙江）自由贸易试验区仲裁中心，以及国内最大民营第三方船舶管理公司洲际船务、国内最大国资第三方船舶管理公司华洋海事、浙江最大民营船东协海集团、海际企业管理咨询有限公司等一批国内外知名航运服务机构（企业）入驻。从总部企业来看，浙江海港集团及相关附属公司，宁波远洋、东海航运保险、东南物流等本土行业龙头企业总部相继落户。近两年国际班轮公司阿拉丁航运、瀚球航运、沃德菲航运、环航海运、之江海运等班轮公司总部落户，实现班轮公司总部零的突破。地中海航运、马士基航运、达飞轮船、中远海运集运、赫伯罗特船务、长荣海运等国内外航运巨头均在区内设有分支机构。

2. 产业链条完善，高端服务生态日趋完备

宁波国际航运物流产业集聚区积极推进体制机制完善，与浙江省海港集团、宁波市口岸办建立常态化的三方联动机制，形成涵盖航运基础类、港航金融衍生类、航运物流供应链类、互联网 + 航运物流、船舶经纪、船舶设计、海事仲裁机构等的招商目录清单。其中，从船舶注册登记、船舶检验产业链来看，集聚区引进了中国船级社浙江分社、挪威船级社大中华南区检验中心、利比里亚海事局中国技术中心等技术机构，扩展了以船舶注册、登记、船舶检验等为主的船舶技术产业链。从航运交易产业链来看，宁波航运订舱平台成为一个标准化的电子商务交易平台，负责运营集装箱舱位市场交易。宁波船舶交易市场作为交通运输部首批公示的全国七家船舶交易服务机构之一，围绕“船舶交易 + 互联网 + 金融服务”积极开拓船舶拍卖、评估、勘验、进出口代理等配套延伸业务，打造全产业链服务平台。从船舶管理、船员服务产业链来看，国内最大民营第三方船舶管理公司洲际船务、国内最大国资第三方船舶管理公司华洋海事等一系列企业相继落户，弥补了宁波在船舶管理、船员服务方面高端海事服务短板。从海事法律产业链来看，成立宁波仲裁委员会国际航运仲裁院、中国海事仲裁委员会（浙江）自由贸易试验区仲裁中心和上海国际航运研究中心宁波分中心。从航运金融保险产业链来看，引入国内首家专业保险法人机构东海航运保险公司，发展航运融资、信托、担保、投资、资金管理、商业保理、信用评级等专业服务业务。从信息咨询服务产业链来看，全球顶尖国际航运研究和咨询机构德路里、全球最大财经资讯机构彭博社、全球航运新闻机构 Hellenic Shipping News 和 Container News 等机构的落户，逐渐促进产业链向两端延伸。未来将持续延链、补链、强链，汇聚一批高端航运服务要素机构。

3. 构筑航运文化交流平台，行业开放合作多维发展

为吸引高端航运要素向宁波集聚，宁波市口岸办联合鄞州区政府和宁波舟山港集团，积极搭建和升级国际合作平台，推动集聚区航运服务能级水平提升。宁波国际航运物流交易会目前已成功举办五届，为宁波市挖掘航运内涵、对接高端资源搭建广阔平台。举办首届港航创新创业大赛，助力孵化优质航运科技项目，打造航运产业创业创新的市场环境。举办第十届海商法国际研讨会，来自诸多国家和地区的专家代表围绕研讨主题形成大量论文成果，赋能宁波打造与现代化滨海大都市相适应的法治软环境。举办中英海事服务与人才发展合作论坛，共议数字经济背景下高端海事服务人才的培养创新、国际流动等热点问题。此外，先后举办 2021 海洋经济及服务产业发展高峰论坛、“新业态 · 新模式 · 新机遇—法律赋能跨境物流企业数字化”论坛、海事人才国际化教育培训座谈会、2021 全球船舶交易与法律政策新风向高峰论坛等多场行业高端活动，国内外知名功能性航运服务机构及航运特色院校设立分支机构，持续提升宁波在国际航运市场的地位及影响力。

4. 航运数字化转型升级，赋能激活产业发展

一是聚焦航运港口监测服务，数字赋能港航监测平台建设。目前运用的港航监测平台已经覆盖浙江省航运企业及辅助型企业（堆场、货代，仓储、报关）。二是聚焦海上丝路指数影响力，有效发挥航运服务产业链顶端的“指数经济”作用。宁波航交所推出的海上丝路指数用于反映国际航运和贸易市场变化趋势。目前已发布的指数包括宁波出口集装箱运价指数（NCFI）、海上丝路贸易指数（STI）、中国—中东欧国家贸易指数（CCTI）、宁波港口指数（NPI）、宁波航运经济指数（NSEI）和航运气象指数（SMI）。三是聚焦航运大数据运营，推动航运大数据中心成立。2016 年 3 月，宁波航交所海上丝路航运大数据中心正式成立。海上丝路航运大数据中心聚焦“港、船、货、价”四个核心要素，能够有效促进物流上下游信息平台互联互通，实现行业性大数据的集聚和融合创新，推动行业数据融合、数据共享、数据开放，海上丝路航运大数据中心项目获批 2018 年国家发展改革委“互联网 +”、人工智能创新发展和数字经济试点重大工程支持项目，成为全国唯一的国家级航运类数字经济试点项目。

四、温州交通城建工业化生产基地

（一）基本情况

浙江瓯越交建科技有限公司（以下简称“浙江瓯越交建”）隶属温州市交通发展集团有限公司，是一家集研发设计、工业生产、工程施工、运营服务于一体的建筑工业高新技术企业，拥有国内顶尖的装配式建筑专业研发制造能力，致力完善集生产制造、产品研发、咨询设计、运输安装、人才培训于一体的装配式建筑全产业链体系，打造咨询、研发、设计、制造、投资、运营一体化的高品质混凝土制品服务商。

（二）成效亮点

1. 推动基地布局

浙江瓯越交建拥有温州市首个国有建筑工业化产业平台——温州交通城建工业化生产基地，基地位于温州市洞头区大门海洋经济示范区，分为营盘基和仁前途两大厂区。其中，营盘基厂区为大型构件生产基地，主要产品类型为桥梁主梁、立柱、盖梁、T 梁、小箱梁、节段梁、桥面板、空心板、防撞护栏等桥梁预制混凝土构件，最大年产能超 20 万立方米；仁前途厂区为小型构件生产基地，主要产品类型为中小型混凝土预制构件，包括叠合板、双壁墙、阳台、飘窗、综合管廊、盾构管片、路面砖、路缘石等，最大年产能超 25 万立方米。进入“十四五”中后期，浙江瓯越交建逐步推广交通建筑工业化在温州全域应用，形成“一中心、三基地、多工厂”的交通建筑工业化基地布局。

2. 加快领域推广

浙江瓯越交建承接了多项预制构件生产工程项目。大型预制构件方面，“十四五”期间，浙江瓯越交建承接国家重点工程瓯江北口大桥的预制构件生产，成功生产出浙江省工业化生产基地首个预制节段梁。随后，浙江瓯越交建又承接了温州首条桥梁装配化高速公路——金丽温东延线项目，桥梁装配化率近 90%。小型预制构件方面，浙江瓯越交建引进德国全自动 MASA 砌块成型生产线。与传统制砖厂相比，可节约生产用地近 60%、减少人工成本近 80%。同时，该生产线基本实现废水废气零排放，每年可回收废弃混凝土 10 万立方米，实现直接经济效益超 600 万元。

3. 注重科技研发

浙江瓯越交建顺利通过“三标一体”管理体系认证，形成了规范化、标准化、科学化的现代企业管理体系，并成功获得预制混凝土、节段梁、盖梁等七类预制产品的交通产品权威认证。公司成立至今，先后荣获“浙江省科技型中小企业”“温州市建筑工业化示范企业”“温州市建筑工业化示范基地”等省市级荣誉，参与多项地方及行业标准制定，主编浙江省标《预制拼装桥墩技术规程》及浙江省交通运输厅《公路桥梁混凝土构件工厂预制技术指南》，参编《装配式住宅建筑检测技术标准》《预制混凝土建筑构件耐久性评价技术要求》《装配式桥梁评价标准》等装配式建筑行业标准。

4. 拓展行业影响

浙江瓯越交建与温州大学建立战略联盟，开展多种形式的“产学研”合作，设立温州大学“校外实践教育基地”及“大思政课”实践教育基地，助推人才就业和企业健康发展。同时，浙江瓯越交建是中国建筑砌块协会会员、中国混凝土与水泥制品协会会员、浙江省绿色建筑与建筑工业化行业协会会员、温州市绿色建筑与建筑工业化促进会会员。2023 年，公司承接中国建筑砌块协会举办的“全国混凝土砌块（砖）行业发展论坛暨 2023 年春季信息交流会”，充分展示公司在相关市场引领、设计研发、生产制造、数字管理、咨询服务等方面能力。

五、嘉兴临空经济区

（一）基本情况

嘉兴市秀洲区是嘉兴市主城区之一，位于长三角几何中心，具有融沪接杭、连苏通湖的区位优势，是生产服务型国家物流枢纽的承建地和 G60 科创走廊的重要支点。秀洲区公铁水空各种运输方式齐全，综合交通线网面积居嘉兴市前列，特别是嘉兴南湖机场建成后将成为长三角重要的专业性航空物流枢纽。同时，近年来秀洲区产业经济快速发展，创新资源不断集聚，为秀洲区加快打造临空经济提供了良好的发展机遇和坚实的要素支撑。秀洲区以服务长三角、辐射全国、面向全球为目标，加速建成专业性航空货运枢纽，立足多式联运网络基础，做强以航空物流为核心、以先进制造为牵引、以现代服务为特色的临空产业体系，目标是成为全球航空物流枢纽、临空智造汇聚高地。

（二）成效亮点

1. 产业园区基础扎实，推动先进制造业产业集聚

目前秀洲区拥有嘉兴现代物流园等重点物流园区，为临空经济区高质量发展奠定重要基础。嘉兴现代物流园作为首批国家级示范物流园区之一，目前已建成占地超 7 平方公里的高端仓储设施，集聚企业近千家，吸引了宝湾供应链基地、大恩物流供应链等一批高端项目落地，远期规划建设机场与现代物流园的专用快速路。依托嘉兴现代物流园和嘉兴全球航空物流枢纽，充分发挥嘉兴国家物流枢纽基础优势，集聚航空物流产业重要资源要素，围绕航空产业链将重点发展飞机设计、改装、运输、运营等配套产业，从而有效推动嘉兴临空经济区高质量发展。2022 年嘉兴临空经济区已覆盖人口超 30 万人，各类产业总产值达 300 多亿元，其中现代物流业产值超 60 亿元。

2. 链主企业带动作用明显，推动成为临空产业的新增长极

依托航空物流企业带动效应，秀洲区在光电智能、时尚纺织、生命健康等产业形成一定集聚效应。航空物流及相关产业方面，圆通作为嘉兴全球航空物流枢纽的主体企业，在秀洲区注册设立物流、商贸等领域的注资公司超过 20 家。以圆通为基底，吸引临空制造、跨境电商等相关产业，招引堪萨斯飞机改装中心、广州飞机维修工程有限

公司等一批货机维修改造企业和其他跨境电商企业入驻嘉兴全球航空物流枢纽。光学智能产业方面，目前已吸引集聚隆基乐叶、阿特斯阳光、福莱特玻璃等光伏新能源领域龙头企业。时尚纺织产业方面，台华新材以户外运动、特种防护等高档功能性锦纶面料研发生产为主；雅莹集团致力于打造成熟女装的自主时尚品牌。生命健康产业方面，麒盛科技、德沃康科技等龙头企业分别形成10亿元以上总值。

3. 产学研平台蓄势待发，引领现代物流服务创新高地建设

拥有中国商飞客户服务训练基地、北京理工大学长三角研究院（嘉兴）、嘉兴现代物流服务业创新发展区等产业、教学、科研重要基础平台，加强以临空经济为主导的产学研深度融合窗口建设。其中，中国商飞客户服务训练基地具备开展单次500人规模的理论培训、教学和会务保障能力，为促进国产大飞机培训业务产业化发展提供人才支撑。北京理工大学长三角研究院（嘉兴）面向航空航天战略需求和长三角区域一体化发展，加快“科创硬条件”建设，积极开展新构型新能源智能航空装备、机场跑道外来物探测雷达等科研攻关。嘉兴现代物流服务业创新发展区入选第二批省级现代服务业创新发展区。对照国际标准，瞄准跨境电商物流、供应链物流、航空物流、冷链物流四大物流产业创新方向，引进和培育一批具有全球竞争力的科技型物流企业，大力推动建设成为高能级现代物流产业发展高地。

六、湖州德清城市级自动驾驶先导区

（一）基本情况

德清城市级自动驾驶先导应用示范产业平台位于湖州莫干山高新区，分为南北两个片区，南片区位于地信智慧城区块，北片区位于城北高新园北部园区砂村区块。两个片区经杭宁高速实现联系，形成

"地理信息 + 车联网"产业"南北联动、双翼齐飞"创新融合发展格局，打造面向全球、国内领先、特色鲜明的车联智造高地。

2019 年，德清启动建设浙江省唯一的全域城市级自动驾驶与智慧出行示范区，入选第一批省级未来产业先导区（北斗地信）。2023 年，国家级车联网先导区（浙江德清）经工业和信息化部批准，成为首个以县域为主体创建的国家级车联网先导区。

（二）成效亮点

1. 强化产业企业引培

地信智慧城区块以测绘航空航天遥感技术及软件应用、北斗卫星时空位置服务、自动驾驶与车联网为重点发展方向，目前已集聚一大批地理信息 + 车联网企业。城北高新园北部园区砂村区块依托智能网联汽车封闭测试场、车联网实验室及检测中心等重点项目，已集聚了方正电机、图达通、启航汽车等关联企业。目前已基本在车联网测试和创新服务、软件和数据服务等领域形成核心竞争力，同时全力推进方正电机新能源汽车智驱系统、图达通车载激光雷达、征和工业链式智能物流装备及汽车关键零部件生产基地、启航新能源汽车零部件等项目建设，产业领域覆盖智能汽车关键零部件制造、设备与通信服务等全产业链。

2. 强化基础配套支撑

在基础设施、场景应用等方面，先导区进行了提前布局，打造了"封闭 + 开放 + 虚拟"的全时空环境。建成了全省唯一同时满足自动驾驶和智能网联测试的封闭测试场，实现了全域 949.3 公里道路开放测试（覆盖城市、山区、农村以及类高速场景），双向 362 公里智能化路侧基础设施铺设。上线城市级智能网联云控平台，实现了各类政务平台的数据共享，赋能自动驾驶车辆测试和运营服务。积极引进智能网联汽车及关键零部件检测机构。目前已向吉利、华为、赢彻科技等 20 余家企业颁发了开放道路测试牌照和道路运输许可证，测试总里程超过 200 万公里，具备“赋能应用”的全方位能力。

3. 强化场景应用推广

先导区靠前谋划了包含城市交通优化、公众出行体验提升、特色场景服务、高等级自动驾驶等四大类 16 项应用场景。以“揭榜挂帅”方式率先启动自动驾驶公交、网约车、环卫车、无人快递车等场景，探索规模化商业化落地，激发市场活力。一是形成自动驾驶公交车应用示范，德清全县域开通自动驾驶通勤和站点接驳路线，包括以客流聚集地为核心的公交接驳专线、以城乡居民出行为核心的公交路线和以景区接驳观光旅游为核心的旅游专线，同时投放不少于 100 辆的自动驾驶小巴。二是形成自动驾驶出租车出行应用示范，在主城区范围内投放一批自动驾驶出租车，探索开展出行服务，通过德清智能网联云控平台服务监管，探索开展全域可商业化的运营模式。三是形成规模化无人配送和环卫车应用示范，在主城区特定路网区域内投放不少于 200 辆无人配送车和 40 辆智能驾驶环卫车，在建成区范围内全域开展规模化末端无人配送，主要包括快递配送、邮政寄件、外卖配送等；同时开展智能环卫清扫作业，探索常态化规模化运营模式，降低自动驾驶车辆投入成本。

4. 强化配套政策扶持

2024 年 1 月，浙江省政府办公厅发布《关于支持国家级车联网先导区（浙江德清）高质量发展的若干意见》。同月，湖州市交通运输局等四部门出台《湖州市智能网联车辆道路测试与应用管理实施细则》，为先导区建设提供了强大政策支撑。《德清县智能网联车辆道路测试与示范应用管理实施细则（试行）》《德清县自动驾驶牌照互认管理实施细则（试行）》《关于支持开展地理信息数据面向智能网联汽车服务的七条意见》等一系列政策文件及标准相继出台。同时出台《德清县加快车联网（智能网联汽车）产业高质量发展若干意见（试行）》，从资金奖励、场景开放、安全保障等方面推动先导区建设。

七、绍兴智慧快速路

（一）基本情况

绍兴智慧快速路作为2022年杭州亚运会配套工程，绍兴市全力建设总长100余公里的10余个智慧快速路项目，积极探索“建造工业化、应用数智化、固废绿色化、施工便民化”等一系列做法，实现了建设推进快、施工扰民少、发展效益好、综合功能强等多元目标。智慧快速路系列项目自2018年底开工以来，以超常规的速度推进，将打造全国首条支持车路协同自动驾驶的智慧快速路。

（二）成效亮点

1. 建造工业化

将工业化理念融入绍兴智慧快速路建设，减少类型规格，规范技术标准，提高施工速度，降低施工成本。一是标准化设计，制定《绍兴市预制拼装桥墩设计导则》《绍兴市预制拼装桥墩生产、施工与质量验收技术导则》，推动《预制混凝土立柱》《预制混凝土盖梁》《预制混凝土小箱梁》等企业产品标准在国家企业标准信息公共服务平台备案，形成标准化建设体系。二是工厂化制造，建成全省首个市政桥梁工程建筑工业化生产基地，基地内设多条预制构件生产线，对所有桥梁构件进行标准化预制。三是装配化施工，在构件成品中内置预装感应器及二维码“身份证”，采用“搭积木”的方式在施工现场进行“全预制拼装”，相较传统工地现浇施工，可有效减少现场作业人员数量、建筑垃圾数量并提升施工速度。四是信息化管理，探索“建筑信息模型 + 三维地理信息系统”的信息化管理模式，可同时服务 1000 多位不同角色的参建者，实现对进度、质量、安全、施工、投资的有效管控。

2. 应用数智化

在项目建设过程中前瞻性应用一批数字化系统，着力打造全国首条支持车路协同自动驾驶的智慧快速路。一是车路协同系统，形成单车路侧双重保障，彻底消除自动驾驶感知盲区，构建全息出行服务走廊，为 2022 年杭州亚运会运动员和教练员提供自动驾驶接驳体验。二是智慧交通系统，为全市“六横八纵”快速路网提供综合指挥中心，协同交通主管部门为快速路网的交通安全、行车通畅、出行体验提供信息支撑。三是结构检测系统，可实时进行结构状态评估并发布预警，及时防止病害的发展扩大，用预养护理念降低结构大中修投入，从而为运营养护决策提供依据和指导。四是智慧照明系统，通过智能合杆以及物联网、5G 通信、电力载波通信等技术，实现对照明设备的智能化控制，实现远程单灯控制、调光、自动巡检等功能。

3. 固废绿色化

智慧快速路建设采用“全过程”再生资源技术，实现“废弃泥浆、工程渣土、拆除固废”三大建筑垃圾资源化利用。例如，将绍兴市二环南路智慧快速路产生的 20 余万立方米的建筑垃圾全部消纳利用，节省了堆放所需土地资源 600 余亩以及等量的矿山资源。一是打造再生资源产业基地，绍兴市城投再生资源基地年消纳废弃泥浆能力可满足整个越城区产生的废弃泥浆消纳处置，同时生产可代替宕渣等路基填料的干化稳定土。二是扩大技术推广，泥浆干化稳定土已在多条市政路基及场外地基填筑试点应用，经工后资质单位检测，压实度、弯沉等验收指标均达到甚至远超设计指标及规范要求。

4. 施工便民化

智慧快速路在施工阶段着力提升精细化管理水平，持续优化市民体验感。一是革新施工技术，创新研发反拉发盖梁施工工艺、IABM 智能架桥机器人等技术设备，每跨盖梁吊装工效、每跨箱梁吊装工效提升幅度均超 18%，最大程度降低临时支撑和履带式吊装等环节对市民出行的影响。二是创新管理模式，探索“优化方案、集中施工、分段通车”的管理模式，如越东路智慧快速路中兴大道跨线桥于 2021 年 1 月 1 日先行试通车，比原计划工期提前近 1 年。三是降低环境影响，坚持同步提升城市交通治堵成效、改善施工环境，越城区 2020 年 $PM_{2.5}$ 年均浓度同比下降 25% 以上。

八、绍兴万丰航空小镇

（一）基本情况

万丰航空小镇位于绍兴市新昌县，入选浙江省级产业平台，拥有通航运营、观光旅游、航空运动、飞行体验、驾照培训等产业生态，是国家级空中游览基地、国家级通航产业综合示范区、国家级航空飞行营地。

（二）成效亮点

1. 发挥万丰集团龙头牵引作用

万丰集团通过收购两款捷克轻型运动飞机项目和加拿大钻石飞机公司、奥地利钻石飞机公司，将钻石飞机全部技术和专利收入囊中，成为世界研发第一、销量第二的通用活塞固定翼飞机制造商，已形成飞机整机与零部件制造、机场管理、通航运营、航校培训、低空保障、运动赛事六大业务板块，在全球 90 多个国家和地区设有 190 余个服务中心。同时，万丰集团是中国通用航空产业创新联盟主席单位、国际通用航空飞机标准委员会主席单位，获评中国独角兽企业、全球独角兽企业500强，电动飞机、电动垂直起降航空器等机型也将陆续面世。2018年3月，万丰集团取得DA40NG等2款飞机的生产许可证，开启了在绍兴新昌生产制造钻石系列飞机的新阶段。

2. 积极创建低空经济研发平台

万丰航空小镇创建通用轻型飞机浙江省工程研究中心、浙江省高端轴承重点企业研究院等一批与低空经济直接相关的科创平台，同时建有新昌—浙江大学联合创新中心等4家研究院，可为企业提供科研设备和检测资源共享服务，指导企业共建小试、中试平台，助企开展技术培训，协同企业开展技术攻关、优化工艺、开发新产品，助力企业引进各级各类高层次人才。

3. 完善通航基础设施配套

一是建设通用机场，万丰通用机场一期600米跑道于2018年8月获取民用机场使用许可证并正式投入使用，主要开展空中游览、飞机试飞、航校培训、农林作业等各项飞行业务。二是建设无人机测试和检测中心，发挥万丰通用航空空域使用权、飞流科技300米以下真高空域使用权等优势，建设测试和检测中心等重要基础设施，增强企业招引竞争力，促进产业集群形成。三是探索建设低空智联网，建立低空三维数字化空域地理信息系统，基于数字化立体地图基座，精准规划“立体航线”，对区域内无人飞行器进行“统一管理”与“调度分配”，着力解决低空空域管理难题。

4. 丰富低空经济应用场景

“通航 + 运输”方面，开通新昌到千岛湖、横店、舟山三条低空通航运输航线。“通航 + 旅游”方面，实施“空中唐诗之路”旅游项目，发展通航旅游线路近10条。“通航 + 培训”方面，万丰航空小镇被列入国家级空中游览基地、航空飞行营地，获颁华东地区唯一运动类飞行执照指定培训机构，并成功举办第二届全国轻型飞机锦标赛。"低空＋治理"方面，打造空地一体的巡防体系，通过开展无人机巡检，有效打击非法垂钓、非法采矿、非法种植等行为。"低空＋物流"方面，开通"南街—大佛寺"和"下岩贝—十九峰"两条航线的云端碳水航线外卖配送任务。

5. 设立低空经济产业发展基金

根据绍兴市出台的《关于推进低空经济高质量发展的实施意见》《关于推进低空经济高质量发展七大行动方案（2024—2027年）》《绍兴市支持低空经济高质量发展要素保障若干政策措施》等政策文件，明确奖补标准，给市场和企业明确预期，激发企业积极性。同时，关注企业发展需求，着手设立规模10亿元以上的低空经济产业发展基金，为产业发展提供重要资金支持，同时创造有利条件吸引风险投资，共同创造低空经济发展产业强、科技强、硬件强、应用场景强的良好局面。

九、衢州四省边际多式联运枢纽港

（一）基本情况

衢州四省边际多式联运枢纽港定位为"物流＋产业"模式，围绕发展枢纽经济，建设空港新城，打造水运干线航道与公铁区域集散网络高效衔接的国内循环线路示范线等，构建成本低、效率高、服务优的多式联运服务体系，集成打造港口航运物流基地、陆港现代物流基地、空港综合服务基地，建设"聚浙西、通四省、联全国"的区域物流集散中心。目前，整个项目已被列入国家第四批多式联运示范工程、《浙江省综合交通运输发展"十四五"规划》枢纽城市建设重点、浙江省义甬舟开放大通道西延行动15个重大标志性项目等。

（二）成效亮点

1. 推动运输组织模式创新

重点打造三条示范线，一是以木浆等“散改集”进口和特种纸集装箱出口为代表，创新“江海联运 + 水铁联运”集装箱双重运输模式，打造产业链供应链融合发展的国际循环示范线。二是以煤炭、粮食等流入和矿石、水泥等流出为特色，促进同船“重进重出”，打造水运干线航道与公铁区域集散网络高效衔接的国内循环示范线。三是以作为中欧班列的喂给枢纽为目标，利用中欧班列的跨境运输能力，为四省边际的生产企业提供便利的产品出口渠道。

2. 开展多式联运智能化建设

探索“物流 + 科技 + 金融”的新模式，建设形成“网络货（承）运”“智慧供应链”“科技金融”三大服务体系，打造传化智联智能物流平台。基于多式联运各运营场景在线建模和物流大数据，项目实现了物流业务在线化、数字化、标准化、智能化的多式联运全链路物流服务，推动多式联运信息互联共享。创新打造大宗货物“公转水”在线应用平台，推动解决大宗货物“公转水”运输组织难、需求匹配难、成本控制难、行业管理难等问题。上线以来入驻企业 120 多家，为企业节约运输费用约 1.3 亿元，获评浙江省改革突破奖银奖及浙江省交通运输厅数字化改革应用基层和社会实践试点最佳应用，入选浙江省交通运输厅首批全省交通领域三个“一号工程”典型案例。

3. 发展运输物流业态新模式

衢江港区与山东济宁港合作建立“京杭运河 – 衢江港区”煤炭适水发运新航线，带动“北煤南下”港 + 港水运业务合作，并开展首批次近 300 标准箱煤炭“散改集”业务来港。依托江苏常熟、上海罗泾港纸浆发运来港等契机，打造“重进重出”运输模式。目前，衢江港已经与沿海、长江沿线重点港口构建形成20余条适水航线，服务版图覆盖7省份30余个城市。加快培育水运、铁路、航空运输企业，鼓励货运代理、运输企业向全程物流企业转型，培育内河骨干物流企业、货运代理企业。

4. 优化多式联运营商环境

出台《衢州市衢江区人民政府办公室关于加快发展现代物流业的若干政策意见（试行）》，优化港口经营、岸线使用、水路运输等行政审批业务办理流程，实现港航事项“无差别受理”、全程网办、全市通办，进一步优化营商环境。完善金融服务体系，建立透明规范的物流企业投融资机制，拓宽融资渠道。引导金融机构加大对物流企业和物流基础设施项目的信贷支持力度，对信用记录好、市场竞争力强的物流企业优先提供信贷支持。以优惠政策鼓励、吸引和支持国内外现代物流领域复合型高层次人才到衢江工作。重点引进物流规划师、物流信息管理工程师、国际贸易运输和物流经营型人才等。

5. 完善多式联运产业配套政策

落实已出台的《衢州市货物运输“公转水”节能量与企业用能预算指标挂钩奖励实施方案（试行）》《衢州市衢江区人民政府办公室关于加快发展现代物流业的若干政策意见（试行）》《关于加快工业高质量发展推动共同富裕的若干政策意见》等文件精神，积极兑现资金补助、企业用能预算指标等奖励，针对枢纽港建设、多式联运业务、“公转水”“公转铁”业务、无船承运平台等给予优惠政策。

十、金华东阳横店通用航空产业

（一）基本情况

东阳立足横店影视独特IP及其衍生的客流、影视人才、高端人群等资源，瞄准未来重点发展的战略性新兴产业，通过产业链和价值链延伸，打造以现代物流、航空制造、航空教育培训为主导，以航空应急救援、低空飞行娱乐为特色，以现代制造服务和现代商务商贸为支撑的“3+2+2”大航空产业体系。

（二）成效亮点

1. 铸强通航基础设施体系

一是提升通用机场保障能力。东阳横店通用机场作为国内首个镇级通用机场，自 2018 年通航以来，先后引进约 30 家通航企业 60 余架航空器进驻，先后被评为全国首批航空飞行营地、民航科普教育基地，是浙江省航空救援国民经济动员中心、航空应急救援基地和交通强国“旅游通用机场”试点单位。二是加快推进机场改扩建。有序推进东阳横店通用机场改扩建（一期）工程，加速完成公务机库、航管楼、塔台、中心变电站等配套工程建设，推动机场跑道改扩建。三是高起点打造通用航空产业平台。航空教育培训方面，依托浙江省横店航空体育运动培训学校和横店无人机职业技能培训学校，开展“三年万人培训计划”；航空应急救援方面，获批浙江省航空应急救援基地、浙江省航空护林浙中基地、浙江省公安厅警务航空队训练基地。

2. 拓展“通航+”业态模式

一是优化通航服务产品。开通“横店—德清”“横店—建德”低空旅游航线，以及“横店—上海”“横店—杭州”影视和体育直升机专线。推出固定翼、直升机、运动类飞机和热气球等多场景“空中看横店”低空游览活动和单人培训、双人体验和持证训练等高空跳伞项目。二是全力营造航空产业发展生态。成立由市长担任“链长”的航空产业链培育工作专班，制定航空产业链培育工作方案和年度计划、培育规划；全面推行“一链一策”，制定支持航空产业发展专项扶持政策，有效保障航空产业发展所需的土地、资金、能源、人才等要素资源，支持航空企业做强做优做大。三是聚力招引培育一批重点企业。围绕航空产业领域的关键环节、缺失环节，编制航空产业招商目录，实行“按图索骥”精准招商。积极招引航空制造类项目，目前已与四川腾盾科创股份有限公司、超然航空科技有限公司等签订合作协议。积极培育横店东磁、联宜电机等本地企业进入航空产业链，不断补链强链。

3. 以需求为导向打造通航应用场景

一是打造“低空 +5”场景。结合东阳经济社会发展情况，以及各领域、各行业与低空经济契合的节点和主要环节，确定了“低空 +5”场景：低空文旅、低空物流、低空医疗、短途运输、空中菜场 / 厨房等低空航线。根据航线和场景方案，梳理拟建城市低空地面配套基础设施，规划布局飞行器起降场地、通信、导航、监视、气象、安全等地面基础设施。二是积极争取试点样板。系统推进低空应用拓展和产业发展配套，力争到 2026 年，形成低空管理协同运行机制顺畅、基础设施基本完备、应用场景相对完善、产业规模不断突破、应用和产业互促的发展格局。积极申报低空飞行、低空场景应用等省级试点，争创国家低空经济综合产业示范区和城市空中交通管理试点，把东阳市建设为国内领先、浙江示范的低空经济发展样板。

十一、金华（义乌）商贸服务型国家物流枢纽

（一）基本情况

义乌是国务院批准的全国首个县级国家级跨境电商综试区，是全省唯一的国际陆港城市。义乌也是全国首批、全省唯一的现代物流创新发展试点城市，2019 年被评为首批国家物流枢纽城市。目前，超

过60万家的电商卖家在义乌经营，市场外向度超过65%，内贸网商密度全国第一，外贸网商密度位列全国第二。2024年，义乌快递业务量达126亿件，稳居全国榜首。2023年9月20日，习近平总书记再次调研义乌时强调，义乌小商品闯出了大市场、做成了大产业，走到这一步很了不起，每个人都是参与者、建设者、贡献者[①]。

（二）成效亮点

1. 完善物流设施布局

义乌加快推动全市物流园区资源整合和规划建设，先后完成了保税物流中心（B型）二期、东宇物流总部基地、红狮智慧物流园一期、普洛斯物流园二期等项目。整合散落在城区的物流企业入园，形成以国际陆港物流园区（陆港新区）为“一区”，以义乌港、保税物流中心（B型）、义东北物流中心为“三中心”的物流设施布局，推动物流业集聚发展和国家物流枢纽互联互通。同时，义乌积极构建国际物流网络设施，依托义乌机场及铁路口岸，推动口岸资质和通关模式改革创新，高标准打造义乌综合保税区二期，推动与产业发展平台、保税物流中心（B型）等业务联动。建设云驿小镇、一批跨境电商产业园等，并且鼓励企业通过自建、合建、加盟等方式，市场化布局一批海外仓，帮助国外采购商、供应商更低门槛、更便利地对接中国市场。

2. 拓展国际物流通道

依托“海陆空、铁邮网、义新欧、义甬舟”多位一体的物流通道，形成包括海运、陆运、空运和铁路运输在内的全方位国际物流体系。一是打造“义甬舟”陆海联运大通道，衔接“一带一路”，以义

---

① 《习近平在浙江考察时强调 始终干在实处走在前列勇立潮头 奋力谱写中国式现代化浙江新篇章 返京途中在山东枣庄考察》，《人民日报》2023年09月26日。

甬金铁路、甬金高速为陆上骨干通道，推进义乌与宁波舟山港一体化，以苏溪站及义乌港为组织中心，联动“义新欧”中欧班列。依托宁波舟山港出海，形成浙中地区及长江经济带城市通达美洲、大洋洲、欧洲、西亚、东南亚等主要国际消费市场的物流通道。二是打造亚欧国际物流大通道，依托“义新欧”中欧班列，形成沿长江经济带向阿拉山口、霍尔果斯出境的陆上运输主通道；联通京津冀城市群，从二连浩特、满洲里等口岸出境，构筑亚欧国际物流大通道陆上运输辅通道。三是打造南向物流大通道，打通义乌至福建、江西方向的交通廊道，发挥成熟的公路网络运输与铁路组织优势，对接粤港澳大湾区；衔接长江经济带南翼物流通道，连通西部陆海新通道，开拓东南亚、南亚的国际物流通道。四是打造国际航空物流大通道，加强与国际航空货运枢纽合作，拓展至亚欧、东南亚航线。

3. 培育物流市场主体

义乌加强物流市场主体培育，逐渐形成一批现代化、规模化、品牌化的物流领军企业。一是培育国家物流枢纽建设运营标杆企业，积极发挥陆港集团龙头带头作用，整合协同物流业务，加强设施联通、业务协同、平台对接、资源共享，打造优势互补、利益一致的合作共同体。推进金华（义乌）商贸服务型国家物流枢纽的设施建设和统筹运营管理，有序推动干线运输、区域分拨、多式联运、仓储服务、跨境物流、城市配送等物流服务资源集聚。二是培育物流龙头企业，培育具有跨国、跨运输方式货运组织能力并承担全程运输服务与责任的行业龙头企业，引导物流服务企业集群发展，提升物流一体化组织效率，同时引进一批具有国际物流先进水准、先进理念的企业，扶持培育本土多式联运经营主体。

4. 创新物流业态模式

义乌持续推进一批物流领域新业态新场景创建，推动物流领域降本增效提质。一是深化第六港区建设，以义乌、宁波舟山港一体化运营为重点，实现口岸通关一体化，吸引船舶公司在义乌集聚。开展订舱、签发提单、提还箱、结算等核心业务，拓展“一站式”国际物流港航服务。二是推进物流数智化应用场景建设，依托浙江省“四港”联动智慧物流云平台，建成第六港区综合服务平台，通过数字化手段实现宁波舟山港自动核销、预放行、提前配载等功能；深化“义新欧”中欧班列数字化改革应用场景，创新“义新欧数字化服务在线”应用和“义运通”平台，实现中欧班列业务数据集成运用和干线物流企业资源整合；推广国际贸易单一窗口，建设投用国际贸易单一窗口铁路运输试点项目，实现“义新欧”中欧班列申报无纸化、通关便利化、作业智能化、服务企业化、决策数字化。三是创新开拓国际卡航，采用“义乌卡航集货＋边境口岸中转仓＋跨国公路运输＋海外仓分拨”模式，借力自贸区改革平台创新培育跨境运输“第四通道”。

5. 持续优化营商环境

通过持续探索，义乌的物流营商环境持续改善。一是首创物流领域要素差别化配置，完成全市物流经营主体和物流企业效益综合评价。二是出台政策文件，创造良好营商氛围，推动物流企业转型升级。三是制定了仓储小微园认定管理办法，通过改造工业厂房，设立运营模式、建设标准、认定流程、监督管理办法等，建设了一批布局合理、功能健全、管理规范的仓储小微园。

十二、舟山新城海洋特色临港产业

（一）基本情况

多年来，舟山新城奋力打造舟山群岛新区海洋经济高端服务区、现代都市综合服务中心、产城融合发展示范区和社会主义现代化海上花园城市样板区，交通、商业、教育、医疗、文体等城市设施俱全，实现了由郊区向城市的嬗变升级。聚焦特色航运服务产业，舟山新城持续做强油气贸易、海事服务、金融法律、航运交易、海事科技等特色产业。积极发展平台经济、数字经济等新业态、新模式，目标是建设形成以要素集聚、功能齐全、业态完整、高效便捷、绿色智慧为特色的临港产业集群。

（二）成效亮点

1. 做强油气产业链，形成油气储运交易中心

一是建成全省唯一、体量全国第一的油气交易平台——浙江国际油气交易中心，已集聚 3000 多家油气企业，实现年贸易量超 8600 万吨，贸易额近 5000 亿元。该中心先后发布“舟山价格”，上线“浙油中心报价专区”，打破了海外市场对价格的垄断，提升了我国在国际油气市场的价格影响力。二是建成全国最大单体石油岛——岙山岛，有力支撑舟山自贸区东北亚保税燃料油供应中心的建设。

2. 紧盯海事产业链，形成国际海事服务中心

一是依托城市五大中心功能优势，吸引美国船级社、挪威船级社、日本船级社、英国劳氏船级社、通标、力鸿仕宝、威尔森、高虎、润通等一批全球顶尖企业和机构落户。已集聚各类海事服务企业及功能性机构近 500 家，海事服务产业链基本形成。二是舟山新城拥有全省第一个集三家口岸单位于一体的通关服务中心。该中心年处理各类业务超 20 万件，在全省“最多跑一次”改革中发挥了示范作用。三是产业集聚平台成为新发展引擎，积极打造小干海事服务功能岛，加快建设国家级船员评估中心、国际航运中心、海事服务产业大楼、船东商会大厦等标志性项目。创新打造了海事服务、跨境电商等产业园区，构建形成线上线下融合发展模式，大力发展数字平台经济。

3. 培育高端服务业，建设航运交易服务中心

一是拥有全国最大船舶交易市场及国际知名线上船舶拍卖平台“拍船网”，已形成集船舶交易、船舶拍卖、船舶经纪、船舶进出口代理、船舶评估勘验、航运资讯、航运金融等服务于一体的产业链，年船舶交易额突破80亿元，占国内市场1/3的份额。二是积极打造金融服务中心，集聚了近百家银行、信用社、信托、租赁、证券、保险等金融机构，依托舟山保税油等特色服务项目，不断完善金融服务体系，推动金融要素资源向实体产业集聚，促进与产业的融合发展。三是集聚了舟山市中院、舟山仲裁委员会、舟山自贸区海事法庭、海事商事纠纷调解中心、瀛泰律所、大成律所等法律服务机构，形成了诉讼、仲裁、调解有机衔接的“一站式”服务能力，为产业发展提供了法律支撑。

4. 依托专精特新平台，形成海洋科创人才中心

一是甬东—勾山片区加快打造海洋科创人才中心，努力成为全国领先的海洋科技创新资源集聚区、海洋新兴产业发展孵化区、海洋科教研发示范区、海洋科技综合改革试验区。二是拥有浙江大学海洋学院、浙江海洋大学、国际海运职业技术学院、舟山航海学校等国内结构最齐全的海事院校，年培训船员2万人次以上。同时，依托重点院校、海洋赛会等领域创新创业平台，重点打造了舟山全国大学生创新创业总部基地、人力资源产业园，大力引育高层次创新人才、航海类人才和创新团队。

十三、台州湾新区低空经济产业

（一）基本情况

台州湾新区是浙江省低空经济发展的核心承载区，于2025年4月成功申报省低空经济“先飞区”试点，并拥有省级空天产业未来产业先导区、省级“万亩千亿”新产业平台、省级无人机航空特色小镇等平台，并正积极争创国家级低空经济综合产业示范区和全国民用无人驾驶航空试验区。

（二）成效亮点

1. 构建全产业链生态

形成“整机 + 关键零部件 + 机场 + 运营服务 + 应用场景”全链条布局，拥有彩虹 CH-4 型大型无人机、星空智联卫星等标志性产品，累计获得授权专利 400 余件，重大创新成果近 60 项。以航天彩虹、北方长鹰、星空智联为龙头，集聚国星宇航算力卫星总部、蜂巢无人机等重大项目，覆盖无人机整机、卫星制造、核心零部件等领域。

2. 完善基础设施网络

机场建设方面，建成台州湾新区机场（浙江省首个无人机专用试飞机场），可满足无人机试飞、物流运输等需求，并计划实现无人机与载人飞机融合飞行。空域管理方面，目前 G 类、W 类、C 类空域划设和应用场景主要航线审批正加快推进。园区配套方面，较为完善的低空经济产业链基础已成形——28 万平方米航空航天综合体和 35 万平方米航空航天配套产业园已建成，还拥有未来产业先导区、空天产业“万亩千亿”新产业平台等省级平台，以及市场监管总局批准设立的国家级无人机产业计量测试中心。

3. 拓展多元化应用场景

物流配送方面，开通全省首条陆岛联运无人机物流航线（台州湾新区—大陈岛），单程 25 分钟，载重达 130 公斤，应用于生鲜、医疗物资运输。应急救援方面，建成公安部警用无人机培训和反制侦测检验基地，探索山区、海岛等复杂环境救援场景。低空旅游方面，开发低空观光、飞行体验等消费业态，结合台州山海资源打造特色空中游览线路。

4. 强化政策与试点创新

出台《台州湾新区支持低空经济高质量发展的若干意见（试行）》，涵盖厂房租赁补贴（最高100%）、固定资产投资补助（最高3000万元）、适航取证奖励（最高500万元）等，形成从硬件建设到软性服务的产业发展支撑体系。同时，配套设立的多层次基金体系更具战略纵深——10亿元浙江省低空经济基金聚焦全产业链布局，3亿元展翼基金深耕新质生产力，5亿元启航基金锁定航空航天核心技术，助力推动全产业链技术研发与转化。

十四、丽水松阳智慧交通产业

（一）基本情况和目标定位

松阳县围绕智慧交通产业，坚持“一区块一特色”模式，建设了智慧交通产业园、恒兆智能制造产业园、绿色综合交通基地等项目，聚集了科马摩擦、新石器慧通、于万科技等多家智慧交通企业。2022年4月，浙江省交通强省建设领导小组授予松阳县全省首个“浙江省智慧交通产业发展试点县”称号，同年10月，“松阳自动驾驶和智慧交通助推山区共同富裕试点”被列入首批浙江交通强国新增试点项目名单。未来，松阳县将落实“资源变产业、试点变项目”发展原则，构建以智能网联汽车、智慧交通新基建、“智慧交通 + 新能源”、智慧出行和智慧物流为核心的“一车一路一新 + 双流”松阳智慧交通产业体系，打造配套完善、政产学研开放共赢的产业生态，为打造特色生态工业体系和建设山区共同富裕样板提供先行支撑。

（二）成效亮点

1. 发展“1+2+1”智慧交通产业

一是建设一套智慧交通底座，通过对现有道路进行智慧化、数字化改造升级，提供适合自动驾驶车辆行驶的道路以及道路状况感知采集、网络通信、自动驾驶云控服务、道路交通管控决策、公众出行服务等设施。配合自动驾驶车辆打造自动驾驶示范应用、配合车路协同等技术打造数字公路建设示范，形成松阳特色的交旅融合创新型应用场景。二是建设两个智慧交通业务应用中心，交通智管应用中心全面支撑数字公路管理、公交优化、综合出行服务、交运顶层监测管控、交通畅通保障业务应用。交旅融合应用中心全面支撑智慧旅游、休闲康养、智慧商业等业务应用。三是打造一个智慧交通协同创新基地，内设智慧交通产业创新中心、自动驾驶基地和智慧交通产业实验中心。

2. 创新智慧交通示范应用场景

一是自动驾驶公交线路场景。公交车是最适合自动驾驶技术落地的场景之一。目前松阳已经投入 L4 级自动驾驶公交车，服务居民和游客的旅游出行。二是松阴溪景区自动驾驶观光线路场景。借助松阳的“浙江最美绿道”，将规划的美丽交通特色公交出行线路通过绿道延伸到特色乡村旅游，打通自动驾驶城乡旅游线路。三是公园、校园无人多功能车线路场景。封闭园区内的无人物流、无人配送、无人清扫是自动驾驶商业应用的重要场景，目前在江滨公园、松阳中职、松阳师范学校进行了部署。四是打造一网统管、多跨协同的数字公路场景。部署车路协同系统、智慧灯杆系统、交通安全预警系统、交通诱导系统等智能基础设施，以人工智能技术、数字孪生技术实现道路全周期全要素管理，打造省级数字公路示范标杆。五是自动驾驶和智慧交通业务应用中心场景。部署于松阳县交通运输局的数字智管中心，全面支撑了数字公路管理、交通优化、出行服务、畅通保障、自动驾驶管理、交旅融合、数字景区等业务应用。

3. 创新推进数字公路建设

从科学分析、高效通行、联动服务、通行安全、降本增效、节能环保等维度推进重点场景建设。建设相关领域科研平台，数字公路应用技术浙江省工程研究中心经浙江省发展改革委批复在松阳设立，是松阳首个省级工程研究机构。创新多跨协同机制，探索大交通大综合治理在数字公路驾驶舱平台的基础上，对涉公路的交通执法、公路养护、综合执法以及乡镇街道试点统筹协同，逐步融合。由交警大队、交通运输大队派员进驻县社会治理中心指挥大厅，成立数字公路运管中心，探索以公路网为基础推进全县智治新模式，磨合形成部门领域多跨融合、应用场景多能集成、信息数据共享互通、事件处置协同联动的集约高效管理服务新机制。

附录　浙江省综合交通产业相关政策文件清单

序号	分类	政策文件名称
1	顶层规划	《浙江省综合交通产业发展规划》
2		《浙江省综合交通产业发展实施意见》
3		《浙江省综合交通产业发展三年行动方案（2023—2025 年）》
4		《浙江省综合交通产业统计监测制度（试行）》
5	交通建筑业	《关于推进浙江建筑业开放发展的若干意见》
6		《关于推动浙江建筑业改革创新高质量发展的实施意见》
7		《关于进一步支持建筑业做优做强的若干意见》
8		《浙江省建筑业企业走出去发展三年行动方案（2022—2025 年）》
9		《浙江省新型建筑工业化发展质量提升行动方案（2023—2027 年）》
10		《浙江省交通建设工程推进平安百年品质工程建设实施方案》
11		《浙江省交通建设工程质量和安全生产管理条例》
12		《浙江省工程建设工法管理办法》
13		《浙江省公路水运工程施工原材料和产品质量管理若干规定》
14		《浙江省交通建设工程质量和安全生产监管工作办法》
15		《浙江省装配式建筑评价认定管理办法》
16		《浙江省建筑工业化示范城市、企业、基地和项目认定办法》
17		《浙江省交通建设工程平安百年品质工程创建示范评价标准（试行）》
18	交通装备制造业	《关于推动综合交通装备首台（套）突破的实施意见》
19		《浙江省航空航天产业发展“十四五”规划》
20		《浙江省航空航天装备产业高质量发展实施方案（2021—2025 年）》
21		《浙江省民航发展“十四五”规划》
22		《浙江省车联网（智能网联汽车）产业发展行动方案（2019—2022 年）》
23		《浙江省高端装备制造业发展“十四五”规划》
24		《浙江省全球先进制造业基地建设“十四五”规划》

续表

序号	分类	政策文件名称
25	交通运输业	《浙江省综合交通运输发展“十四五”规划》
26		《浙江省现代物流业发展“十四五”规划》
27		《关于推动浙江省轨道交通健康可持续发展的意见》
28		《浙江省现代化交通物流体系建设实施方案（2023—2027 年）》
29	交通关联服务业	《关于加快推进交通运输与旅游融合发展的实施意见》
30		《德清县自动驾驶牌照互认管理实施细则（试行）》
31		《绍兴市智能网联车辆道路测试和示范应用管理实施细则（试行）》
32		《丽水市智能网联车辆道路测试和示范应用管理实施细则（试行）》
33		《嘉兴市智能网联汽车道路测试与示范应用管理实施细则（试行）》
34		《杭州市智能网联车辆测试与应用管理办法》
35		《湖州市智能网联车辆道路测试与应用管理实施细则》
36		《浙江省无人驾驶航空器公共安全管理规定》
37		《关于培育发展未来产业的指导意见》
38	产业平台培育	《关于支持国家级车联网先导区（浙江德清）高质量发展的若干意见》
39		《关于加快特色小镇规划建设的指导意见》
40		《浙江省“415X”先进制造业集群建设行动方案（2023—2027 年）》
41		《关于持续推进特色小镇高质量发展的指导意见》
42		《浙江省人民政府关于深化铁路、高速公路投融资改革的若干意见》
43	体制机制保障	《浙江省交通运输发展专项资金管理办法》
44		《关于进一步加强交通运输领域直达资金管理的通知》